3,60

Beate Bockstahler, Matthias Färber,
Frank Völkel, Peter Wacker

Dienstplangestaltung und Arbeitszeit

Leitfaden Recht und Praxis in caritativen Einrichtungen

2. überarbeitete Auflage

Lambertus

Beate Bockstahler, Matthias Färber,
Frank Völkel, Peter Wacker

Dienstplangestaltung und Arbeitszeit

Leitfaden Recht und Praxis in caritativen Einrichtungen

2. überarbeitete Auflage

Lambertus

ISBN 978-3-7841-1691-4

Redaktion: Stefanie Hock
Umschlag : Ursi Aeschbacher, Biel/Bienne (Schweiz)
Herstellung: Franz X. Stückle, Druck und Verlag, Ettenheim

Biografische Information Der Deutschen Bibliothek

Die Deutsche Bibliothek verzeichnet diese Publikation in der Deutschen Nationalbibliografie; detaillierte biografische Daten sind im Internet über http://dnb.ddb.de abrufbar.

Inhalt

Vorwort

Aus dem Kreis der Arbeitsrechtsjuristinnen und -juristen der Diözesancaritasverbände heraus entstand 2005 die Idee, die gesetzlichen wie auch AVR-spezifischen Rahmenbedingungen für die Erstellung von Dienstplänen in einer Arbeitshilfe für die Praxis zusammenzufassen.
Die Erstauflage nahm dabei vor allem das in Folge der Rechtsprechung des Europäischen Gerichtshofes zum Bereitschaftsdienst geänderte Arbeitszeitgesetz in den Blick.
In der Oktobersitzung 2006 beschloss die Arbeitsrechtliche Kommission eine neue Bereitschaftsdienst- und Rufbereitschaftsdienstregelung, orientiert an der Regelung des TVöD. Zusammen mit weiteren Regelungen zu Arbeitszeitkonten besteht nun im Bereich der Caritas die umfassende Möglichkeit, sowohl im Interesse der Dienstgeber als auch der Mitarbeiterinnen, arbeitszeitrechtliche Freiräume zu gestalten und zu nutzen. Die Änderungen im Arbeitszeitrecht der Caritas bedingten eine deutlich erweiterte Neuauflage des Buches, in dem nun auch die letzten Änderungen der Anlage 5 durch die Arbeitsrechtliche Kommission im Juni 2007 berücksichtigt sind.
Wir danken Petra Itschert und Stefanie Hock für die redaktionelle Begleitung und hoffen, dass wir mit unserem Werk Antworten und Hilfestellung bieten für die immer wiederkehrenden rechtlichen Fragen bei der Erstellung von Dienstplänen.
Diese Arbeitshilfe lebt in hohem Maße von den Erfahrungen aus der Praxis. Wir sind daher an Rückmeldungen der Leserinnen und Leser interessiert und für entsprechende Anregungen an den Verlag (Kontakt@lambertus.de) sehr dankbar.

Juni 2007 Die Autorin und die Autoren[1]

1 Soweit im Text das Wort „Mitarbeiterin“ verwendet wird, beruht dies ausschließlich auf der Überlegung, dass 80 % der Beschäftigten bei der Caritas weiblich sind; die Mitarbeiter in den einzelnen Einrichtungen des Deutschen Caritasverbandes sind damit ebenso gemeint.
§§ ohne nähere Angaben sind solche der AVR.

Kapitel 1: Arbeitszeit im Sinne des Arbeitszeitgesetzes

Das Arbeitszeitgesetz (ArbZG) enthält in § 2 Abs. 1 Satz 1 eine **Definition der Arbeitszeit**. Danach ist Arbeitszeit die Zeit vom Beginn bis zum Ende der Arbeit ohne Ruhepausen. Die gesetzliche Definition stellt also auf die Arbeit der Mitarbeiterin ab, definiert den Begriff jedoch nicht selbst.

I. Arbeitszeit im Sinne des Arbeitszeitgesetzes

1. Vollarbeit

Arbeit liegt unstreitig dann vor, wenn die Mitarbeiterin für den Dienstgeber **Vollarbeit** erbringt. Vollarbeit ist gegeben, wenn die Mitarbeiterin die dienstvertraglich geschuldete Arbeitsleistung erbringt, sie also Arbeit entsprechend dem Dienstvertrag für die Zwecke der Einrichtung leistet. Die Arbeit kann körperlicher oder geistiger Art sein.

2. Angebot der Arbeitsleistung

Der Begriff Arbeitszeit erfasst aber auch Zeiten, während der die Mitarbeiterin dem Dienstgeber zur Erfüllung der sich aus dem Dienstvertrag ergebenden Pflichten an einem vom Dienstgeber bestimmten Ort zur Verfügung steht, sie also die geschuldete Arbeitsleistung dem Dienstgeber vertragsgemäß anbietet, dieser aber von der Arbeitsleistung keinen Gebrauch macht.

3. Zwischenformen

Das Arbeitszeitgesetz differenziert zwischen der Arbeitszeit einerseits und der arbeitsfreien Zeit andererseits. Es gibt Zeiten, in denen die

Mitarbeiterin zwar bestimmten arbeitsvertraglichen Beschränkungen unterliegt, aber im Übrigen frei ist. Diese Zwischenformen werden üblicherweise in Arbeitsbereitschaft, Bereitschaftsdienst und Rufbereitschaft unterteilt. Die Abgrenzung erfolgt nach der Intensität der geforderten Arbeitsleistung; es kommt für die jeweilige Zuordnung allein auf den Grad der Beanspruchung der Mitarbeiterin bei Ausübung der jeweiligen Tätigkeit an.

a) Arbeitsbereitschaft

Der Begriff **Arbeitsbereitschaft** ist gesetzlich nicht definiert. Sowohl nach der Rechtsprechung als auch nach der Literatur liegt Arbeitsbereitschaft vor, wenn die Mitarbeiterin im Verhältnis zur Vollarbeit geringer beansprucht wird, das heißt der Grad ihrer körperlichen und/oder geistigen Belastung so viel geringer ist, dass sie sich auch entspannen kann. Arbeitsbereitschaft ist die **„Zeit der wachen Achtsamkeit im Zustand der Entspannung".** Arbeitsbereitschaft ist (und war immer) arbeitszeitrechtlich Arbeitszeit. Die Mitarbeiterin muss an ihrer Arbeitsstelle anwesend sein, um bei Bedarf ihre volle Tätigkeit sofort -nach eigener Entscheidung- aufnehmen zu können. Die Mitarbeiterin wird zeitweise zur Arbeit herangezogen, zeitweise nicht. Im Vergleich zur Vollarbeit stellt die Arbeitsbereitschaft eine geringere Arbeitsleistung dar.

Beispiel:

Rettungssanitäterin einer Rettungsleitstelle in der Zeit zwischen den einzelnen Notrufen/Einsätzen

b) Bereitschaftsdienst

Auch der Bereitschaftsdienst ist gesetzlich nicht definiert. Nach der ständigen Rechtsprechung und der Literatur ist **Bereitschaftsdienst** im Sinne des Arbeitszeitgesetzes (ArbZG) die **Zeitspanne, während derer sich die Arbeitnehmerin für Zwecke des Betriebes an einem vom Arbeitgeber bestimmten Ort, innerhalb oder außerhalb des Betriebes, aufzuhalten hat, damit sie erforderlichenfalls ihre**

volle Arbeitstätigkeit sofort oder zeitnah aufnehmen kann.[2] Der Bereitschaftsdienst ist seinem Wesen nach eine Aufenthaltsbeschränkung der Mitarbeiterin, die mit der Verpflichtung verbunden ist, bei Bedarf unverzüglich tätig zu werden. Bis zum 31. Dezember 2003 wurde der Bereitschaftsdienst zur Ruhezeit, also nicht zur Arbeitszeit, gezählt.

Beispiel:

Rettungsassistentin einer Rettungswache, OP-Bereitschaft

Hinweis

Das Arbeitszeitgesetz (ArbZG) ist durch Artikel 4b des Gesetzes zu Reformen am Arbeitsmarkt vom 24. Dezember 2003 (BGBL. I S. 3002) zum 1. Januar 2004 geändert worden[3].
Die Regelungen für die Arbeitszeit bei Arbeitsbereitschaft und Bereitschaftsdienst wurden gemäß der Rechtsprechung des EUGH[4] zur europäischen „Arbeitszeitrichtlinie“ (EG Arbeitszeitrichtlinie)[5] neu gefasst. **Bereitschaftsdienstzeiten (auch) ohne Inanspruchnahme sind danach keine Ruhezeiten, sondern Arbeitszeit**. Bereitschaftsdienste sind weiterhin grundsätzlich zulässig, müssen aber in vollem Umfang auf die höchstzulässige Arbeitszeit angerechnet werden; vergütungsrechtlich bleibt es bei den bisherigen Regelungen. Die Einordnung des Bereitschaftsdienstes als Arbeitszeit wirkt sich nicht auf die Vergütung aus. Dies ergibt sich aus der arbeitsschutzrechtlichen Zielrichtung der EG-Arbeitszeitrichtlinie und des Arbeitszeitgesetzes. Sowohl der

---

2 BAG, Urteil vom 27.02.1985 -7 AZR 552/82, AP Nr. 12 zu § 17 BAT; Urteil vom 10.01.1991 – 6 AZR 352/89, NZA 1991, 516; Urteil vom 24.10.200 – 9 AZR 634/99, ZTR 2001, 187.

3 Arbeitsrecht aktuell Nr. 22/2003.

4 EUGH, Urteil vom 3.10.2000 (SIMAP) – C 303/98; NZA 2000, 1227.

5 Europäische Richtlinie über bestimmte Aspekte der Arbeitszeitgestaltung, ursprünglich RL 93/104/EG vom 23.11.1993, geändert durch RL 2000/34/EG vom 22.6.2000, ersetzt durch RL 2003/88/EG vom 4.11.2003, ABIEG Nr. L 307, S.10.

Europäische Gerichtshof (EUGH) als auch das Bundesarbeitsgericht (BAG) haben vergütungsrechtliche Aspekte in ihre Entscheidung nicht einbezogen. **Bei Bereitschaftsdienst besteht keine der Vollarbeit entsprechende Arbeitsbelastung. Deshalb ist eine geringere Vergütung zulässig.**[6]
Arbeitsschutzrechtlich werden also Bereitschaftsdienstzeiten voll als Arbeitszeit gewertet. Diese Bewertung gilt auch für die Zeit, in denen die Mitarbeiterin die Möglichkeit hat zu schlafen.

c) Rufbereitschaft

Auch der Begriff der **Rufbereitschaft** ist gesetzlich nicht definiert. Rechtsprechung und Literatur haben die Rufbereitschaft definiert als **Verpflichtung der Mitarbeiterin für den Dienstgeber jederzeit erreichbar zu sein, um auf Abruf die Arbeit alsbald aufnehmen zu können**. Im Unterschied zum Bereitschaftsdienst muss sich die Mitarbeiterin nicht an einer vom Dienstgeber bestimmten Stelle aufhalten. Sie ist lediglich verpflichtet, sicherzustellen, dass sie jederzeit erreichbar ist, um auf Abruf die Arbeit alsbald aufnehmen zu können. Rufbereitschaft ist nach der EG-Arbeitszeitrichtlinie (RL 2003/88/EG) und nach dem seit 1. Januar 2004 geltenden Arbeitszeitgesetz ***keine Arbeitszeit***, sondern arbeitsfreie Zeit. Dagegen ist die tatsächliche Inanspruchnahme in der Rufbereitschaft Arbeitszeit. Rufbereitschaft wird daher arbeitsschutzrechtlich der Ruhezeit zugeordnet, die innerhalb der Rufbereitschaft erbrachte Arbeitsleistung hingegen der Arbeitszeit. Bei Rufbereitschaft besteht während der „Ruhezeit" keine der Vollarbeit entsprechende Arbeitsbelastung. Deshalb ist für diese Zeit eine geringere Vergütung zulässig.

Beispiel:

Mitarbeiterin einer Sozialstation außerhalb der regelmäßigen Betreuungszeit

6 BAG, Beschluss vom 18.02.2003 – 1 ABR 2/02, NZA 2003, 742.

II. Höchstarbeitszeiten im Sinne des Arbeitszeitgesetzes

1. Tägliche Höchstarbeitszeit

Aus § 3 Satz 1 ArbZG ergibt sich, dass die **werktägliche Arbeitszeit** der Arbeitnehmerinnen acht Stunden nicht überschreiten darf. Unter Einbeziehung des Samstags als Werktag ergibt sich damit eine wöchentliche Arbeitszeit von 48 Stunden.
Die tägliche Höchstarbeitszeit kann auf **bis zu zehn Stunden** (damit 60 Stunden wöchentlich) nur verlängert werden, wenn innerhalb von sechs Kalendermonaten oder innerhalb von 24 Wochen im Durchschnitt acht Stunden werktäglich nicht überschritten werden, § 3 Satz 2 ArbZG.

Hinweis

Die werktägliche Arbeitszeit der **Nachtarbeitnehmerinnen** darf acht Stunden nicht überschreiten, § 6 Abs. 2 Satz 1 ArbZG. Sie kann bis zu zehn Stunden nur verlängert werden, wenn abweichend von § 3 innerhalb von einem Kalendermonat oder innerhalb von vier Wochen im Durchschnitt acht Stunden werktäglich nicht überschritten werden, § 6 Abs. 2 Satz 2 ArbZG.

2. Wöchentliche Höchstarbeitszeit

Die **wöchentliche Höchstarbeitszeit** ist auf durchschnittlich 48 Stunden begrenzt, bei einem Ausgleichszeitraum von sechs Monaten, § 7 Abs. 8 ArbZG

III. Ruhezeiten im Sinne des Arbeitszeitgesetzes

Die Arbeitnehmerinnen müssen nach Beendigung der täglichen Arbeitszeit eine ununterbrochene **Ruhezeit** von mindestens elf Stunden haben, § 5 Abs. 1 ArbZG.
Davon abweichend kann – wie vor dem 1. Januar 2004 – in Krankenhäusern und anderen Einrichtungen zur Behandlung, Pflege und Betreuung von Personen, die Ruhezeit um eine Stunde auf zehn Stunden gekürzt werden, wenn innerhalb von vier Wochen jede Verkür-

zung mit einer entsprechenden Verlängerung der Ruhezeit um eine Stunde auf zwölf Stunden ausgeglichen wird, § 5 Abs. 2 ArbZG.

> **Hinweis**
>
> Kürzungen der Ruhezeit (in Krankenhäusern und den weiteren in § 5 Abs. 2 ArbZG genannten Einrichtungen) infolge der Inanspruchnahme im Bereitschaftsdienst können nicht durch Bereitschaftsdienst ausgeglichen werden, § 5 Abs. 3 ArbZG.

Die nach Anlage 5 § 1 Abs. 10 Unterabs. 1 bestehende Möglichkeit abweichend von § 5 Abs. 1 ArbZG die Ruhezeit um bis zu zwei Stunden zu kürzen, wenn die Art der Arbeit dies erfordert und die Kürzung der Ruhezeit innerhalb eines festzulegenden Ausgleichszeitraums ausgeglichen wird, besteht auch nach dem neuen Arbeitszeitgesetz, § 7 Abs. 1 Nr. 3 ArbZG.

IV. Verlängerung der Arbeitszeiten

1. Über zwölf Stunden

Wird die werktägliche **Arbeitszeit über zwölf Stunden** hinaus verlängert, muss im unmittelbaren Anschluss an die Beendigung der Arbeitszeit eine Ruhezeit von mindestens elf Stunden gewährt werden (§ 7 Abs. 9 ArbZG).

2. Bei Arbeitsbereitschaft

Die Möglichkeit, **Arbeitsbereitschaft** über zehn Stunden werktäglich auch **ohne Ausgleich** anzuordnen, entfiel durch das seit 1. Januar 2004 geltende Arbeitszeitgesetz. Wie bereits erwähnt, liegt Arbeitsbereitschaft vor, wenn die Mitarbeiterin zwar am Arbeitsplatz anwesend sein muss, aber keine Vollarbeit leistet, sondern kontrolliert und beobachtet, um im Einzelfall einzugreifen.

3. Bei Rufbereitschaft

Bei **Rufbereitschaft** wird lediglich die Zeit der **Inanspruchnahme als Arbeitszeit** gewertet. Die Zeit, in der die Beschäftigte nicht an ihrer Arbeitsstätte ist, sondern sich zu Hause bereithalten muss, wird (wie bisher) **grundsätzlich als Ruhezeit** bewertet; nur die tatsächliche Inanspruchnahme ist Arbeitszeit.

4. Verlängerung der werktäglichen/wöchentlichen Arbeitszeit durch die Tarifpartner/durch kirchliche Regelungen

Das seit 1. Januar 2004 geltende Arbeitszeitgesetz ermöglicht durch die in den Ziffern 1 bis 5 des § 7 Abs. 1 ArbZG aufgezählten Möglichkeiten flexible Regelungen und überlässt die Arbeitszeitgestaltung den Tarifpartnern. Nach **§ 7 Abs. 4 ArbZG** können die **Kirchen** die in § 7 Abs. 1, 2 oder 2a ArbZG genannten Abweichungen in ihren Regelungen vorsehen[7]. **Im Geltungsbereich der AVR hat somit die Arbeitsrechtliche Kommission die Kompetenz für eigenständige Bestimmungen**. Nur sie kann deshalb in den AVR Regelungen festlegen, die die werktägliche Arbeitszeit auch über zehn Stunden hinaus mit und ohne Zeitausgleich verlängern, wenn diese regelmäßig und in erheblichem Umfang Arbeitsbereitschaft oder Bereitschaftsdienst umfasst. Dies gilt für Dienste am Tag und in der Nacht. Dazu Folgendes:

a) Mit Zeitausgleich

Nach **§ 7 Abs. 1 Nr. 1 (a) i.V.m. Abs. 8 ArbZG („Erste gesetzliche Öffnungsklausel")** kann aufgrund eines Tarifvertrages oder **einer kirchlichen Regelung** in einer Betriebs- oder Dienstvereinbarung folgendes zugelassen werden:

- abweichend von § 3 ArbZG (werktägliche Arbeitszeit) die Arbeitszeit über zehn Stunden werktäglich zu verlängern, wenn in die Arbeitszeit **regelmäßig und in erheblichem Umfang Ar-**

7 Nach Ansicht des BAG (Urteil vom 16.03.2004 – AZR 93/03; NZA 2004, 927 sind Haus(tarif)verträge keine Regelungen im Sinne des § 7 Abs. 4 ArbZG. Denn ein Haus(tarif)vertrag ist keine kirchengesetzliche Regelung, die von der KODA-Ordnung des zuständigen Bistums legitimiert ist.

beitsbereitschaft oder Bereitschaftsdienst fällt, § 7 Abs. 1 Nr. 1(a) ArbZG;

- abweichend von § 6 Abs. 2 ArbZG (Nachtarbeit) die Arbeitszeit über zehn Stunden werktäglich hinaus zu verlängern, wenn in die Arbeitszeit regelmäßig und in erheblichem Umfang Arbeitsbereitschaft oder Bereitschaftsdienst fällt, § 7 Abs. 1 Nr. 4 (a) ArbZG.

> **Hinweis**
>
> Diese „erste gesetzliche Öffnungsklausel" ermöglicht eine Arbeitszeit von mehr als zehn Stunden täglich. Dies gilt für Dienste am Tag und in der Nacht. Die **Arbeitszeit von 48 Stunden wöchentlich** in einem **Durchschnitt von zwölf Kalendermonaten** darf aber nicht überschritten werden (§ 7 Abs. 1 Nr. 1 und Nr. 4 sowie Abs. 8 ArbZG).[8]

Nach **§ 7 Abs. 1 Nr. 1 (a) ArbZG** kann somit in einem Tarifvertrag oder in den Regelungen der Kirchen eine werktägliche Arbeitszeit von mehr als zehn Stunden vorgesehen werden, wenn in die Arbeitszeit in erheblichem Umfang Arbeitsbereitschaft oder Bereitschaftsdienst fällt. Werden solche verlängerten Arbeitszeiten zugelassen, muss – nach einem Beschluss des Bundesarbeitsgericht vom 24. Januar 2006[9] - gemäß § 7 Abs. 8 ArbZG gewährleistet sein, dass die Arbeitszeit einschließlich Arbeitsbereitschaft und Bereitschaftsdienst im Durchschnitt von zwölf Monaten 48 Wochenstunden nicht überschreitet. Eine Ausnahme davon gab es nach Ansicht des BAG weder für Alt-Tarifverträge noch für die AVR. Zwar blieben nach § 25 Satz 1 ArbZG Tarifverträge und kirchliche Regelungen, die am 1. Januar 2004 bereits galten, von der Einhaltung bestimmter gesetzlicher Höchstgrenzen bis zum 31. Dezember 2006 unberührt. Nach Auffassung des Bundesarbeitsgerichts wurde die 48-Stunden-Grenze von dieser Übergangsregelung nicht erfasst. Das ergebe die gebotene europarechtskonforme Auslegung der Vorschrift.

---

8 Bei Regelungen nach § 7 Abs.1 Nrn. 1, 4, Abs. 2 Nrn. 2 bis 4, Abs. 3, 4 zugelassen, darf die Arbeitszeit wöchentlich 48 Stunden im Durchschnitt von 12 Kalendermonaten nicht überschreiten, § 7 Abs.8 Satz 1 ArbZG.

9 AZR 530/02, NZA 2004, 656-661; ZTR 2004, 1796ff.

Das Bundesarbeitsgericht folgte damit dem EuGH. Dieser hatte bereits in seiner Entscheidung im so genannten Pfeiffer-Verfahren[10] die Voraussetzungen für dauerhafte Überschreitungen der wöchentlichen Höchstarbeitszeit von 48 Stunden/Woche definiert[11]. Danach kann ein Tarifvertrag allein keine Grundlage für dauerhafte Überschreitungen der wöchentlichen Höchstarbeitszeit im Rahmen der von der EU-Arbeitszeitrichtlinie zugelassenen „opt-out"-Klauseln darstellen. Eine solche **Überschreitung sei nur bei „ausdrücklicher und freier Zustimmung" der einzelnen Arbeitnehmerin rechtswirksam**. Es genügt nach Auffassung der Richter nicht, dass der Arbeitsvertrag der Betroffenen auf einen Tarifvertrag verweist, der eine solche Überschreitung erlaubt. Dies gilt auch dann, wenn diese Überschreitungen nicht durch Voll-Arbeitszeit, sondern durch Arbeitsbereitschaft oder Bereitschaftsdienst zustande kommen.

Aufgrund des Beschlusses des Bundesarbeitsgerichtes vom 24. Januar 2006[12] waren auch für die Übergangszeit des § 25 ArbZG bis zum 31.12.2006 **Überschreitungen der im Durchschnitt einzuhaltenden 48-Stunden-Grenze nur bei Vorliegen einer persönlichen und widerruflichen Zustimmung jeder einzelnen Arbeitnehmerin auf der Grundlage** einer tarifvertraglichen oder **einer mit der MAV vereinbarten „opt-out-Klausel" zulässig** (§ 7 Abs. 2 i.V.m. Abs. 7 ArbZG). In solchen Klauseln mussten außerdem besondere Vorkehrungen für den Gesundheitsschutz getroffen werden. Darüber hinaus musste der Arbeitgeber ein Verzeichnis der betroffenen Arbeitnehmerinnen führen und durfte diese im Fall des Widerrufs ihrer Zustimmung zur Überschreitung der Wochenarbeitszeit nicht benachteiligen.

---

10 EuGH, Urteil vom 5.10.2004- C-397/02, Sammlung der Rechtsprechung, S. I-08835.

11 Der EUGH hatte dabei auch die Übergangsregelung des § 25 ArbZG berücksichtigt. Das Verfahren war durch eine Vorlage des Arbeitsgerichts Lörrach an den EuGH eingeleitet worden. Kernfrage war, ob die dauerhafte Überschreitung der 48-Stunden-Grenze auf der Grundlage eines Tarifvertrages möglich ist oder ob es dafür trotz einer entsprechenden tarifvertraglichen Regelung der persönlichen Zustimmungserklärung des Arbeitnehmers bedarf.

12 1 ABR 6/05; ZTR 2006, S. 371- 374; NZA 2006, S. 862-868.

b) Ohne Zeitausgleich

Wenn die oben genannte Möglichkeit („Erste gesetzliche Öffnungsklausel") wegen besonderer Erfordernisse nicht ausreichend ist, kann nach **§ 7 Abs. 2a i.V.m. Abs. 7 ArbZG („Zweite gesetzliche Öffnungsklausel")** aufgrund eines Tarifvertrages oder **einer kirchlichen Regelung** in einer Betriebs- oder Dienstvereinbarung darüber hinaus die werktägliche Arbeitszeit auch ohne Ausgleich über acht Stunden verlängert werden,

- wenn in die Arbeitszeit **regelmäßig und in erheblichem Umfang Arbeitsbereitschaft oder Bereitschaftsdienst** fällt und
- wenn durch **besondere Regelungen** sichergestellt wird, dass die **Gesundheit der Arbeitnehmerinnen** nicht gefährdet wird, § 7 Abs. 2a ArbZG.

Wenn diese Verlängerung der Arbeitszeit gemäß § 7 Abs. 2a ArbZG in einem Tarifvertrag oder auch aufgrund eines Tarifvertrages (bzw. aufgrund einer kirchlichen Regelung) in einer Betriebs- oder **Dienstvereinbarung** geregelt ist, bedarf sie **zusätzlich der schriftlichen Einwilligung der Mitarbeiterin**. Die Mitarbeiterin kann die Einwilligung mit einer Frist von sechs Monaten schriftlich widerrufen (§ 7 Abs. 7 ArbZG). Mitarbeiterinnen, die nicht einwilligen oder ihre Einwilligung widerrufen, darf daraus kein Nachteil entstehen.
Aufgrund der „ersten gesetzlichen Öffnungsklausel" (§ 7 Abs. 2a und Abs. 7 ArbZG) kann die **Arbeitsrechtliche Kommission** die Gestaltungsmöglichkeit der Arbeitszeit also noch weiter öffnen und Arbeitszeiten über durchschnittlich 48 Stunden in der Woche ermöglichen.

c) Mit behördlicher Genehmigung

Es besteht weiterhin die Möglichkeit der Abweichung durch eine **behördliche Genehmigung,** § 15 ArbZG. Neu ist die Ausgleichspflicht auf 48 Stunden Wochenarbeitszeit innerhalb von sechs Monaten oder 24 Kalenderwochen in § 15 Abs. 4 ArbZG.

V. Die seit 1. November 2006 geltenden Regelungen

Die Arbeitsrechtliche Kommission (AK) hat anlässlich ihrer 176. Tagung am 26./27. Oktober 2006 die im Gesetz vorgesehenen Spiel-

räume („erste und zweite gesetzliche Öffnungsklausel") genutzt und Anlage 5 §§ 7 bis 9 neu gefasst.
Anlage 5 § 7 enthält seit dem 01.11.06 die Definitionen bzw. Grundvoraussetzungen zur Gestaltung von Bereitschaftsdiensten und Rufbereitschaft.
Anlage 5 §§ 8 und 9 enthalten spezielle Regelungen zur Gestaltung und Abgeltung des Bereitschaftsdienstes und der Rufbereitschaft in Krankenhäusern und Heimen.
Die AK hat sich dabei im Wesentlichen an den einschlägigen Vorschriften des TVöD (Stand September 2005) orientiert und diese zum Teil wortgleich übernommen. Die Weiterentwicklung des TVöD zum TV-VKA/ ver.di - BT-Krankenhäuser (01.08.06) oder des Tarifvertrags der VKA mit dem Marburger Bund (22.11.2006) wurden nicht berücksichtigt.
Die aktuelle Fassung der Anlage 5 §§ 7 bis 9 finden sie abgedruckt im Anhang (Kapitel 5 VI).
Zu den Neuregelungen im Einzelnen:

1. Überschreiten der täglichen Arbeitszeit

Jede dienstplanmäßige Überschreitung der täglichen Arbeitszeit über 8 Stunden hinaus, bedarf, soweit sie in Verbindung mit der Anordnung von Bereitschaftsdienst steht, seit dem 01.11.06 einer **Dienstvereinbarung** (Anlage 5 § 8 Abs.3).

> **Hinweis:**
>
> Dies gilt nicht für Vollarbeit bis zu 10 Stunden täglich nach Anlage 5 § 1 Abs. 1 Unterabs. 2, soweit sie innerhalb des Bemessungszeitraums von regelmäßig 13 Wochen ausgeglichen wird und nicht für Arbeitsbereitschaft nach Anlage 5 § 1 Abs. 2.

2. Anlage 5 § 7 Abs. 2, Bereitschaftsdienst

Die bisherige Definition des **Bereitschaftsdienstes** wurde im Wesentlichen beibehalten. Bereitschaftsdienst darf daher weiterhin nur angeordnet werden für Zeiten, in denen **erfahrungsgemäß die Ruhezeit überwiegt und nur außerhalb der regelmäßigen Arbeitszeit.**

Die Regelung in der seit 01.11.06 geltenden Fassung des § 7 Abs. 2 spricht im Unterschied zur alten Fassung allerdings nicht mehr davon, dass die Mitarbeiterin verpflichtet ist, sich in der Einrichtung aufzuhalten. Mit der neuen Formulierung, d.h. „**der Verpflichtung des Mitarbeiters sich an einer vom Dienstgeber bestimmten Stelle aufzuhalten**“, entspricht Abs. 2 der Bereitschaftsdienstdefinition des BAG. Danach liegt Bereitschaftsdienst immer dann vor, “wenn der Arbeitnehmer sich für Zwecke des Betriebs an einer vom Arbeitgeber bestimmten Stelle innerhalb oder außerhalb des Betriebes aufzuhalten hat, damit er erforderlichenfalls seine volle Arbeitsleistung unverzüglich aufnehmen kann.“[13] Bereitschaftsdienst wird also zunächst allein durch körperliche Anwesenheit an einem bestimmten Aufenthaltsort erbracht, den der Dienstgeber festlegt. Dieser Ort kann sich innerhalb der Einrichtung aber auch an einem anderen Ort in der näheren Umgebung der Einrichtung befinden. Die Mitarbeiterin kann während des Bereitschaftsdienstes ruhen und schlafen und muss in der Regel nicht von sich aus tätig werden. Die Mitarbeiterin hat allerdings die Verpflichtung im Bedarfsfall die Vollarbeit unverzüglich aufzunehmen. Sie muss sich also während des Bereitschaftsdienstes in einer Verfassung halten, die es ihr ermöglicht, jederzeit die Arbeit aufzunehmen.
Mit der Formulierung „**um im Bedarfsfalle die Arbeit aufzunehmen**“ wird auf den Bedarf, also die Notwendigkeit, dass die Mitarbeiterin tätig wird abgestellt. Zur Arbeitsleistung wird die Mitarbeiterin in der Regel durch Vorgesetzte, durch Patienten oder Heimbewohner aus der Bereitschaft heraus aufgefordert. Aus der Art des Bereitschaftsdienstes oder aufgrund bestimmter Umstände, die die Mitarbeiterin wahrnimmt, kann sich aber auch die Verpflichtung ergeben, aus eigener Initiative die Arbeit aufzunehmen.
„**Außerhalb der regelmäßigen Arbeitszeit**“ bedeutet, dass die Mitarbeiterin den Dienst neben ihrer dienstvertraglich vereinbarten wöchentlichen Arbeitszeit leistet. Deshalb ist es nicht zulässig, dienstvertraglich vereinbarte Arbeitszeit in Bereitschaftszeiten umzuwandeln und entsprechend geringer zu vergüten.
Der Dienstgeber ist verpflichtet, die mit der Mitarbeiterin vereinbarte regelmäßige Arbeitszeit entsprechend den Vergütungsbestimmungen der Anlagen 3ff, 4 und 10 abzugelten. Zulässig ist allerdings, geleiste-

---

13 BAG, Urteil vom 27.02.1985 – 7 AZR 552/82 – AP Nr. 12 zu § 17 BAT; Urteil vom 10.01.1991 – 6 AZR 352/89; NZA 1991, 516.

te Bereitschaftsdienste durch Freizeitausgleich in der regelmäßigen Arbeitszeit abzugelten.

Hinweis

Da Bereitschaftsdienst weiterhin nur außerhalb der regelmäßigen Arbeitszeit angeordnet werden kann, ist es nicht zulässig, mit Mitarbeiterinnen, mit denen arbeitsvertraglich eine Wochenstundenzahl von 20 Stunden vereinbart wurde, die Erbringung der Arbeitsleistung derart auszugestalten, dass die Mitarbeiterin nur 20 Stunden Bereitschaftsdienst leistet. Da die Vergütung im Bereitschaftsdienst geringer ist als im Rahmen der Vollarbeitszeit, würde die Mitarbeiterin eine geringere Vergütung erhalten als bei 20 Stunden Vollarbeitszeit.
Haben Dienstgeber und Mitarbeiterin wie arbeitsvertraglich üblicherweise geregelt, dass die Mitarbeiterin für die vertraglich vereinbarten 20 Wochenstunden den entsprechenden, sich aus der AVR ergebenden Betrag erhält, bleibt es bei dieser Vereinbarung, auch wenn der Dienstgeber - etwa aus betrieblicher Notwendigkeit - die Mitarbeiterin in einer Woche lediglich nur 10 Stunden Vollarbeit leisten lässt und 10 Stunden Bereitschaftsdienst.
In diesen Fällen gerät der Dienstgeber in sog. **Annahmeverzug** mit der von der Mitarbeiterin generell angebotenen Arbeitsleistung als Vollarbeitszeit. Dies hat zur Folge, dass er auch die Zeiten des Bereitschaftsdienstes wie Vollarbeitszeit vergüten muss. Das Risiko, dass der Dienstgeber hinsichtlich der Abnahme von Arbeitsleistung in Annahmeverzug gerät und trotzdem hinsichtlich des Lohnes zur Leistung verpflichtet bleibt, trägt er als typisches Unternehmerrisiko in der Regel selber.

Zu unterscheiden hiervon ist die Fallgestaltung, dass eine Mitarbeiterin zum Beispiel wie folgt arbeitet:
Mitarbeiterin A ist in der Jugendhilfe mit einer regelmäßigen Arbeitszeit von 20 Wochenstunden beschäftigt. In der ersten Woche arbeitet sie 20 Stunden im Rahmen der Vollarbeitszeit und erbringt zusätzlich 20 Stunden Bereitschaftsdienst. Gemäß Anlage 5 § 7 Abs. 5 wird diese Zeit mit 25 % als Arbeitszeit gewertet und entweder mit der Überstundenvergütung vergütet oder aber durch Freizeit abgegolten.

Demgemäß ergibt sich ein Anspruch auf 4 Stunden Freizeitausgleich oder 4 Stunden Vergütung mit der Überstundenvergütung. Diese Mitarbeiterin kann in der zweiten Woche dann so eingesetzt werden, dass sie 16 Stunden Vollarbeitszeit leistet und 4 Stunden Freizeitausgleich erhält.
Der Dienstgeber gerät hierbei nicht in Annahmeverzug, da er ja die Arbeitsleistung der Vollarbeitszeit durch entsprechenden Freizeitausgleich angenommen und auch vergütet hat.
Die Mitarbeiterin erhält somit sowohl für die erste Woche wie auch für die zweite Woche ihre vollen 20 Stunden vergütet.

Bereitschaftsdienst darf weiterhin nur angeordnet werden, wenn zwar Arbeit anfällt, aber **erfahrungsgemäß die Zeit ohne Arbeitsleistung überwiegt**, Anlage 5 § 7 Abs. 1 Satz 2. Damit soll eine zu starke Belastung der Mitarbeiterin vermieden werden. Bei der Ermittlung der Belastung ist stets auf den Durchschnitt der Arbeitsleistung in den Bereitschaftsdiensten abzustellen. Die durchschnittliche Arbeitsleistung im Bereitschaftsdienst darf maximal 49 % betragen, Anlage 5 § 9 Abs. 2. In Arbeitsbereichen, in denen erfahrungsgemäß mit einem höheren Arbeitsanfall zu rechnen ist, darf kein Bereitschaftsdienst angeordnet werden. Für die Frage, was angeordnet werden darf, sind im Hinblick auf den tatsächlichen Arbeitsanfall, die **in der Vergangenheit gemachten Erfahrungen maßgebend**. Soweit die Arbeitsleistungen im Bereitschaftsdienst im Laufe eines längeren Zeitraums zunehmen, so dass sie durchschnittlich mindestens die Hälfte der Zeit des Bereitschaftsdienstes erreichen oder überschreiten, hat der Dienstgeber für die Zukunft organisatorische Maßnahmen zu treffen. Bereitschaftsdienst darf dann nicht mehr angeordnet werden.
Der Bereitschaftsdienst kann sich - etwa aus arbeitsorganisatorischen Gründen - unmittelbar an die „reguläre" Arbeitszeit (=Vollarbeit) anschließen. Er kann aber auch umgekehrt der „regulären" Arbeitszeit vorausgehen oder von der „regulären" Arbeitszeit umschlossen werden.
Damit bleiben z.B. Dienste mit 8 Stunden Vollarbeit, 8 Stunden Bereitschaftsdienst und wieder 8 Stunden Vollarbeit, wie sie vor allem in der Jugendhilfe benötigt werden, zulässig.

3. Anlage 5 § 7 Abs. 3, Rufbereitschaft

Im Unterschied zur alten Fassung spricht der seit 01.11.06 geltende **Anlage 5 § 7 Abs. 3** nicht mehr davon, dass die Mitarbeiterin dem Dienstgeber oder dessen Bevollmächtigten den Ort anzuzeigen hat, an dem sie sich während der **Rufbereitschaft** aufhält. Rufbereitschaft liegt nach Anlage 5 § 7 Abs. 3 Satz 1 vor, **wenn sich die Mitarbeiterin außerhalb der regelmäßigen Arbeitszeit an einem von ihr selbst gewählten Ort aufhält, an der ihre Erreichbarkeit sichergestellt ist, um bei Abruf die Arbeit kurzfristig aufzunehmen.** Die AK hat mit dieser Neufassung die **Rechtsprechung des BAG** aufgegriffen. Das BAG hatte wegen der technischen Möglichkeit über Funktelefone jederzeit erreichbar zu sein, das Erfordernis für Rufbereitschaft, sich an einer dem Dienstgeber anzuzeigenden Stelle aufzuhalten, bereits im Jahre 2000 aufgegeben. In seinem Urteil vom 29.06.2000[14] hatte das BAG entschieden, dass dann, wenn die jederzeitige Erreichbarkeit der Mitarbeiterin sicher gestellt ist, für den Aufenthalt an einem bestimmten, dem Dienstgeber anzugebenden Ort kein Bedürfnis besteht, soweit es um den Abruf der Mitarbeiterin durch den Dienstgeber geht. Die Kenntnis vom Aufenthaltsort der Mitarbeiterin benötigt der Dienstgeber nur, wenn sie erforderlich ist, um sie erreichen zu können.

Für die **Rufbereitschaft in Krankenhäusern und Heimen** hat die AK - abweichend von Anlage 5 § 7 Abs. 1 Satz 3 - die Inanspruchnahmegrenze von durchschnittlich 12,5 % aufgehoben, Anlage 5 § 8 Abs. 7. Bis zum 31.10.2006 galt auch für Krankenhäuser und Heime, die in Anlage 5 § 7 Abs. 1 Satz 3 festgelegte Regel, dass innerhalb eines Zeitraums von sechs Kalendermonaten im Durchschnitt weniger Arbeit als zu einem Achtel der Zeit der Rufbereitschaft anfallen darf. Diese Einschränkung gilt seit dem 1.11.2006 für Krankenhäuser und Heime nicht mehr. In den genannten Einrichtungen darf daher Rufbereitschaft nach Anlage 5 § 8 Abs. 7 Satz 2 angeordnet werden, wenn **erfahrungsgemäß lediglich in Ausnahmefällen Arbeit anfällt**.

Anordnungen von Rufbereitschaft sind nicht mehr zulässig, wenn die Häufigkeit der Heranziehung zur Arbeit zunimmt und neuere Erfahrungen die Heranziehung zur Arbeit nicht mehr als Ausnahme er-

---

14 BAG, Urteil vom 29.06.2000 – 6 AZR 900/98; AP Nr. 41 zu § 15 BAT, ZTR 2001, 129.

scheinen lassen, (§ 8 Abs. 7 Satz 2: „erfahrungsgemäß“). In einem solchen Fall muss Bereitschaftsdienst oder reguläre Vollarbeit angeordnet werden. Kommt es hingegen ausnahmsweise in einem Einzelfall während der Rufbereitschaft entgegen den Erfahrungen und Erwartungen in nicht unerheblichem Maße zur Heranziehung zur Arbeit, bleibt es bei der Bewertung dieser Arbeitszeit als Rufbereitschaftszeit mit den entsprechenden vergütungsrechtlichen Auswirkungen (Anlage 5 § 7 Abs. 6). Die Mitarbeiterin erlangt dadurch keinen Anspruch auf Bereitschaftsdienstvergütung.
Nach **Anlage 5 § 8 Abs. 7 Satz 3** ist aufgrund des Beschlusses der AK seit dem 01.11.06 außerdem die **Überschreitung der täglichen Höchstarbeitszeit von 10 Stunden** (§ 3 ArbZG) zulässig, wenn dies durch tatsächliche Arbeitsleistung während der Rufbereitschaft verursacht wird. Diese Neuregelung ist für die Praxis sehr wichtig. Ohne die Regelung hätten bspw. Mitarbeiterinnen, die nach acht Stunden Vollarbeit Rufbereitschaftsdienst leisten, während dieser Rufbereitschaft nur noch maximal 2 Stunden arbeiten dürfen. Die Regelung in Anlage 5 § 8 Abs. 7 Satz 3 sieht keine Grenze für die Überschreitung der täglichen Höchstarbeitszeit vor. Da Rufbereitschaft nur angeordnet werden darf, wenn erfahrungsgemäß lediglich in Ausnahmefällen Arbeit anfällt, dürfte das Überschreiten der 10-Stunden-Grenze die Ausnahme bleiben. Es bleibt daher bei dem Grundsatz, dass die tägliche regelmäßige Vollarbeit nicht über 10 Stunden verlängert werden kann, weil Rufbereitschaft angeordnet ist.

4. Anlage 5 § 8 Abs. 3, Grundmodell (“erste gesetzliche Öffnungsklausel“)

Nach Anlage 5 § 8 Abs. 3 (Ausnahmeregelung nach § 7 Abs. 1 ArbzG) **kann** (abweichend von den §§ 3, 5 und 6 Abs. 2 ArbZG im Rahmen des § 7 ArbZG) **aufgrund einer Dienstvereinbarung** die **tägliche Arbeitszeit** im Sinne des Arbeitszeitgesetzes **über acht Stunden hinaus verlängert werden, wenn mindestens die acht Stunden überschreitende Zeit im Rahmen von Bereitschaftsdienst geleistet wird,** und zwar wie folgt:

- bei **Bereitschaftsdiensten der Stufe A** (Arbeitsleistung bis 10 %) und B (Arbeitsleistung von 10 % bis 25 %) bis zu insgesamt maximal **16** Stunden täglich; die gesetzlich vorgesehene Pause verlängert diesen Zeitraum nicht,

- bei **Bereitschaftsdiensten der Stufen C** (Arbeitsleistung von 25 % bis 40 %) **und D** (Arbeitsleistung von 40 % bis 49 %) bis zu insgesamt maximal **13** Stunden täglich; die gesetzlich vorgeschriebene Pause verlängert diesen Zeitraum nicht.

Somit lassen die AVR bei Bereitschaftsdienst auf Grundlage einer Dienstvereinbarung eine Überschreitung der gesetzlichen Höchstarbeitszeit von 10 Stunden (§ 3 ArbZG) zu; dabei sind die in Abs 3 unter a) und b) genannten Höchstgrenzen zu beachten:

Stufe	tägliche Arbeitsleistung innerhalb des Bereitschaftsdienstes	Höchstarbeitszeit
A	0 bis 10 %	16 Stunden
B	mehr als 10 bis 25 %	16 Stunden
C	mehr als 25 bis 40 %	13 Stunden
D	mehr als 40 bis 49 %	13 Stunden

Die gesetzlich vorgeschriebene Ruhepause von 45 Minuten (§ 4 ArbZG) **bzw. entsprechende Kurzpausen** nach Anlage 5 § 1 Abs. 7 **verlängern den Zeitraum von 16 Stunden** (Stufe A und B) **bzw. 13 Stunden** (Stufe C und D) **nicht**, Anlage 5 § 8 Abs. 3 a) und b) jeweils zweiter Halbsatz. Wird eine Arbeitszeit einschließlich Bereitschaftsdienst von neun Stunden überschritten, beträgt die Ruhepause 45 Minuten, ansonsten 30 Minuten (§ 4 ArbZG). Die Verlängerung der täglich effektiv zur Verfügung stehenden Zeit von 16 bzw. 13 Stunden wird somit durch die gesetzlich vorgeschriebenen Pausen auf in der Regel 15,25 bzw. 12,25 Stunden verkürzt.
Anlage 5 § 8 Abs. 3 eröffnet die Möglichkeit, die Arbeitszeit auf bis zu 16 bzw. 13 Stunden täglich zu verlängern und zwar entweder in Kombination von maximal 8 Stunden „reguläre“ Vollarbeit und Bereitschaftsdienst oder ausschließlich Bereitschaftsdienst (in den Stufen A und B 16 Stunden am Stück; in den Stufen C und D 13 Stunden am Stück).

Hinweis:

Aus der Formulierung in Abs. 3 „wenn mindestens die acht Stunden überschreitende Zeit im Rahmen von Bereitschaftsdienst geleistet wird“ ergibt sich zwingend, dass die Vollarbeitszeit maximal 8 Stunden betragen darf, wenn Bereitschaftsdienst in unmittelbarer Verbindung angeordnet wird.
Eine Verlängerung der vom Arbeitszeitgesetz vorgegebenen durchschnittlichen wöchentlichen Arbeitszeit von 48 Stunden (§ 3 ArbZG) im Fall von Bereitschaftsdienst ermöglicht die Regelung Anlage 5 § 8 Abs. 3 nicht.

Wird Bereitschaftsdienst auf Grundlage einer Dienstvereinbarung, die auf Anlage 5 § 8 Abs. 3 beruht, angeordnet, muss die 48 Stunden Grenze eingehalten werden. Dabei sind neben der geleisteten regelmäßigen Arbeitszeit auch Über- und Mehrarbeitsstunden, Bereitschaftsdienstzeiten, Inanspruchnahmen in der Rufbereitschaft (einschließlich Wegezeiten) sowie eine eventuelle vorliegende nichtselbständige Nebentätigkeit zu berücksichtigen.
Der Ausgleichszeitraum für die Einhaltung der durchschnittlichen gesetzlichen wöchentlichen Höchstarbeitszeit kann bis zu einem Jahr betragen, Anlage 5 § 8 Abs. 6. Die Bestimmung stellt auf das „Jahr“ ab, nicht auf das „Kalenderjahr“. Die Mitarbeiterin muss daher einmal im Jahr die Durchschnittsgrenze einer wöchentlichen Arbeitszeit von 48 Stunden erreicht haben. In der Dienstvereinbarung kann allerdings auch ein kürzerer Ausgleichszeitraum festgelegt werden.

5. Anlage 5 § 8 Abs. 4 , 24-Stunden Dienste

Nach **Anlage 5 § 8 Abs. 4** kann im Rahmen des § 7 ArbZG unter den Voraussetzungen

- einer **Prüfung alternativer Arbeitszeitmodelle**,
- einer **Belastungsanalyse gemäß § 5 ArbSchG** und
- ggf. daraus resultierender **Maßnahmen zur Gewährleistung des Gesundheitsschutzes**
- aufgrund einer **Dienstvereinbarung**

von den Regelungen des Arbeitszeitgesetzes abgewichen werden.
Die tägliche Höchstarbeitszeit im Sinne des Arbeitszeitgesetzes kann (abweichend von den §§ 3, 5 und 6 Abs. 2 ArbZG) **über acht Stunden** hinaus **verlängert werden**, wenn in die Arbeitszeit **regelmäßig und in erheblichem Umfang Bereitschaftsdienst** fällt. Hierbei darf die tägliche Arbeitszeit **ausschließlich der Pausen maximal 24 Stunden betragen**.
Die tägliche Höchstarbeitszeit kann also nach Anlage 5 § 8 Abs. 4 über acht Stunden hinaus auf maximal 24 Stunden - ausschließlich der Pausen - verlängert werden, soweit in die Arbeitszeit regelmäßig und in erheblichem Umfang Bereitschaftsdienst fällt. Anders als bei Anlage 5 § 8 Abs. 3 sind hier die gesetzlichen Pausen nicht einbezogen worden („ausschließlich der Pausen") .
Vollarbeit und Bereitschaftsdienst dürfen zusammen maximal zu einer täglichen Arbeitszeit von 24 Stunden führen. Innerhalb dieser maximalen Arbeitszeit von 24 Stunden dürfen höchstens 10 Stunden Vollarbeit geleistet werden, dies ergibt sich aus § 3 Satz 2 ArbZG.

a) Prüfung alternativer Arbeitszeitmodelle

Unter der Prüfung alternativer Arbeitszeitmodelle ist zu verstehen, dass die Einrichtung bei ihrer Organisationsplanung zu prüfen hat, ob sie durch andere Arbeitszeitmodelle eine Ausweitung des Bereitschaftsdienstes vermeiden kann. Dienstgeber und Mitarbeitervertretung werden durch diese Voraussetzung der Anlage 5 § 8 Abs. 4 also aufgefordert, andere Möglichkeiten der Arbeitszeitgestaltung zu prüfen. In Betracht kommt beispielsweise die Prüfung, ob

- Schichtpläne verbessert werden können, ggf. mit zentralisierten Bereitschaftsdiensten,
- an Stelle langer Bereitschaftszeiten die Zeiten der Vollarbeit ausgedehnt werden können,
- mit Genehmigung der Aufsichtsbehörde an Wochenenden 12 Stundenschichten zulässig sind.

b) Durchführung einer Belastungs-/ Gefährdungsanalyse

Die Durchführung einer Belastungs-/ Gefährdungsanalyse gemäß § 5 ArbSchG bedeutet, dass die Gefährdung der Beschäftigten, beispielsweise durch

- die Gestaltung der Einrichtung der Arbeitsstätte und des Arbeitsplatzes, physikalische, chemische und biologische Einwirkungen,
- Gestaltung, Auswahl und Einsatz von Arbeitsmitteln, insbes. von Arbeitsstoffen, Maschinen, Geräten und Anlagen sowie den Umgang damit,
- Gestaltung von Arbeitsverfahren und Arbeitsabläufen sowie unzureichende Qualifikation und Unterweisung der Beschäftigten,

untersucht und beurteilt werden muss.
Die Analyse nach § 5 ArbSchG beinhaltet eine Beurteilung des Gefährdungspotentials der Arbeit und ihrer Bedingungen. Grundsätzlich ist eine einmalige Beurteilung ausreichend, danach sind weitere Beurteilungen nur noch bei wesentlichen Änderungen der Arbeitsorganisation in der Einrichtung oder bei Auftreten von Besonderheiten wie Berufskrankheiten erforderlich.
Über die Ergebnisse dieser Analyse ist eine Dokumentation anzulegen und auf dem aktuellen Stand zu halten, § 6 ArbSchG. Bei gleichartigen Arbeitsplätzen genügt die Beurteilung eines Arbeitsplatzes.

c) Maßnahmen zur Gewährleistung des Gesundheitsschutzes

Die Festlegung von Maßnahmen zur Gewährleistung des Gesundheitsschutzes verlangt, dass dann, wenn die Belastungs-/Gefährdungsanalyse besondere psychische oder physische Belastungen ergeben hat, Maßnahmen zum Arbeitsschutz ergriffen werden. Dabei kann es sich zum Beispiel um besondere arbeitsmedizinische Betreuung der Betroffenen, Begrenzung der Arbeitszeitverlängerung, Erweiterung der Ruhezeiten, Vereinbarung verlängerter Ruhezeiten etc. handeln.
Nach § 6 Abs. 1 ArbSchG ist der Dienstgeber auch verpflichtet die Schutzmaßnahmen und ihre Wirksamkeit zu dokumentieren.

d) Dienstvereinbarung

Dienstgeber und Mitarbeitervertretung müssen über die Zulässigkeit von 24-Stunden-Diensten eine **Dienstvereinbarung** abgeschlossen haben. In dieser Dienstvereinbarung sollte das Verhältnis von Arbeitszeit und Bereitschaftsdienst sowie die Lage der Pausen geregelt sein.

Der Ausschuss Arbeitszeit der AK hat zu den Neuregelungen Anlage 5 §§ 7 bis 9 eine Musterdienstvereinbarung erarbeitet, die im Anhang abgedruckt ist.

e) Bereitschaftsdienst in erheblichem Umfang

Bereitschaftsdienst fällt in erheblichem Umfang an, wenn die Zeiten des Bereitschaftsdienstes einen Umfang erreichen, der die Verlängerung der Arbeitszeit arbeitsschutzrechtlich unbedenklich erscheinen lässt.

Hinweis:

In der Literatur werden bei Arbeitsbereitschaft (stellt höhere Anforderungen an die Mitarbeiterin!) 25 %, in der Rechtsprechung 30 % für ausreichend angesehen. Für die Berechnung dieser Untergrenze ist auf den Anteil des Bereitschaftsdienstes an der verlängerten Arbeitszeit abzustellen. Um den Gesundheitsschutzgedanken ausreichend Rechnung zu tragen, muss bei der Bestimmung dessen, was in „erheblichem Umfang" meint, stets eine Abwägung unterschiedlicher Faktoren vorgenommen werden: Belastung der Mitarbeiterin während der Vollarbeitszeit, Belastung während dem Bereitschaftsdienstes, Häufigkeit der Inanspruchnahme, Länge der Erholungszeiten etc. Der pauschale Prozentwert (30 %) ist nur ein Anhaltspunkt

Eine Verlängerung der vom Arbeitszeitgesetz vorgegebenen durchschnittlichen **wöchentlichen Arbeitszeit von 48 Stunden** (§ 3 ArbZG) im Fall von Bereitschaftsdienst ermöglicht die Regelung Anlage 5 § 8 Abs. 4 nicht. Werden 24 Stunden-Dienste (Vollarbeitszeit und Bereitschaftsdienst) auf Grundlage einer Dienstvereinbarung, die auf Anlage 5 § 8 Abs. 4 beruht, angeordnet, muss die 48 Stunden Grenze eingehalten werden. Dabei sind neben der geleisteten regelmäßigen Arbeitszeit auch Über- und Mehrarbeitsstunden, Bereitschaftsdienstzeiten, Inanspruchnahmen in der Rufbereitschaft (einschließlich Wegezeiten) sowie eine eventuelle vorliegende nichtselbständige Nebentätigkeit zu berücksichtigen.
Der **Ausgleichszeitraum** für die Einhaltung der durchschnittlichen gesetzlichen wöchentlichen Höchstarbeitszeit kann bis zu einem Jahr betragen, **Anlage 5 § 8 Abs. 6**.

Die maximale Dienstdauer von 24 Stunden muss die **Ruhepausen** nicht mit beinhalten.

> **Hinweis:**
>
> Die AK hat in ihrem Beschluss (wie im TVöD) eindeutig formuliert „ausschließlich der Pausen". Damit ergibt sich aus dem Wortlaut der Regelung unmissverständlich, dass die gesetzliche Ruhepause nach § 4 ArbZG den 24-Stundendienst verlängert. Die AK hat hier bewusst eine andere Regelung getroffen als in Anlage 5 § 8 Abs. 3.

Die Bestimmung greift die Höchstgrenze der Arbeitszeit auf, die nach der europäischen Rechtsprechung durch die EG-Arbeitszeitrichtlinie[15] vorgegeben ist.
Artikel 3 der EG-Arbeitszeitrichtlinie legt fest, dass "jedem Arbeitnehmer pro 24-Stunden-Zeitraum eine Mindestruhezeit von elf zusammenhängenden Stunden gewährt werden muss". Das Arbeitszeitgesetz sieht keine entsprechende Regelung vor. Nach § 7 Abs. 9 ArbZG muss nur, immer dann, wenn die tägliche Arbeitszeit über 12 Stunden hinaus verlängert wird, im unmittelbaren Anschluss an die Beendigung der Arbeitszeit eine Ruhezeit von mindestens 11 Stunden gewährt werden (§ 7 Abs. 9 ArbZG).
Von Artikel 3 der EG-Arbeitszeitrichtlinie kann nach Artikel 17 Abs. 2 der EG-Arbeitszeitrichtlinie unter der Voraussetzung, dass die betroffenen Arbeitnehmerinnen gleichwertige Ausgleichsruhezeiten erhalten „im Wege von Tarifverträgen oder Vereinbarungen von Sozialpartnern" abgewichen werden. Artikel 17 Abs. 3 der EG-Arbeitszeitrichtlinie gestattet also ausdrücklich eine Abweichung von Artikel 3,

> „...bei Tätigkeiten, die dadurch gekennzeichnet sind, dass die Kontinuität des Dienstes oder der Produktion gewährleistet sein muss und zwar insbesondere bei.....
>
> Aufnahme-, Behandlungs- und/oder Pflegediensten von Krankenhäusern oder ähnlichen Einrichtungen, (...), Heimen(...)."

Die AVR sind zwar kein Tarifvertrag, aber eine eigenständige Arbeitsrechtsordnung mit normativem Charakter, die Tarifverträgen

---

15 2003/88/EG.

gleichzusetzen sind. Im Übrigen hat die AK hier eine Regelung eines Tarifvertrages (TVöD) übernommen.
Das BAG hat in seinem Urteil vom 17.11.2005[16] festgestellt, dass die materielle Richtigkeitsgewähr tarifvertraglicher Regelungen nicht primär darauf beruht, dass den Tarifvertragsparteien das Mittel des Arbeitskampfs zur Verfügung steht, sondern darauf, dass sie als gleichgewichtig durchsetzungsfähig angesehen werden. Die zuletzt genannte Voraussetzung sei aber innerhalb der Arbeitsrechtlichen Kommissionen bei den Kirchen gleichermaßen gegeben. Deren paritätische Besetzung und die Weisungsunabhängigkeit ihrer Mitglieder würden gewährleisten, dass keine der beiden Seiten das Übergewicht erreichen könne. Zudem ergebe sich die Richtigkeitsgewähr der kirchlichen Arbeitsvertragsrichtlinien mittelbar, soweit diese einschlägige tarifvertragliche Regelungen übernehmen.
Die Regelung des TVöD/ der Beschluss der AK hält sich an die von der EG-Arbeitszeitrichtlinie vorgegebene Abweichungsmöglichkeit. Mithin ist die Regelung zulässig und europarechtskonform.
Die Verlängerung der täglichen Arbeitszeit nach Anlage 5 § 8 Abs. 4 gilt daher ausschließlich der Pausen. Die gesetzlich vorgeschriebenen Ruhepausen (§ 4 ArbZG) verlängern also den Zeitraum der täglich zur Verfügung stehenden Arbeitszeit von bis zu 24 Stunden. Der Anwesenheitszeitraum von 24 Stunden kann unter Berücksichtigung der während diesem Zeitraum gewährten Pausen, um die Pausenzeiten verlängert werden.

6. Anlage 5 § 8 Abs. 5 „Opt-out -Regelung“[17] (“Zweite gesetzliche Öffnungsklausel“)

Nach **Anlage 5 § 8 Abs. 5 kann** die durch das Arbeitszeitgesetz vorgegebene **48-Stunden-Grenze** für die durchschnittliche wöchentliche Arbeitszeit **individuell**, **dauerhaft** und **ohne Ausgleich überschritten werden,** soweit folgende Voraussetzungen vorliegen:

---

16 6 AZR 160/05; NZA 2006, S. 872-875; ZTR 2006, S. 503-505.

17 Die Regelung in § 7 Abs. 2a und Abs. 7 ArbZG, entspricht der in der Arbeitszeitrichtlinie 2003/88/EG vorgesehenen Möglichkeit der dauerhaften individuellen Arbeitszeitverlängerung über die 48-Stunden-Grenze hinweg („opt-out“).

- eine **Prüfung alternativer Arbeitszeitmodelle**,
- eine **Belastungsanalyse gemäß § 5 ArbSchG** und
- ggf. daraus resultierende **Maßnahmen zur Gewährleistung des Gesundheitsschutzes** wurden festgelegt,
- eine **Dienstvereinbarung** wurde abgeschlossen,
- die betroffene Mitarbeiterin hat **freiwillig und schriftlich ihre jederzeit widerrufbare Einwilligung** erklärt und
- in die Arbeitszeit fällt **regelmäßig und in erheblichem Umfang Bereitschaftsdienst** (§ 7 Abs. 2a ArbZG).

Bei der Verlängerung der wöchentlichen Arbeitszeit sind außerdem die in § 8 Abs. 5 vorgegebenen **Höchstgrenzen** zu beachten:

- **bei Bereitschaftsdiensten der Stufen A** (Arbeitsleistung bis 10 %) **und B** (Arbeitsleistung von 10 % bis 25 %) ist **eine wöchentliche Arbeitszeit[18] von bis zu maximal durchschnittlich 58 Stunden, und**
- **bei Bereitschaftsdiensten der Stufen C** (Arbeitsleistung von 25 % bis 40 %)**und D** (Arbeitsleistung von 40 % bis 49 %) **ist eine wöchentliche Arbeitszeit von bis zu maximal durchschnittlich 54 Stunden zulässig.**

Somit lassen die AVR bei Bereitschaftsdienst auf Grundlage einer Dienstvereinbarung und mit der schriftlichen Einwilligung der betroffenen Mitarbeiterin –ohne Ausgleich- eine Überschreitung der gesetzlichen wöchentlichen Höchstarbeitszeit (Vollarbeit und Bereitschaftsdienst zusammen) von 48 Stunden (§ 3 ArbZG) zu. Dabei sind aber die in § 8 Abs. 5 unter a) und b) genannten Höchstgrenzen zu beachten:

18 Immer Vollarbeit und Bereitschaftsdienst zusammen.

Stufe	tägliche Arbeitsleistung innerhalb des Bereitschaftsdienstes	Höchstarbeitszeit
A	0 bis 10 %	58 Stunden
B	mehr als 10 bis 25 %	58 Stunden
C	mehr als 25 bis 40 %	54 Stunden
D	mehr als 40 bis 49 %	54 Stunden[19]

Hinweis:

Damit können beim Bereitschaftsdienst der Stufen A und B neben der regelmäßigen Arbeitszeit von 38,5 (40) Stunden zusätzliche 19,5 (18)[20] Stunden Bereitschaftsdienst angeordnet werden; in den Bereitschaftsdienststufen C und D noch 15,5 (14)[21].
Da es auf den Durchschnitt (58 bzw. 54 Stunden) ankommt, darf die Arbeitszeit in einzelnen Wochen allerdings über 58 bzw. 54 Stunden hinausgehen.

Auch bei der Einhaltung der 54 bzw. 58 Stunden Grenze sind neben der geleisteten regelmäßigen Arbeitszeit auch Über- und Mehrarbeitsstunden, Bereitschaftsdienstzeiten, Inanspruchnahmen in der Rufbereitschaft (einschließlich Wegezeiten) sowie eine eventuelle vorliegende nichtselbständige Nebentätigkeit mit zu berücksichtigen.
Zu den grds. Voraussetzungen von Anlage 5 § 8 Abs. 4 im Einzelnen vgl. Kapitel 1 V.5. Hinzu kommt die Einwilligungserklärung der Mitarbeiterin.

---

19 Die in Artikel 17 Abs.5 Unterabs. 5 der EG-Arbeitszeitrichtlinie getroffenen Übergangsregelungen gelten nur für Abweichungen bei **Ärzten in der Ausbildung**! Unterabs. 5 lautet: *„Die Mitgliedstaaten stellen sicher, dass die Zahl der Wochenarbeitsstunden keinesfalls einen Durchschnitt von 58 während der ersten drei Jahre der Übergangszeit (Übergangszeit von fünf Jahren ab dem 1. August 2004), von 54 während der folgenden zwei Jahre und von 52 während des gegebenenfalls verbleibenden Zeitraums übersteigt. Ab dem 1. August 2009 gilt generell die Höchstgrenze von durchschnittlich 48 Stunden / Woche."*

20 58-38,5 bzw. 58-40 Stunden.

21 54–38,5 bzw. 54 -40 Stunden.

a) Freiwillige und schriftliche, jederzeit widerrufbare Einwilligung der Mitarbeiterin

Nach Anlage 5 § 8 Abs. 5 Satz 2 darf die Arbeitszeit nur verlängert werden, wenn die Mitarbeiterin schriftlich eingewilligt hat. Sie kann die Einwilligung mit einer Frist von sechs Monaten schriftlich widerrufen. Der Dienstgeber darf eine Mitarbeiterin nicht benachteiligen, weil diese die Einwilligung zur Verlängerung der Arbeitszeit nicht erklärt oder die Einwilligung widerrufen hat.
Die Einwilligung nach Anlage 5 § 8 Abs. 5 Satz 2/§ 7 Abs. 7 ArbZG ist keine Nebenabrede zum Dienstvertrag, sondern eine eigenständige individuelle Zustimmung zu einer Arbeitszeitverlängerung ohne Ausgleich.
Die aufgrund der Einwilligung über die werktägliche Arbeitszeit nach § 3 Satz 1 ArbZG hinaus geleistete Arbeitszeit der Mitarbeiterin ist aufzuzeichnen, § 16 Abs. 2 ArbZG. Der Dienstgeber muss außerdem ein Verzeichnis über die Mitarbeiterinnen führen, die einer solchen Verlängerung der Arbeitszeit (gemäß § 7 Abs. 7 ArbZG bzw. Anlage 5 § 8 Abs. 5) zugestimmt haben, um dies auf Verlangen den Arbeitsschutzbehörden vorzulegen (§ 16 Abs. 2 ArbZG). Die Nachweise sind mindestens zwei Jahre aufzubewahren.

7. Anlage 5 § 8 Abs. 6, Ausgleichszeitraum

Nach § 8 Abs. 6 gilt für den **Ausgleichszeitraum** nach den Absätzen 3 bis 5 ein Zeitraum von **bis zu einem Jahr**.
Somit ist für die Einhaltung

- der 48 Stunden Grenze im Rahmen einer einfachen Dienstvereinbarung auf Grundlage des § 8 Abs. 3 („erste gesetzliche Öffnungsklausel“) und
- der 54 bzw. 58 Stunden Grenze im Rahmen einer Dienstvereinbarung und mit Einwilligung der Mitarbeiterin nach § 8 Abs. 5 („zweite gesetzliche Öffnungsklausel“ – „opt out“)

der Zeitraum von bis zu einem Jahr maßgebend.
In der Dienstvereinbarung kann allerdings - entsprechend den betrieblichen Bedürfnissen - auch ein kürzerer Ausgleichszeitraum vereinbart werden.

Die Bestimmung stellt auf das Jahr ab, nicht auf das Kalenderjahr. Es reicht daher aus, wenn die Mitarbeiterin einmal im Jahr die Durchschnittsgrenze (58 bzw. 54 Stunden pro Woche) erreicht.
Soweit es den betrieblichen Bedürfnissen entspricht, können der Dienstgeber und die Mitarbeitervertretung in der Dienstvereinbarung auch einen kürzeren Ausgleichszeitraum festlegen.
Bei einem Durchschnittsberechnungszeitraum von 52 Wochen ergibt sich ein Gesamtarbeitszeitvolumen von 2.496 Stunden (52 Wochen x 48 Stunden). Da aus arbeitsschutzrechtlichen Gründen nur die tatsächlich erbrachte Arbeitszeit zu berücksichtigen ist, werden Urlaubs- und Fehlzeiten bei der Ermittlung der durchschnittlichen Wochenarbeitszeit unberücksichtigt gelassen.[22]

Beispiel

Mitarbeiterin A, 40 Jahre alt, arbeitet, in der Fünf-Tage Woche und hat im Jahr 30 Arbeitstage Urlaub (6 Wochen). Die Arbeitszeit von durchschnittlich 48 Stunden für 52 Wochen in Höhe von 2.496 Stunden kann also auf 46 Wochen verteilt werden. Dies gilt auch für die Fälle, dass die durchschnittliche Arbeitszeit auf 54 bzw. 58 Stunden bei Vorliegen entsprechender Bereitschaftsdienste erhöht wurde. Hier könnte dann die Arbeitszeit von 2704/ 3016 Stunden für 52 Wochen ebenfalls auf 46 Wochen verteilt werden.

8. Anlage 5 § 8 Abs. 8 Satz 1, Öffnungsklausel für Dienstvereinbarungen

Nach **Anlage 5 § 8 Abs. 8 Satz 1** kann auf der Grundlage einer **Dienstvereinbarung** und aus dringenden dienstlichen Gründen im Rahmen des § 7 Abs.1, 2 und des § 12 ArbZG von den Vorschriften des Arbeitszeitgesetzes abgewichen werden. Die Bestimmung gibt dem **Dienstgeber und der MAV** die Möglichkeit -im gesetzlich vorgegebenen Rahmen- von Arbeitszeitbestimmungen in § 3 ArbZG und weiteren Regelungen des Arbeitszeitgesetzes abzuweichen. Die AK

22 Diese Annahme entspricht auch der Definition der „Bezugszeiträume“ in Artikel 16 Ziffer 2 Satz 2 der Arbeitszeitrichtlinie 93/104/EG. Sie ist in der Literatur umstritten; höchstrichterliche Rspr. dazu liegt noch nicht vor.

hat mit der Regelung in Anlage 5 § 8 Abs. 8 Satz 1 eine **Öffnungsklausel für entsprechende Dienstvereinbarungen** geschaffen.
„**Aus dringenden dienstlichen Gründen**“ kann auf der Grundlage einer Dienstvereinbarung im Rahmen des § 7 Abs. 1 und 2 sowie des § 12 ArbZG von den Vorschriften des Arbeitszeitgesetzes abgewichen werden. „Dringende dienstliche bzw. betriebliche Gründe“ ist ein unbestimmter Rechtsbegriff, der stets der einzelfallbezogenen Konkretisierung bedarf. Das bedeutet, die Frage, welche weiteren Gründe als dringende dienstliche beziehungsweise betriebliche Gründe anzusehen sind, muss jeweils in Bezug auf den konkreten Fall beurteilt werden. Die Gründe, die vorgetragen werden, müssen jedenfalls gewichtig sein. Die normalen Schwierigkeiten, die mit der Gestaltung der Arbeitszeit in einer Einrichtung verbunden sind, reichen nicht aus. Beispielsweise liegt ein solcher Grund vor, wenn die fehlende Veränderung der Arbeitszeit die Organisation, den Arbeitsablauf oder die Sicherheit in der Einrichtung wesentlich beeinträchtigen oder unverhältnismäßige Kosten verursachen würde. Eine bloße Beeinträchtigung der Organisation, des Arbeitsablaufs muss der Dienstgeber hinnehmen.
Das hat zur Folge, dass nur soweit bspw. die Kürzung der Ruhezeit (§ 7 Abs. 1 Nr 3 ArbZG i.V.m. § 5 Abs. 1 ArbZG) durch die „Behandlung, Pflege und Betreuung von Personen, der Eigenart dieser Tätigkeit und dem Wohl dieser Personen„ begründet ist und Dienstgeber und MAV sich in einer Dienstvereinbarung darüber einigen, in der Einrichtung die Ruhezeiten um zwei Stunden gekürzt werden können.
Ob dringende dienstliche bzw. betriebliche Gründe gegeben sind, entscheiden daher die Einrichtungsparteien als Partner der Dienstvereinbarung.

Hinweis:

Im Rahmen der Öffnungsklausel von Anlage 5 § 8 Abs. 8 Satz 1 gilt stets der Grundsatz, dass aufgrund des mit den Arbeitszeitbestimmungen beabsichtigten Gesundheitsschutzes der einzelnen Mitarbeiterin, eine Ausdehnung der täglichen und wöchentlichen Arbeitszeit nach dem Grundsatz der Verhältnismäßigkeit immer nur in dem Umfang vereinbart werden sollte, in dem die Ausdehnung der Arbeitszeit für die Einrichtung tatsächlich erforderlich ist.

§ 7 Abs. 1 und Abs. 2 sowie § 12 ArbZG enthalten einen **breiten Regelungsbereich**:

a) Verlängerung über zehn Stunden täglich

Nach **§ 7 Abs. 1 Nr. 1a ArbZG** kann in einer Dienstvereinbarung abweichend von § 3 ArbZG zugelassen werden, dass die **Arbeitszeit über zehn Stunden werktäglich verlängert** wird, wenn in die Arbeitszeit **regelmäßig und in erheblichem Umfang** Arbeitsbereitschaft oder **Bereitschaftsdienst** fällt[23].
Die Arbeitsbereitschaft oder der Bereitschaftsdienst müssen außerdem **regelmäßig** anfallen. Nach Rechtsprechung und Literatur reicht es für die „Regelmäßigkeit" aus, wenn stets oder doch zumindest an bestimmten Tagen erfahrungsgemäß Zeiten der Vollarbeit mit Zeiten der Arbeitsbereitschaft oder des Bereitschaftsdienstes wechseln.
Die Arbeitsbereitschaft und der Bereitschaftsdienst müssen zudem in „**erheblichem Umfang**" bestehen. Dies richtet sich nach dem Verhältnis von Arbeit und Arbeitsbereitschaft oder Bereitschaftsdienst. Der Anteil der Arbeitsbereitschaft ist jedenfalls dann erheblich, wenn er den Anteil der Vollarbeit überwiegt. Nach Ansicht von Rechtsprechung und Literatur muss aus Gründen des Gesundheitsschutzes die Arbeitsbereitschaft mindestens 30 % der werktäglichen Arbeitszeit ausmachen und der Bereitschaftsdienst wegen der geringeren Inanspruchnahme mindestens 20 %[24].
Die Abweichungen auf der Grundlage des § 7 Abs. 1 ArbZG sind im Unterschied zu denen nach § 7 Abs. 2 ArbZG zulässig, ohne dass ein genereller Zeitausgleich vorgeschrieben ist.
Die Verlängerung der Arbeitszeit ist nur insoweit zulässig, als sie 48 Stunden wöchentlich im Durchschnitt von 12 Kalendermonaten nicht überschreitet (§ 7 Abs. 8 ArbZG).

b) Anderer Ausgleichszeitraum

Nach **§ 7 Abs. 1 Nr. 1b ArbZG** kann in einer Dienstvereinbarung abweichend von § 3 ArbZG zugelassen werden, dass ein **anderer Ausgleichszeitraum** festgelegt wird. Die Länge des so erweiterten

---

23 Erfurter-Kommentar, Wank, § 7 ArbZG Rn.6.
24 Erfurter-Kommentar, Wank, § 7 ArbZG Rn.6.

Ausgleichszeitraums ist aber nach § 7 Abs. 8 ArbZG auf zwölf Monate beschränkt.

c) Aufteilung in Kurzpausen

Nach **§ 7 Abs. 1 Nr. 2 ArbZG** kann in einer Dienstvereinbarung abweichend von § 4 Abs. 2 ArbZG zugelassen werden, dass die **Gesamtdauer der Ruhepausen in Schichtbetrieben auf Kurzpausen von angemessener Dauer aufgeteilt wird**. Ein Zeitausgleich ist auch in diesem Fall nicht erforderlich. Die Kurzpausen müssen jedoch von angemessener Dauer sein, indem sie ihren Zweck, nämlich eine kurzfristige Erholung zu ermöglichen, noch erfüllen können. Im Regelfall werden daher nur Pausen mit einer Mindestdauer von 5 Minuten als angemessen angesehen werden können. Eine Kürzung der Gesamtpausenzeit des § 4 Abs. 2 ArbZG ist aber nicht zulässig.

d)Verkürzung der Ruhezeit

Nach § 7 Abs. 1 Nr. 3 ArbZG kann in einer Dienstvereinbarung abweichend von § 5 Abs. 1 ArbZG zugelassen werden, dass **die Ruhezeit um bis zu zwei Stunden gekürzt wird**, wenn die Art der Arbeit dies erfordert und die Kürzung der Ruhezeit innerhalb eines festzulegenden Ausgleichszeitraums ausgeglichen wird. Die Kürzung der Ruhezeiten darf nicht dazu führen, dass die zulässigen Höchstarbeitszeiten des § 3 ArbZG überschritten werden.
Die Verkürzung der Ruhezeit von 11 auf mindestens 9 Stunden setzt somit voraus, dass **„die Art der Arbeit dies erfordert“**. Diese Voraussetzung ist erfüllt, wenn die Arbeit sonst nicht oder nur unzureichend durchgeführt werden kann. Des Weiteren ist die **Kürzung der Ruhezeit innerhalb eines festzulegenden Zeitraums auszugleichen.** In einer Dienstvereinbarung zur Kürzung der Ruhezeit muss deshalb stets ein Ausgleichszeitraums festgelegt werden.
Der Ausgleichszeitraum ist dabei nach § 7 Abs. 8 ArbZG auf zwölf Monate begrenzt.

e)Verlängerung der täglichen Arbeitszeit von Nachtarbeitnehmerinnen

Nach **§ 7 Abs. 1 Nr. 4a ArbZG** kann in einer Dienstvereinbarung abweichend von § 6 Abs. 2 ArbZG zugelassen werden, dass **die Arbeitszeit über zehn Stunden werktäglich hinaus verlängert wird**, wenn in die Arbeitszeit regelmäßig und in erheblichem Umfang Arbeitsbereitschaft oder Bereitschaftsdienst fällt. Diese Verlängerungsmöglichkeit betrifft die werktägliche Arbeitszeit der Nachtarbeitnehmerinnen. Ein Zeitausgleich ist nicht erforderlich.

f) Veränderung des Ausgleichszeitraums für Nachtarbeitnehmerinnen

Nach **§ 7 Abs. 1 Nr. 4b ArbZG** kann in einer Dienstvereinbarung abweichend von § 6 Abs. 2 ArbZG zugelassen werden, dass für die Tätigkeit **von Nachtarbeitnehmerinnen** ein anderer Ausgleichszeitraum festgelegt wird. Die Länge des erweiterten Ausgleichszeitraums ist nach § 7 Abs. 8 ArbZG auf zwölf Monate beschränkt.

g) Beginn des Nachtzeitraums

Nach **§ 7 Abs. 1 Nr. 5 ArbZG** kann in einer Dienstvereinbarung zugelassen werden, dass **der Beginn des siebenstündigen Nachtzeitraums des § 2 Abs. 3 ArbZG auf die Zeit zwischen 22.00 Uhr und 24.00 Uhr festgelegt wird**. Diese Verlängerungsmöglichkeit betrifft die werktägliche Arbeitszeit in der Nacht. Der Beginn des Nachtzeitraums kann abhängig von den Erfordernissen in der Einrichtung von den Einrichtungsparteien variabel festgelegt werden.

h) Anpassung der Ruhezeiten

Nach **§ 7 Abs. 2 Nr. 1 ArbZG** kann in einer Dienstvereinbarung zugelassen werden, dass abweichend von § 5 Abs. 1 ArbZG **die Ruhezeiten bei Rufbereitschaft den Besonderheiten dieses Dienstes angepasst werden**, insbesondere **Kürzungen der Ruhezeit infolge von Inanspruchnahmen während dieses Dienstes zu anderen Zeiten ausgeglichen werden**. So können die Parteien der Einrichtung zulassen, dass bei Inanspruchnahme während der Rufbereitschaft die unterbrochenen Ruhezeiten zusammengelegt werden. Zum Gesundheitsschutz der Mitarbeiterinnen ist ein entsprechender Zeitausgleich zwingend erforderlich, der nicht durch finanzielle Leistungen ersetzt werden kann.

i) Anpassung des Ausgleichszeitraums

Nach **§ 7 Abs. 2 Nr. 3 ArbZG** kann in einer Dienstvereinbarung zugelassen werden, dass die Regelungen der §§ 3, 4, 5 Abs. 1 und § 6 Abs. 2 ArbzG bei der Behandlung, Pflege und Betreuung von Personen der Eigenart dieser Tätigkeit und dem Wohl dieser Personen entsprechend angepasst werden. Zum Gesundheitsschutz der Mitarbeiterinnen ist ein entsprechender Zeitausgleich zwingend erforderlich. Die Länge des so erweiterten Ausgleichszeitraums ist aber nach § 7 Abs. 8 ArbZG auf zwölf Monate beschränkt. Ein Zeitausgleich ist nicht erforderlich. Die Verlängerung der Arbeitszeit ist nur insoweit zulässig ist, als sie 48 Stunden wöchentlich im Durchschnitt von 12 Kalendermonaten nicht überschreitet (§ 7 Abs. 8 ArbZG).

j) Wegfall von Ersatzruhetagen

Nach **§ 12 Satz 1 Nr. 2 ArbZG** kann in einer Dienstvereinbarung zugelassen werden, dass abweichend von § 11 Abs. 3 ArbZG **ein Wegfall von Ersatzruhetagen für auf Werktage fallende Feiertage vereinbart wird oder Mitarbeiterinnen innerhalb eines festzulegenden Ausgleichszeitraums beschäftigungsfrei zu stellen sind**. § 7 Abs. 3 bis 6 ArbZG findet Anwendung.

k) Verlängerung der Arbeitszeit in Schichtdiensten

Nach **§ 12 Nr. 4 ArbZG** kann in einer Dienstvereinbarung zugelassen werden, dass abweichend von § 11 Abs. 2 ArbZG (Tageshöchstgrenze der Arbeitszeit von 10 Stunden an Sonntagen) **die Arbeitszeit in vollkontinuierlichen Schichtbetrieben an Sonn- und Feiertagen auf bis zu zwölf Stunden verlängert wird, wenn dadurch zusätzliche freie Schichten an Sonn- und Feiertagen erreicht werden**. Danach müssen Mitarbeiterinnen bei einer Schichtplangestaltung mit 12-Stunden- Schichten an Sonn- und Feiertagen mehr Sonn- und Feiertage frei haben als bei einer Schichtplangestaltung ohne 12-Stunden-Schichten.(Diese Reglung entspricht der in Anlage 5 § 8 Abs. 8 Satz geregelten Öffnungsklausel für vollkontinuierliche Schichtbetriebe.)
§ 7 Abs. 3 bis 6 ArbZG findet Anwendung.

l) Grenzen der Öffnungsmöglichkeiten nach Anlage 5 § 8 Abs. 8 Satz 1

Bei der Verlängerung der werktäglichen Arbeitszeit über zwölf Stunden hinaus muss nach § 7 Abs. 9 ArbZG in unmittelbarem Anschluss an die Beendigung der Arbeitszeit eine Ruhezeit von mindestens elf Stunden gewährt werden. Es ist nicht möglich diese Ruhezeit zu kürzen.
Außerdem darf nach § 7 Abs. 8 ArbZG bei einer Verlängerung der Arbeitszeit die Grenze von 48 Stunden wöchentlich im Durchschnitt

von zwölf Kalendermonaten nicht überschritten werden. Eine Verlängerung des Ausgleichszeitraums über zwölf Monate hinaus ist nicht zulässig.

9. Anlage 5 § 8 Abs. 8 Satz 2, vollkontinuierliche Schichtbetriebe

In vollkontinuierlichen Schichtbetrieben kann an Sonn- und Feiertagen die tägliche (Voll-)Arbeitszeit - über die gesetzliche Tageshöchstarbeitszeit von 10 Stunden hinaus - **auf bis zu 12 Stunden** verlängert werden, wenn dadurch zusätzliche freie Schichten an Sonn- und Feiertagen erreicht werden. Anlage 5 § 8 Abs. 2 entspricht der gesetzlichen Öffnungsklausel des § 12 Abs. 4 ArbZG.
Die Regelung setzt voraus, dass die Mitarbeiterinnen bei einer Schichtplangestaltung mit 12-Stunden-Schichten an Sonn- und Feiertagen mehr Sonn- und Feiertage frei haben müssen als bei einer Schichtplangestaltung ohne 12 - Stunden - Schichten.
Im Gegensatz zur Regelung in Anlage 5 § 8 Abs. 8 Satz 1 ist für die Verlängerung der Arbeitszeit **keine Dienstvereinbarung** erforderlich (wie bisher schon in der Regelung in Anlage 5 § 2 Abs. 4). Des Weiteren bedarf es zur Verlängerung auf bis zu 12 Stunden auch **keines dringenden betrieblichen Grundes**. Wie in Anlage 5 § 2 Abs. 4 ist einzige Voraussetzung die Schaffung von zusätzlichen freien Schichten[25]. Eine Verlängerung der durchschnittlichen wöchentlichen Höchstarbeitszeit von 48 Stunden ist allerdings nicht zulässig.

10. Anlage 5 § 8 Abs. 9, Umfang des Bereitschaftsdienstes bei Einrichtungen nach Abs. 1 Buchst. d

Die Regelung in Anlage 5 § 8 Abs. 9 begrenzt den Umfang der Inanspruchnahme im Bereitschaftsdienst für Mitarbeiterinnen, die in den in Anlage 5 § 8 Abs. 1 Buchst. (d) genannten Einrichtungen und Heimen beschäftigt sind. Wie bereits dargelegt leisten Mitarbeiterinnen Bereitschaftsdienst im Sinne der Anlage 5 § 8 Abs. 2, wenn sie sich auf Anordnung des Dienstgebers außerhalb der regelmäßigen Arbeitszeit an einer vom Dienstgeber bestimmten Stelle aufhalten, um im Bedarfsfall die Arbeit aufzunehmen. Der Dienstgeber darf dabei Be-

25 Zu beachten ist bei der Arbeitszeitgestaltung allerdings das Zustimmungserfordernis der MAV nach § 36 Abs. 1 MAVO.

reitschaftsdienst nur anordnen, wenn zu erwarten ist, dass zwar Arbeit anfällt, erfahrungsgemäß aber die Zeit ohne Arbeitsleistung überwiegt. Diese Regel gilt nach Abs. 9 Satz 1 grundsätzlich auch für Mitarbeiterinnen, die in den Einrichtungen gemäß Abs. 1 Buchst. (d) arbeiten.

Einrichtungen im Sinne von Anlage 5 Abs. 1 Buchst. (d) sind Einrichtungen und Heime, die

- der Förderung der Gesundheit,
- der Erziehung,
- der Fürsorge oder Betreuung von Kindern und Jugendlichen,
- der Fürsorge oder Betreuung von obdachlosen, alten, gebrechlichen, erwerbsbeschränkten oder sonstigen hilfsbedürftigen Personen dienen, auch wenn diese Einrichtungen nicht der ärztlichen Behandlung der betreuten Personen dienen.

Hinzu kommen Mitarbeiterinnen, die in den in Abs. 9 Satz 2 genannten Einrichtungen tätig sind, in denen die betreuten Personen nicht regelmäßig ärztlich behandelt und beaufsichtigt werden, wie etwa in den beispielhaft genannten Erholungsheimen.

Für diese Mitarbeiterinnen sind bei der Gestaltung des Bereitschaftsdienstes hinsichtlich des Umfangs der Inanspruchnahme im Bereitschaftsdienst zwingend die Grenzen für die Stufen A und B einzuhalten, Anlage 5 § 8 Abs. 9 Satz 1.

In den Stufen A und B darf der Umfang der während des Bereitschaftsdienstes erfahrungsgemäß durchschnittlich anfallender Arbeitsleistungen nur bis zu 25 % betragen. In den genannten Einrichtungen und Heimen darf der Dienstgeber daher Bereitschaftsdienst nur anordnen, wenn zu erwarten ist, dass innerhalb des Bereitschaftsdienstes die Inanspruchnahme (nur) bis zu 25 % beträgt. Ist dies nicht der Fall, muss die Arbeitszeit anders organisiert werden.

Möglich ist es allerdings auch in den genannten Einrichtungen und Heimen, Dienstvereinbarungen nach Anlage 5 § 8 Abs. 3 bis 5 abzuschließen. Wird also in den Einrichtungen nach Abs. 1 Buchst. d aufgrund einer Dienstvereinbarung nach Abs. 3 die tägliche Arbeitszeit im Sinne des Arbeitszeitgesetzes auf über acht Stunden hinaus verlängert, in dem mindestens die acht Stunden überschreitende Zeit im Rahmen von Bereitschaftsdienst geleistet wird, kann die Arbeitszeit bis zu insgesamt maximal 16 Stunden täglich verlängert werden, wobei die gesetzlich vorgesehenen Pausen diesen Zeitraum nicht verlängern. Im Ergebnis stehen 15,25 Arbeitsstunden einschließlich Vollar-

beit und Bereitschaftsdienst zur Verfügung. Wichtig ist, dass die Inanspruchnahme im Bereitschaftsdienst durchschnittlich nur bis zu 25 % betragen darf.
Wird die tägliche Arbeitszeit aufgrund einer Dienstvereinbarung nach Anlage 5 § 8 Abs. 4 über acht Stunden hinaus verlängert, indem in die Arbeitszeit regelmäßig und in erheblichem Umfang Bereitschaftsdienst fällt, darf die tägliche Arbeitszeit ausschließlich der Pausen bis zu 24 Stunden betragen.
Voraussetzung ist hier wiederum, dass neben den übrigen Voraussetzungen des Abs. 4 (der Prüfung alternativer Arbeitszeitmodelle, der Belastungsanalyse gemäß § 5 ArbSchG und der ggf. daraus resultierenden Maßnahmen zur Gewährleistung des Gesundheitsschutzes) die Inanspruchnahme im Bereitschaftsdienst auch hier durchschnittlich nur bis zu 25 % beträgt. Dies gilt auch, wenn in den Einrichtungen und Heimen nach Abs. 1 Buchst. (d) sowie den anderen Einrichtungen, in denen die betreuten Personen nicht regelmäßig ärztlich behandelt und beaufsichtigt werden, aufgrund einer Dienstvereinbarung nach Anlage 5 § 8 Abs. 5 die tägliche Arbeitszeit ohne Ausgleich verlängert wird. In diesem Fall darf die wöchentliche Arbeitszeit durchschnittlich maximal 58 Stunden (Grenze bei den Bereitschaftsdiensten der Stufe A und B) betragen. Die Inanspruchnahme im Bereitschaftsdienst darf nur durchschnittlich bis zu 25 % betragen. Voraussetzung für eine entsprechende Arbeitszeitgestaltung ist auch hier, dass eine Prüfung alternativer Arbeitszeitmodelle, eine Belastungsanalyse gemäß § 5 ArbSchG und ggf. daraus resultierende Maßnahmen zur Gewährleistung des Gesundheitsschutzes erfolgt ist. Darüber hinaus darf die Arbeitszeit (auch in diesen Einrichtungen) nur verlängert werden, wenn die Mitarbeiterin schriftlich eingewilligt hat. Wie bereits oben unter Ziffer 6 dargelegt, kann die Mitarbeiterin die Einwilligung mit einer Frist von sechs Monaten schriftlich widerrufen. Der Dienstgeber darf sie nicht benachteiligen, weil diese die Einwilligung zur Verlängerung der Arbeitszeit nicht erklärt oder die Einwilligung widerrufen hat.
Ärzte in Einrichtungen nach Abs. 1 Buchst. (d) sowie in anderen Einrichtungen, in denen die betreuten Personen nicht regelmäßig ärztlich behandelt und beaufsichtigt werden, sind von der Begrenzung ausgenommen, Anlage 5 § 8 Abs. 9 Satz 3.

Hinweis:

Die Bestimmungen der Anlage 5 § 8 gelten nur für die in Abs. 1 ausdrücklich genannten Dienste und Einrichtungen der Caritas. Abs. 1 knüpft an die bis zum 31. Oktober geltende Sonderregelung in Anlage 5 § 9 an. Die oben dargelegten neuen Möglichkeiten die Arbeitszeit zu verlängern gelten daher nur für

- Krankenhäuser, Heil-, Pflege- und Entbindungseinrichtungen,
- medizinische Institute von Kranken-, Heil- und Pflegeeinrichtungen,
- sonstige Einrichtungen und Heime, in denen die betreuten Personen in ärztlicher Behandlung stehen,
- Altenpflegeheime und Pflegebereiche in Altenheimen
- Einrichtungen und Heime, die
  - der Förderung der Gesundheit,
  - der Erziehung,
  - Fürsorge oder Betreuung von Kindern und Jugendlichen, der Fürsorge oder Betreuung von obdachlosen, alten, gebrechlichen, erwerbsbeschränkten oder sonstigen hilfsbedürftigen Personen dienen, auch wenn diese Einrichtungen nicht der ärztlichen Behandlung der betreuten Personen dienen.

Nach der von der AK am 14. Dezember 2006 beschlossenen Anmerkung zu Anlage 5 § 8 Abs. 1Buchst. d) fallen unter Einrichtungen in diesem Sinne **auch Rettungswachen**.

11. Zusammenfassung: Arbeitszeitgestaltung gemäß Anlage 5

(a) Grundregel

Wochenarbeitszeit	**38,5h** /Woche,	§ 1 Abs. 1
So. + feiertags bis	12 h/tgl.,	§ 8 Abs. 8

zur Erzielung zusätzlicher freier Schichten an Sonn- oder Feiertagen

(b) Ausweitung der Arbeitszeit bei Einbeziehung von Bereitschaftszeiten

Per Dienstvereinbarung ist die tägl. Arbeitszeit auf
über 8 h hinaus verlängerbar, § 8 Abs. 3,
wenn mindest, die 8 h überschreitende Zeit als Bereitschaftsdienst geleistet wird:

Stufe A + B	**16h/ tägl.,**	incl. Vollarbeitszeit und Pausen,
Stufe C + D	**13h /tägl.,**	incl. Vollarbeitszeit und Pausen,

MA in Heimen gemäß § 8 Abs.1(d)
haben Stufe A oder B einzuhalten, § 8 Abs. 9
Ausgleichszeitraum bis zu 1 Jahr, § 8 Abs. 6

(c) Ausweitung auf 24 Stunden

Per Dienstvereinbarung ist tägl. Arbeitszeit über 8h hinaus verlängerbar
auf bis **24h** incl. Vollarbeitszeit (exkl. Pausen), § 8 Abs. 4,
wenn in die Arbeitszeit regelmäßig in erheblichem Umfang Bereitschaftsdienst fällt.
Voraussetzung:

- alternative Arbeitszeitmodelle wurden geprüft,
- Belastungsanalyse gem. § 5 ArbSchG,
- Maßnahmen zur Gewährung des Gesundheitsschutzes,

Ausgleichszeitraum bis zu 1 Jahr, § 8 Abs. 6.

(d) Ausweitung – ohne Ausgleich

Überschreitungen der täglichen 8 h
- **ohne Ausgleich** – möglich: § 8 Abs. 5.

Stufe A + B:	**58h/Woche** Ausgleichszeitraum 1 Jahr
Stufe C + D:	**54h/Woche** Ausgleichszeitraum 1 Jahr

- Voraussetzung: alternative Arbeitszeitmodelle wurden geprüft,
- Belastungsanalyse gem. § 5 ArbSchG,
- Maßnahmen zur Gewährung des Gesundheitsschutzes,
- Schriftliche, widerrufliche Einwilligung der Mitarbeiterin.

(e) Bereitschaftsdienstentgelt

Für Mitarbeiterinnen in Einrichtungen nach § 8 Abs. 1 a) bis c):

Stufe A (0-10%):	**15%,**	
Stufe B (>10-25%):	**25%,**	
Stufe C (>25 - 40 %):	**40%,**	
Stufe D (>40 - 49 %):	**55%,**	
Bewertung als Arbeitszeit (Überstd.),		§ 9 Abs.1.

Zusätzlich:

bei 1.-8.:	**25%,**	
bei 9.-12.	**35%,**	
ab 13.	**45%,**	
Bereitschaftsdienst pro Monat,		§ 9 Abs. 1b).
Für MA in Einrichtungen nach § 8 Abs.1 (d)		
gilt 25 % der Überstundenvergütung		§ 9 Abs. 2
zusätzlich 15% ab dem 9.Bereitschaftsdienst		
pro Monat		§ 9 Abs. 2 S.2

12. Arbeitszeitregelungen nach Anlage 5 und ihre Voraussetzungen

TÄGLICHE HÖCHSTARBEITSZEIT (im Durchschnitt des Ausgleichszeitraumes)			WÖCHENTLICHE HÖCHSTARBEITSZEIT (im Durchschnitt des Ausgleichszeitraumes)	
Anlage 5 § 8 Abs. 3 AVR	**Anlage 5 § 8 Abs. 3 AVR**	**Anlage 5 § 8 Abs. 4 AVR**	**Anlage 5 § 8 Abs. 5 AVR**	
13 Stunden in Verbindung mit Bereitschaftsdienst der Stufen **C** und **D**	**16** Stunden in Verbindung mit Bereitschaftsdienst der Stufen **A** und **B**	**24** Stunden - exkl. Pausen - (incl. Bereitschaftsdienst in erheblichem Umfang)	**56** Stunden in Verbindung mit Bereitschaftsdienst der Stufen **C** und **D**	**58** Stunden in Verbindung mit Bereitschaftsdienst der Stufen **A** und **B**
Voraussetzungen für eine Regelung				
Abschluß einer **Dienstvereinbarung**				
		Prüfung alternativer Arbeitszeitmodelle		
		Belastungsanalyse gem. § 5 ArbSchG		
		Maßnahmen zur Gewährleistung des Gesundheitsschutzes		
			freiwillige schriftliche **Einwilligung** des Mitarbeiters	

Kapitel 2: Grundsätze der Dienstplangestaltung

I. Betriebliche Grundlagen

1. Einrichtungs- und aufgabenbezogene Vorgaben

Jede Dienstplangestaltung hat sich zunächst an der dienstlichen Notwendigkeit bestimmter Arbeitszeiten zu orientieren. Die für einen ordnungsgemäßen Betriebsablauf notwendigen Arbeitszeiten sind zu ermitteln. Sie bilden die Grundlage für den Dienstplan.

2. Recht zur Dienstplangestaltung

a) Direktionsrecht des Dienstgebers

Ein Dienstvertrag begründet auf Seiten des Dienstgebers und der Mitarbeiterin eine Reihe von Rechten und Pflichten. Die Arbeitsverpflichtung stellt die Hauptpflicht der Mitarbeiterin dar. Wann die Mitarbeiterin ihrer Arbeitsverpflichtung nachkommen muss, bestimmt der Dienstvertrag und der Dienstgeber aufgrund seines **Weisungsrechts (Direktionsrechts).** Der Dienstgeber kann kraft des ihm zustehenden Direktionsrechts zunächst die Arbeitszeit einseitig festlegen (§ 106 GewO). Die Ausübung des Direktionsrechts findet ihre Grenzen im Dienstvertrag, in den Gesetzen, in den Regelungen der AVR, in den Mitwirkungsrechten der Mitarbeitervertretung (MAV) und in der Fürsorgepflicht gegenüber den Mitarbeiterinnen.
In Dienststellen und Einrichtungen, in denen es erforderlich ist, setzt der Dienstgeber die Arbeitszeiten der Mitarbeiterinnen durch Dienstpläne fest. Der Dienstgeber kann kraft des ihm zustehenden Direktionsrechts auch die Lage der Arbeitszeit in den oben genannten Grenzen einseitig festlegen, wobei er die Mitwirkungsrechte der Mitarbeitervertretung zu beachten hat. Die Arbeitszeitregelungen der Gesetze,

die AVR und das Weisungsrecht des Dienstgebers bilden den Rahmen für die Gestaltung des Dienstplanes.

b) Billiges Ermessen

Der Dienstgeber hat bei der Gestaltung der Arbeitszeit der Mitarbeiterin den Grundsatz des billigen Ermessens nach § 106 GewO zu beachten. Der Begriff des billigen Ermessens ist eine der Generalklauseln des Privatrechts. Danach muss der Dienstgeber die Umstände des Einzelfalls und die Interessen der Mitarbeiterin angemessen berücksichtigen. Die Anweisung ist für die Mitarbeiterin nur verbindlich, wenn sie der Billigkeit entspricht (§ 106 GewO). Mit Billigkeit wird das im Einzelfall Angemessene bezeichnet.

Hinweis

In aller Regel wird der Dienstgeber, zum Beispiel das vertretungsbefugte Organ einer Krankenhausträgergesellschaft, nicht selbst den Dienstplan aufstellen, sondern er wird dieses Recht auf andere Personen in vorgesetzten Funktionen delegieren. Im Krankenhaus obliegt dieses Recht vielfach der Pflegedienstleitung, die für die Dienstplanerstellung und -einhaltung verantwortlich ist. Auf wen und in welchem Umfang Kompetenzen delegiert sind, ergibt sich aus den betrieblichen Zuständigkeitsregelungen.

c) Konkretisierung der Arbeitszeit

Die Arbeitszeitverteilung kann im Wege der so genannten Konkretisierung auch dann zu einem vertraglichen Anspruch der Mitarbeiterin erwachsen, wenn diese nicht ausdrücklich im Dienstvertrag geregelt ist. Eine Konkretisierung der Arbeitszeitverteilung tritt nur dann ein, wenn ein längerer Zeitraum abgelaufen ist **(Zeitmoment),** in dem die Mitarbeiterin immer mit derselben Verteilung der Arbeitszeit arbeitete und sie darüber hinaus darauf vertrauen durfte **(Umstandsmoment),** dass es bei der konkreten Arbeitszeitverteilung verbleibt. Entscheidend neben dem Ablauf eines längeren Zeitraums von beispielsweise drei Jahren ist der weitere Nachweis der Mitarbeiterin, dass sie aufgrund des Verhaltens des Dienstgebers beziehungsweise konkreter

Aussagen des Dienstgebers darauf vertrauen durfte, auf Dauer mit einer bestimmten Arbeitszeitverteilung zu arbeiten.
So hat das LAG Berlin in einem Fall entschieden, dass die Einteilung einer teilzeitbeschäftigten Krankenschwester von der Früh- in die Spätschicht auch dann zulässig ist, wenn die Krankenschwester über 15 Jahre lang in der Frühschicht gearbeitet hat. Eine Konkretisierung des Dienstvertrages sei nicht eingetreten. Die neue Arbeitszeitregelung halte sich auch im Rahmen billigen Ermessens, weil der Dienstgeber mit der neuen Einteilung die Beschäftigten gleichbehandeln wolle.[26]

Hinweis

Die Mitarbeiterin, die aus persönlichen Gründen an einer bestimmten, von der einrichtungsüblichen Arbeitszeit unabhängigen Lage ihrer Arbeitszeit Interesse hat, muss diese individuelle Arbeitszeit mit dem Dienstgeber auch dann vereinbaren, wenn die zur Zeit des Abschlusses des Dienstvertrages geltende Arbeitszeit der Einrichtung ihrem Interesse entspricht.[27]

d) Mitbestimmungsrechte der Mitarbeitervertretung

Bei der Dienstplangestaltung hat die Mitarbeitervertretung ein Zustimmungs- und Antragsrecht (§§ 36, 37 Rahmen- MAVO). Die Rahmen-Mitarbeitervertretungsordnung sieht in § 36 Abs. 1 Nr. 1 vor, dass die Änderung von Beginn und Ende der täglichen Arbeitszeit einschließlich der Pausen sowie der Verteilung der Arbeitszeit auf die einzelnen Wochentage der Zustimmung der Mitarbeitervertretung bedarf. Die Mitbestimmungsrechte führen nicht zur Mitwirkung beim Aufstellen jedes einzelnen Dienstplans, sondern nur zur Mitwirkung beim Festlegen von Rahmenbedingungen (Regelvorgaben), zum Beispiel Beginn und Ende der einzelnen Schichten, Pausen. Das Zustimmungsrecht der Mitarbeitervertretung nach § 36 Abs. 1 Ziffer 1 Rahmen- MAVO ist allerdings nur dann einschlägig, wenn von der Änderung der Arbeitszeitverteilung mehrere Mitarbeiterinnen, z.B. eines Bereichs oder der gesamten Einrichtung, betroffen sind. Die Verände-

26 LAG Berlin, Urteil vom 1.3.1999 – 9 Sa 133/98, BB 1999, S. 800.
27 BAG, Urteil vom 23.6.1992- 1 AZR 57/92, NZA 1993, 89.

rung der individuellen Arbeitszeitverteilung bei einer einzelnen Mitarbeiterin unterfällt nicht dem Beteiligungsrecht des § 36 Rahmen-MAVO.

II. Gesetzliche Vorgaben und Regelungen in den AVR

In den nachfolgend aufgezählten **gesetzlichen Bestimmungen** finden sich Regelungen zur Arbeitszeit:

- Richtlinie 2003/88/EG, ABlEG Nr. L 307, S.10
- Arbeitszeitgesetz (ArbZG)
- Teilzeit- und Befristungsgesetz (TzBfG)
- Mutterschutzgesetz (MuSchG)
- Bundeselterngeld- und Elternzeitgesetzgesetz (BEEG)
- Neuntes Buch Sozialgesetzbuch (SGB IX)
- Jugendarbeitsschutzgesetz (JArbSchG)

Das vorliegende Buch geht vor allem auf die Bestimmungen des **Arbeitszeitgesetzes** ein. Die anderen Vorschriften werden an zu beachtender Stelle erwähnt.
Die für die Arbeitszeit einschlägigen **Bestimmungen der AVR** finden sich in den Anlagen 5, 5a, 5b, 5c, 6 und 6a.

Kapitel 3: Aufbau eines Dienstplans

I. Wochenzeitraum

Der Dienstplan wird über einen bestimmten, gleich bleibenden mehrwöchigen Zeitraum erstellt. Dabei sind immer **Wochenzeiträume – nicht Monate!** – zugrunde zu legen, da die Regelungen, die Folgen an bestimmte Arbeitszeiten knüpfen, immer vom Wochenzeitraum ausgehen (Beispiel: Überstundenregelung). **Jede Woche beginnt dabei am Montag 0:00 Uhr und endet am darauf folgenden Sonntag um 24:00 Uhr** (Anlage 5 § 1 Abs. 8). Nur bei dieser Wochenfestlegung können die Ansprüche der Mitarbeiterinnen auf Zeitzuschläge und Zulagen (z.B. Wechselschichtzulagen) errechnet werden. Für die Funktion des Dienstplans als Berechnungsgrundlage für Zeitzuschläge und Zulagen ist die Einhaltung der Vorgaben der AVR unabdingbar.

II. Dreizeiliger Aufbau

Aus dem Dienstplan ersehen die Mitarbeiterinnen, welche Dienstleistung sie wann zu erbringen haben. Damit auf einen Blick festgestellt werden kann, ob die planmäßig vorgeschriebene Leistung auch erbracht worden ist, enthält der Dienstplan für jede Person eine Soll und eine Ist-Zeile. In der Soll-Zeile wird die vorausgeplante, zu erbringende Dienstleistung eingetragen und in der Ist-Zeile der Dienst, der tatsächlich verrichtet wurde, beziehungsweise Fehlzeiten. Es genügt, wenn in der Ist-Zeile die Abweichungen gegenüber dem geplanten Dienst festgehalten werden. Dringend zu empfehlen ist eine weitere Kommentierungs-Zeile (s. Muster im Anhang). Diese Vorgehensweise ermöglicht sowohl einen fortwährenden Soll-Ist-Vergleich als auch durch die Bezeichnung der Abweichung im „Ist" gegenüber dem „Soll" in der Kommentierungszeile (z.B. Dienstbefreiung wegen kirchlicher Eheschließung) präzise Feststellungen über abgeltungsrechtliche Ansprüche der Mitarbeiterinnen.

III. „Soll"- Vorgaben

„Soll" im Sinne der Dienstplangestaltung bedeutet die vorausgeplante Zeit für die Dauer des laufenden Dienstplans.

Hinweis

In der Praxis werden noch immer Soll-Vorgaben so verstanden, dass die Feiertage abgezogen werden. Diese Vorgehensweise Soll-Vorgabe erklärt sich aus der Entwicklung der Zeitzuschlagsregelung in der Anlage 6a. Ab 1974 wurde die Zeitzuschlagsregelung in der heutigen Fassung eingeführt. Vor diesem Zeitpunkt wurden die Soll-Stunden als Werktage minus Feiertage vorgegeben. Die Mitarbeiterinnen, die an einem Feiertag arbeiten mussten, erhielten dann dafür einen Zeitzuschlag von 35 Prozent. So wird es auch heute leider noch teilweise gehandhabt. Weitere Ausführungen dazu siehe Kapitel 4 VII.3.

Die AVR legen in Anlage 5 § 1 Abs. 1 eine durchschnittliche wöchentliche Arbeitszeit (38,5/40 Stunden) mit einem Ausgleichszeitraum von höchstens 13 Wochen fest. Auf der Grundlage von Dienstvereinbarungen können auch 52-Wochen-Dienstpläne erstellt werden. Für Dienstplanverantwortliche und Mitarbeiterinnen gilt es zu beachten, dass primär die dienstlichen bzw. betrieblichen Notwendigkeiten die Verteilung der Arbeitszeit regeln. Anlage 5 § 1 Abs. 8 legt fest, dass die Arbeitszeit auf die Tage in der Woche zu verteilen ist, an denen in der Einrichtung gearbeitet wird. Dabei sind die gesetzlichen Bestimmungen zu beachten, zum Beispiel tägliche Höchstarbeitszeit. In vielen Einrichtungen wird an 365 Tagen im Jahr gearbeitet. Es ist somit in diesen Einrichtungen jeder Tag ein Arbeitstag. **Der Dienstplan regelt die Verteilung der Arbeitszeit auf die einzelnen Mitarbeiterinnen**.

IV. Bekanntgabe durch Aushang

Der Dienstplan ist rechtzeitig den Mitarbeiterinnen zum Beispiel durch Aushang bekannt zu geben. Mit Bekanntgabe wird er **wirksam**

und verbindlich.[28] Ein Dienstplan ist dann rechtzeitig bekannt gemacht, wenn er, in Anlehnung an die Vorgabe des § 12 Abs. 2 TzBfG mindestens vier Tage vor dem jeweils geplanten Zeitraum, den Mitarbeiterinnen zur Kenntnis gelangt.

Änderungen des verbindlich unterschriebenen und ausgehängten Dienstplans können nur durch dafür befugte Personen vorgenommen werden. Bei vorzunehmenden Änderungen ist nach einer Entscheidung des Arbeitsgerichtes Frankfurt[29] eine angemessene Ankündigungsfrist von mindestens vier Tagen zu beachten. Eine eigenmächtige Änderung, wie auch der ungenehmigte Tausch von Schichten, ist eine Verletzung dienstvertraglicher Pflichten, die durch Ermahnung oder Abmahnung der tauschenden Mitarbeiterin sanktioniert werden kann.

V. Dienstplansymbole

Die Darstellung der Dienstleistungen (Schichten), der planmäßig freien Tage, der Ausgleichszeiten und sonstiger Dienstabwesenheiten (z.B. krank oder Urlaub) erfolgt im Dienstplan durch Buchstaben und Symbole. Damit die Mitarbeiterin einheitliche Arbeitsbedingungen vorfindet, müssen einheitliche Symbole (Buchstaben und Zeichen) festgelegt werden, und zwar für:

- Frühdienst
- Zwischendienst
- Spätdienst
- Nachtdienst
- geteilter Dienst
- Tagesdienst
- planmäßig frei
- Überstunden
- Ausgleich für Überstunden
- Mehrarbeit

---

28 BAG, Urteil vom 4.9.1985–7 AZR 531/82, DB 1986, 177f.

29 ArbG Frankfurt am Main, Urteil vom 12.10.2005, Pflege und Recht, 12/2005; S. 589.

- Ausgleich für Mehr
- Ersatzruhetag für S(
- Feiertagsarbeit
- Ersatzruhetag für Fe
- Ausgleich für Feiert
- nicht geleistete Feie
- Vorfesttagsdienstbe
- Ausgleich für Vorfe
- Dienstbefreiung,
- Urlaubstage/Sonder
- Arbeitsverkürzungs jahr),
- arbeitsunfähig,
- Beschäftigungsverb
- Elternzeit,
- Fortbildung,
- Bereitschaftsdienst,
- Ausgleich für Berei
- Rufbereitschaftsdie
- Ausgleich für geleis
- Vertretung/Aushilfe

(Siehe dazu auch das Dienst

gen, an denen die Aufgabenstellung den Dienst in der Einrichtung verlangt, also Sonn- und Feiertage eingeschlossen.

a) Durchschnittliche Wochenarbeitszeit

Die regelmäßige Arbeitszeit ist in Anlage 5 § 1 Abs. 1, § 2a Abs. 7 AT definiert als durchschnittliche Arbeitszeit von **38,5 bzw. 40 Stunden in der Woche**. Das heißt nicht, dass in jeder Woche 38,5 bzw. 40 Stunden gearbeitet werden müssen sondern, dass dieser Wert im Durchschnitt erreicht werden muss. Die AVR legen hierzu in derselben Vorschrift einen **Rahmen von 13 Wochen** zugrunde. Wird der Durchschnitt nicht erreicht, entstehen nicht etwa so genannte Minusstunden, sondern der Dienstgeber gerät in Annahmeverzug und muss die Vergütung ohne Anspruch auf Nacharbeit zahlen. Empfehlenswert ist die Festlegung des Zeitraums zur Berechnung des Durchschnitts der wöchentlichen Arbeitszeit für die Einrichtung durch den Dienstgeber.

b) Beginn und Ende des Ausgleichszeitraumes

Laut Anlage 5, § 1 Abs. 1 Satz 2 AVR wird zur Ermittlung der Wochenarbeitszeit grundsätzlich von einem Ausgleichszeitraum von 13 Wochen ausgegangen. Durch Dienstvereinbarung kann dieser auf „bis zu" 52 Wochen ausgedehnt werden (Anlage 5, § 1 Abs. 1 S. 3 sowie § 8 Abs. 6).
Ausgleich bedeutet, dass die Arbeitszeit – z.B. im Jahresschnitt - nicht über 38,5 Wochenstunden liegen darf. In den AVR finden sich keine Angaben dazu, ob dieser Ausgleichszeitraum für alle oder mehrere Mitarbeiterinnen am selben Stichtag beginnt bzw. endet, oder ob eine individuelle Betrachtung stattzufinden hat.

> **Hinweis:**
>
> Von der dienstvertraglichen Bezugnahme auf ein starres Kalenderjahr ist eher abzuraten. Hier können ansonsten Konflikte drohen, wenn zum Jahresende einerseits Plusstunden abzubauen, andererseits aber womöglich gerade noch dringliche Abschlussarbeiten abzuwickeln sind.

Ein einheitlicher Ausgleichszeitraum (z.B. vom 01.04. bis zum 31.03. des Folgejahres) für eine Mitarbeitergruppe trifft zumindest dann auf Schwierigkeiten, wenn in dessen Verlauf (z.B. am 01.10.) eine neue Mitarbeiterin hinzukommt. Deren Ausgleichszeitraum wäre dann verkürzt.

Am genauesten wird die **individuelle Betrachtung** sein.

Beispiel:

Das Arbeitszeitkonto einer am 01.10.2006 beginnenden Mitarbeiterin steht zunächst auf 0. Spätestens am 30.09.2007 muss diese Arbeitszeitkonto wieder die Nulllinie berühren, Plus- und Minusstunden müssen sich also bis dahin aufgehoben haben.
Ist dies aber schon am 10.04.2007 erfolgt, muss das Zeitkonto spätestens am 09.04.2008 wieder zur Nulllinie zurückgekehrt sein.

Ein aufwendiges Zeitwirtschaftssystem ist für diesen Abgleich nicht notwendig, soweit bei einer anderen Form der Arbeitszeiterfassung nur das Durchschreiten der Nulllinie feststellbar ist.
So muss dieses Durchschreiten der Nulllinie weder exakt zum Ende einer Arbeitsschicht, quasi als Punktlandung, erzielt werden, noch muss festgehalten werden, dass das Arbeitszeitkonto im Rahmen einer Nachtschicht z.B. um 23.18 Uhr exakt ausgeglichen war. Ausreichend ist vollkommen, dass nachvollzogen werden kann, an welchem Tage ein Wechsel vom Plus- in den Minusstundenbereich oder umgekehrt stattgefunden hat.

c) Verlängerung des Ausgleichzeitraums durch Dienstvereinbarung nach Anlage 5

Durch eine **Dienstvereinbarung,** das heißt Vereinbarung zwischen Dienstgeber und Mitarbeitervertretung, kann dieser Rahmen auf bis zu **52 Wochen** ausgedehnt werden, Anlage 5 § 1 Abs. 1 Satz 3.

d) Verlängerung des Ausgleichszeitraums nach Anlage 5a

Nach den Bestimmungen der **Anlage 5a** kann in bestimmten Einrichtungen der Rahmen sogar **auf 260 Wochen** erweitert werden. Der Durchschnittszeitraum ist nicht individuell für die einzelne Mitarbeiterin sondern für eine ganze Arbeitsgruppe (Abteilung oder Station) festzulegen.

e) Verlängerung des Ausgleichszeitraums nach Anlage 5b

Im Rahmen der **Anlage 5b (Mobilzeit)** wird der Bezugszeitraum durch das Arbeitszeitkonto aufgehoben. Das persönliche Arbeitszeitkonto der Mitarbeiterinnen tritt nach Anlage 5b § 3 Abs. 2 Satz 1 an die Stelle des Ausgleichszeitraums. Das Arbeitszeitkonto ist durch keinen Abrechnungsstichtag begrenzt. Weder wird in der Regelung auf einen Monatszeitraum noch auf einen Jahreszeitraum abgestellt. Im Ergebnis begleitet das Arbeitszeitkonto die Mitarbeiterin für die Dauer der Laufzeit der Dienstvereinbarung, bei dauerhafter Regelung bis zu ihrem Ausscheiden aus dem Dienstverhältnis.

4. Exkurs: Mobilzeit nach Anlage 5b

a) Einführung

Mit Beschluss vom 27. Oktober 2006 hat die Arbeitsrechtliche Kommission die Regelungen der Anlage 5b (Mobilzeit), welche wegen Befristungsablauf zum 31.12.2005 ausgelaufen war, unbefristet wieder eingeführt. An dem bis 31.12.2005 geltenden Regelungstext selber wurden keine Änderungen vorgenommen.
Die Regelungen der Anlage 5b sollen im Rahmen der immer mehr erforderlich werdenden Flexibilisierung von Arbeitszeiten ein Interessenausgleich zwischen Dienstgeber und Mitarbeiterin herbeiführen.
Vorteil für den Dienstgeber hierbei ist, dass kurzfristige Schwankungen im Bereich der Arbeitsquantität ohne finanzielle Auswirkungen abgefangen werden können.
Die Mitarbeiterinnen wiederum erhalten die Möglichkeit, im Rahmen der durch die Flexibilisierung angefallenen Plus- bzw. Minusstunden Arbeitszeitwünsche in Abstimmung mit dem Dienstgeber in einem höheren Maße einzubringen als dies im Rahmen starrer Dienstpläne möglich ist.

Hinweis:

Insbesondere im ambulanten Bereich ist eine Anwendung der Anlage 5b sinnvoll, da hier oftmals sehr kurzfristig eine Änderung der erforderlichen Arbeitszeiten zu erfolgen hat.

b) Informationspflichten

Gemäß § 2 der Anlage 5b **sollen** Dienstvereinbarungen vom Dienstgeber dem zuständigen **Diözesan-Caritasverband** und von der Mitarbeitervertretung der zuständigen **Diözesanen Arbeitsgemeinschaft der Mitarbeitervertretungen zur Kenntnisnahme** zugeleitet werden. Im Rahmen von Gesetzestexten und Vorschriften sind so genannte Soll-Vorschriften in der Regel dahingehend zu interpretieren, dass hier nur in Ausnahmefällen eine Abweichung erfolgen kann. Dem gemäß ist unbedingt zu empfehlen, dass dieser Soll-Vorgabe Folge geleistet wird. Die Arbeitsrechtliche Kommission ging bei ihrer Beschlussfassung davon aus, dass im Rahmen von Dienstvereinbarungen gemäß Anlage 5b sowohl auf Dienstgeber- wie aber auch auf Dienstnehmerseite wegen der Komplexität und der rechtlichen Bedeutung im Einzelnen ein erhöhter Beratungsbedarf besteht.
Sinnvollerweise sollte daher schon der Entwurf den genannten Stellen zugeleitet werden, damit eventuell noch bestehende Änderungen, soweit rechtlich erforderlich, eingearbeitet werden können.
Weiterhin wird durch die entsprechende Übermittlung der Dienstvereinbarung erreicht, dass der entsprechende Anwendungsbereich bundesweit erhoben werden kann.
Aus der dringenden Empfehlung der entsprechenden Zuleitung an die genannten Personen ergibt sich jedoch **kein Zustimmungs- oder Vetorecht**.

c) Die Arbeitszeitkontenregelung des § 3

Neben der Mobilzeit sind auch noch weitere flexiblere Arbeitszeitregelungen denkbar, bei denen teilweise die Lage der Arbeitszeit im Rahmen der vertraglichen Regelungen durch Mitarbeiterinnen zum Teil selber geregelt werden.

aa) Erfassung und Festlegung der Zeitdifferenzen im Rahmen der Kontenregelung

Im Rahmen von Arbeitszeitkontenregelungen werden die Zeitdifferenzen zwischen der vertraglichen Arbeitszeit und der tatsächlich erbrachten Arbeitszeit der Mitarbeiterin, auch über längere Zeiträume hinaus, erfasst. Hierdurch können auch die sich aus den übrigen Regelungen der AVR ergebenden durchschnittlichen wöchentlichen Arbeitszeiten unter- bzw. überschritten werden.

Die entsprechenden Regelungen sind innerhalb einer Dienstvereinbarung gemäß § 38 Rahmen-MAVO festzulegen. Sofern der Abschluss erfolgt, hat die Dienstvereinbarung für die betroffenen Mitarbeiterinnen eine unmittelbare und zwingende Wirkung auf ihr Dienstverhältnis. Zu beachten ist, dass die Dienstvereinbarung im Rahmen der Anwendung staatlicher Gesetze nur dann Geltung haben kann, wenn entsprechende Öffnungsklauseln hierfür in den Gesetzen vorhanden sind. Günstigere Regelungen sind vertraglich jederzeit möglich.

Die im Rahmen der durch Dienstvereinbarung festgelegten Arbeitzeitkonten entstehenden Zeitdifferenzen beruhen auf einem Überschreiten der vereinbarten wöchentlichen Arbeitszeit bzw. einem Unterschreiten von dieser. In dem einen Fall entstehen Plusstunden und in dem anderen Fall Minusstunden.

Sollte keine entsprechende Vereinbarung in der Einrichtung vorhanden sein, würde das Entstehen von Plusstunden, sofern die entsprechenden Voraussetzungen vorliegen, zu Mehrkosten wegen Zahlung von Überstundenzuschlägen führen.

Das Entstehen von Minusstunden könnte für den Arbeitgeber dahingehend Folgen haben, dass er Arbeitsleistungen, welche er nicht abgerufen hat im Rahmen der so genannten Annahmeverzugsregelungen zu zahlen hat, obwohl keine entsprechende Arbeitsleistung der Mitarbeiterin erfolgt ist.

Plusstunden liegen vor, wenn die dienstvertraglich vereinbarte wöchentliche Arbeitszeit einer Mitarbeiterin überschritten wird. Zugrunde gelegt wird dabei der Wochenbegriff der Anlage 5 § 1 Abs. 8 Satz 2 (Montag 0.00 Uhr bis Sonntag 24.00 Uhr).

Beispiel:

Sofern eine vollzeitbeschäftigte Mitarbeiterin innerhalb eines Wochenzeitraumes 42 Stunden arbeitet und eine teilzeitbeschäftigte Mitarbeiterin mit einem Beschäftigungsumfang von 50 % eines Vollzeitbeschäftigten 22,75 Stunden arbeitet, sind für diese Mitarbeiterinnen jeweils 3,5 Plusstunden entstanden.

Sofern ein entsprechendes Arbeitszeitkonto vorhanden ist, erfolgt keine Vergütung der Plusstunden, sondern eine entsprechende Gutschrift auf dem Konto. Hier liegt eine Stundung zugunsten des Dienstgebers vor.
Sofern die dienstvertraglich vereinbarte wöchentliche Arbeitszeit unterschritten wird, entstehen Minusstunden.

Beispiel:

Sofern wie im obigen Beispiel die vollbeschäftigte Mitarbeiterin nunmehr nur 34 Stunden und die teilzeitbeschäftigte Mitarbeiterin nur 14,75 Stunden innerhalb der Woche leistet, sind für jede von ihnen 4,5 Minusstunden entstanden.

Obwohl diese Stunden tatsächlich nicht geleistet worden sind, werden sie trotzdem im Rahmen der monatlichen Vergütung mit ausgezahlt und im entsprechenden Arbeitszeitkonto als Minusstunden vermerkt. Hier liegt dann entgegen dem obigen Beispiel praktisch eine Stundung des Dienstgebers gegenüber der Mitarbeiterin vor.
Unabhängig vom Entstehen von Plus- und Minusstunden in der oben genannten Weise sieht die Regelung des § 3 der Anlage 5b auch die Möglichkeit vor, Plusstunden auf dem Arbeitzeitkonto gutzuschreiben, die durch die Umwandlung von Zeitzuschlägen in Zeitgutschriften gemäß § 4 Anlage 5b erfolgt, ebenso können auch Plusstunden gutgeschrieben werden, die durch Bereitschaftsdienst und Rufbereitschaftsdienstzeiten nach den §§ 7 - 9 der Anlage 5 entstanden sind.

bb) Die Regelung des § 3 Abs. 2 der Anlage 5b hinsichtlich des Bezugszeitraumes

Gemäß § 1 Abs. 1 der Anlage 5 beträgt der Bezugszeitraum zur Berechnung der regelmäßigen wöchentlichen Arbeitszeit einer vollzeit-

beschäftigten Mitarbeiterin 13 Wochen. Eine Erhöhung dieses Zeitraums auf 52 Wochen ist bisher schon aufgrund von Dienstvereinbarungen möglich gewesen.
Durch die Einführung von Arbeitszeitkonten wird kein Bezugszeitraum mehr festgelegt, sondern das Arbeitszeitkonto ist generell durch keinen Abrechnungsstichtag begrenzt. Die Führung des entsprechenden Arbeitszeitkontos kann daher, sofern die Dienstvereinbarung gültig ist, auch für das gesamte Beschäftigungsverhältnis einer Mitarbeiterin in einer Einrichtung erfolgen.
Sofern die Grenzen des § 3 Abs. 3 Nr. 3 Anlage 5b (derzeit 115,5 bzw. 120 Stunden) eingehalten werden, liegt in der Anordnung von Plusstunden nicht das Entstehen zeitzuschlagspflichtiger Überstunden. Zu beachten ist hierbei jedoch, dass ein Anordnen von Plusstunden unter dem Vorbehalt steht, dass ein entsprechendes dringendes betriebliches Bedürfnis besteht. Selbstverständlich sollen die Mitarbeiterinnen im Rahmen der Anordnung von Plusstunden gleichmäßig zu diesen herangezogen werden. Zu beachten sind auch hier weitergehende Vorschriften zum Schutz von werdenden Müttern, Jugendlichen und Schwerbehinderten.

d) Rahmenbedingungen der Regelung des § 3 Abs. 3 Anlage 5b

Durch die Arbeitsrechtliche Kommission sind im Hinblick auf die einzelnen Gestaltungsspielräume innerhalb der Dienstvereinbarung verpflichtende Bedingungen festgelegt worden, von denen nicht zu Lasten der Mitarbeiterinnen abgewichen werden darf.

aa) § 3 Abs. 3 Nr. 1 Anlage 5b

Zunächst ist innerhalb der Dienstvereinbarung konkret festzulegen, welche Mitarbeiterinnen bzw. Mitarbeitergruppen von dieser erfasst werden. Hier sind eindeutige Regelungen zu treffen, damit aufgrund der zwingenden Wirkung der Dienstvereinbarung die betreffende Mitarbeiterin genau weiß, ob sie in den Geltungsbereich fällt oder nicht. Festzulegen ist hier auch, welche Mitarbeitergruppen ausdrücklich aus dem Geltungsbereich ausgenommen werden (z.B. Auszubildende bzw. werdende Mütter oder Schwerbehinderte). Hinsichtlich Teilzeitbeschäftigter sollte zur Klarstellung eine Regelung vorgesehen werden die festlegt, ob diese in den Geltungsbereich der Dienstvereinbarung fallen.

bb) § 3 Abs. 3 Nr. 2 Anlage 5b

Auch bezüglich der Festlegung der Zeitarten, welche als Plus- oder Minusstunden innerhalb des Arbeitszeitkontos geführt werden sollen, ist eine abschließende Regelung erforderlich. Die entsprechend in § 3 Abs. 3 Nr. 2 i. V. m. § 4 der Anlage 5b erfolgte Festlegung ist abschließend, so dass weitergehende Regelungsbereiche nicht Gegenstand der Dienstvereinbarung sein können. Sofern mit Mitarbeiterinnen individualrechtlich verbindliche Regelungen bezüglich der Auszahlung von Zeitguthaben statt der entsprechenden Zeitgutschrift vorliegen, kann die Dienstvereinbarung diese nicht aufheben. Dies kann z.B. der Fall sein, wenn mit einer Mitarbeiterin konkret vereinbart ist, dass bestimmte Zeiten des Bereitschaftsdienstes oder der Rufbereitschaft nicht dem Wahlrecht des Dienstgebers bezüglich Auszahlung oder Freizeitausgleich unterliegen sollen, sondern hier eine Auszahlung vertraglich vereinbart wurde.

cc) § 3 Abs. 3 Nr. 3 Anlage 5b

Erforderlich ist ebenfalls die Festlegung der maximalen Grenze des Entstehens von Plus- und Minusstunden, wobei dies nach oben hin derzeit begrenzt ist durch das 3-fache der vereinbarten wöchentlichen Arbeitszeit einer Mitarbeiterin (bei einer Vollzeitbeschäftigten also derzeit 115,5 bzw. 120 Stunden). Zulässig ist es auch, bezüglich der einzelnen Regelungen von Plus- oder Minusstunden unterschiedliche Höchstgrenzen vorzusehen.
Die unterschiedlichen Regelungen in Abs. 3 Nr. 2 und Abs. 3 Nr. 4 gehen darauf zurück, dass in dem einen Fall bereits schon innerhalb des Dienstplan entsprechende Plus- oder Minusstunden eingeplant wurden, während im anderen Fall eine weitergehende Flexibilisierung durch Umstände erforderlich wird, die innerhalb des laufenden Dienstplanes sich ergeben haben.

dd) § 3 Abs. 3 Nr. 4 Anlage 5b

Ebenfalls ist eine Regelung dahingehend erforderlich, welche maximale Summe an Stunden innerhalb der Woche dem Arbeitzeitkonto der Mitarbeiterin gutgeschrieben werden können.
Die Anlage 5b sieht hier im Rahmen der Dienstvereinbarung ein maximales Maß von 10 Stunden vor, weitergehende Plusstunden sind nicht mehr dem Arbeitszeitkonto gutzuschreiben, sondern es entstehen

zeitzuschlagspflichtige Überstunden. Hierbei ist selbstverständlich immer darauf zu achten, dass ein entsprechendes dringendes dienstliches Bedürfnis besteht und eine gleichmäßige Verteilung der Mehrarbeit auf die Mitarbeiterinnen erfolgt.
Bezüglich teilzeitbeschäftigter Mitarbeiterinnen sind diese, sofern keine Regelung im Dienstvertrag vorliegt, generell nicht verpflichtet über ihre vereinbarte wöchentliche Arbeitszeit hinaus Mehrarbeit zu leisten. Im Rahmen der Dienstvereinbarung gemäß Anlage 5b ist jedoch, sofern die teilzeitbeschäftigten Mitarbeiterinnen in den Geltungsbereich mit aufgenommen worden sind, eine Ableistung von Plusstunden im Rahmen der entsprechenden Grenzen verpflichtend. Der Dienstgeber sollte jedoch gerade hierbei auch die persönlichen Belange der Mitarbeiterinnen versuchen zu berücksichtigen. Sofern bei Teilzeitbeschäftigten ausnahmsweise eine Anordnung von Plusstunden über 10 hinaus erfolgt, liegen zwar Stunden vor, die nicht dem Arbeitszeitkonto gutgeschrieben werden können, sofern jedoch die regelmäßige wöchentliche Arbeitszeit gemäß § 1 Abs. 1 der Anlage 5 nicht überschritten wird, sind dies keine zeitzuschlagspflichtigen Überstunden, sondern lediglich Mehrstunden.

ee) § 3 Abs. 3 Nr. 5 Anlage 5b

Im Hinblick auf den Abbau von Zeitguthaben gemäß § 3 Abs. 3 Nr. 5 ist eine Festlegung in der Dienstvereinbarung erforderlich, auf welche Weise ein Abbau der Plusstunden zu erfolgen hat. Grenzen befinden sich lediglich dahingehend, dass maximal drei zusammenhängende Wochen möglich sind, da generell ja nicht mehr an Plusstunden auf dem Arbeitszeitkonto aufgelaufen sein können.
Um auch für die Mitarbeiterinnen einen Anreiz zu schaffen, im Rahmen der Möglichkeiten der Anlage 5b ihre Arbeitszeit abzuleisten, sollte, sofern die dienstlichen Verhältnisse dies zulassen, eine größtmögliche Spannbreite eröffnet werden. Die Festsetzung des Freizeitausgleiches erfolgt dabei in der Regel auf entsprechenden Antrag der Mitarbeiterin durch den Dienstgeber. Hierbei ist auch denkbar, dass durch die Mitarbeiterin auch Minusstunden in Anspruch genommen werden können.

ff) § 3 Abs. 3 Nr. 6 Anlage 5b

Bezüglich der Festlegung innerhalb der Dienstvereinbarung, dass Minusstunden auch mit Erholungsurlaub verrechnet werden können, ist dies nur möglich, sofern der gesetzliche Mindesturlaub nach dem Bundesurlaubsgesetz weiterhin verbleibt. Dieser beträgt derzeit im Rahmen der Zugrundelegung einer 5-Tage-Woche 20 Arbeitstage bzw. auf Grund des Bundesurlaubsgesetzes 24 Werktage pro Kalenderjahr, wobei der Samstag auch ein Werktag ist.

gg) § 3 Abs. 3 Nr. 7 Anlage 5b

Im Rahmen der Festlegung der Ankündigungsfrist des § 3 Abs.3 Nr. 7 ist zunächst zu beachten, dass es bezüglich der Arbeit auf Abruf bereits eine gesetzliche Sonderregelung in § 12 Abs. 2 TzBfG gibt.
Diese sieht regelmäßig eine Ankündigungsfrist bezüglich der Abrufarbeit von 4 Tagen vor. Sofern von den bestehenden dienstplanmäßig bzw. betriebsüblich festgesetzten Arbeitszeiten abgewichen werden soll, kann im Rahmen der Dienstvereinbarung nach Anlage 5b die Anordnung von Plus- und Minusstunden, d. h. Wegfall von bereits geplanten Arbeitszeiten, auch mit einer kürzeren Frist erfolgen. Diese soll aber mindestens 24 Stunden betragen. Selbstverständlich können längere Fristen vereinbart werden; bezüglich der Vereinbarung kürzerer Fristen dürfte es einer besonderen Begründung bedürfen, da vorliegend dann von der Soll-Vorschrift abgewichen werden würde. Denkbar wäre es hier, auch im Fall der Verkürzung der 24-Stunden-Frist diese nur im Einvernehmen mit der Mitarbeiterin im Einzelfall durchführen zu können. Unabhängig davon sollte natürlich eine entsprechende Begründung erfolgen und auch eine Information der Mitarbeitervertretung. Davon unberührt bleibt selbstverständlich die Regelung gemäß Anlage 6 zur kurzfristigen Anordnung von Überstunden im Rahmen der dort genannten Voraussetzungen.

hh) § 3 Abs. 3 Nr. 8 Anlage 5b

Hier ist festgelegt, dass in drei Fällen, und zwar bei Beendigung des Dienstverhältnisses, bei Beginn einer Elternzeit bzw. bei Antritt eines Sonderurlaubs nach § 10 der Anlage 14, ein Ausgleich des Arbeitzeitkontos stattzufinden hat. Der Ausgleich erfolgt, da in diesen Fällen - auf Grund entweder Beendigung der Austauschverhältnisse zwischen den Dienstvertragsparteien oder aber längerer Unterbrechung desselben - eine entsprechende Weiterführung des Arbeitszeitkontos nicht mehr ermöglicht bzw. nicht mehr als sinnvoll erscheinen lässt. Ebenso wie bei der Urlaubsabgeltungsregelung soll zunächst versucht werden, eventuell vorhandene Plusstunden vor Eintritt der oben genannten

Bedingungen in Freizeit auszugleichen. Sofern dies nicht möglich ist, sind die Plusstunden als zeitzuschlagspflichtige Überstunden, und zwar bei allen Mitarbeiterinnen, zu vergüten.
Im Falle des Bestehens von Minusstunden ist zu unterscheiden, sofern dies ordnungsgemäß dokumentiert wurde und noch nachvollziehbar ist, auf Grund welcher Sachlage diese entstanden sind. Generell können die vorhandenen Minusstunden zunächst einmal bei der Vergütung entsprechend berücksichtigt werden und eine Kürzung dieser ist möglich. Dies ist jedoch nicht der Fall, falls das Entstehen der Minusstunden darauf zurückzuführen ist, dass diese auf Anordnung des Dienstgebers, zum Beispiel im Falle des Ausdünnens des Dienstplanes, entstanden sind. Die entsprechende Verrechnung darf - sofern möglich - auch mit dem unpfändbaren Teil der Vergütung erfolgen, da hier davon auszugehen ist, dass im Rahmen des Vorhandenseins von Minusstunden ein Gehaltsvorschuss des Arbeitgebers vorliegt. Sofern also die Mitarbeiterin selber entscheiden konnte ob entsprechende Minusstunden entstehen, hat bei nicht mehr bestehender Möglichkeit eines Zeitausgleiches ein entsprechend finanzieller Ausgleich zu erfolgen.[30]

ii) § 3 Abs. 3 Nr. 9 Anlage 5b

Diese Ziffer regelt, in welcher Form die Vergütung bei Abwesenheitszeiten fortgezahlt wird. Zunächst einmal ist in allen Fällen in der Regel der Grund der Fortzahlung gesetzlich bzw. tariflich bestimmt. Fraglich ist nur, wie eine entsprechende Fortzahlung der Vergütung zu erfolgen hat. Auszugehen ist hier generell auch im Rahmen der AVR von den Regelungen des § 4 EFZG (Entgeltfortzahlungsgesetz), in denen festgelegt ist, dass dies dem so genannten Ausfallprinzip unterliegt. Die Mitarbeiterin erhält demnach Entgeltfortzahlung auf Grund der Basis, auf welcher sie an dem entsprechenden Tag hätte arbeiten müssen.

30 Siehe auch Beyer in AVR-Praxiskommentar, Anlage 5b, § 3 Randziffer 32 mit weiteren Nachweisen.

Beispiel:

Ist zum Beispiel lt. Dienstplan eine Mitarbeiterin an einem Tag, an welchem sie arbeitsunfähig erkrankt, mit 9 Stunden zum Dienst eingeteilt, werden ihr diese 9 Stunden auch entsprechend gutgeschrieben. Sofern die Mitarbeiterin am Tage der Arbeitsunfähigkeit dienstplanmäßig frei hat, erfolgt keine Gutschrift von Stunden.

Die Anwendung des Ausfallprinzips ist durch die Rechtsprechung auch im Rahmen flexibler Arbeitszeitkonten als zulässig erachtet worden.[31]

Die Vergütungszahlung richtet sich in diesen Fällen nach den Regelungen über die Zahlung von Krankenbezügen.

Generell besteht jedoch die Möglichkeit, im Rahmen der Dienstvereinbarung nach Anlage 5b hier eine anderweitige Regelung zu treffen. So kann nach § 3 Abs. 3 Nr. 9 auch eine Festlegung dahingehend erfolgen, dass im Rahmen von Abwesenheitszeiten ein Durchschnitt der wöchentlichen Arbeitszeit generell angerechnet wird. Dies ist insbesondere sinnvoll in Arbeitsbereichen, in denen eine derartig hohe Flexibilisierung gegeben ist, auf Grund derer keine festen Arbeitszeiten innerhalb eines Dienstplanes im Vorhinein festgelegt werden können.

jj) § 3 Abs. 3 Nr. 10 Anlage 5b

Auch derzeit kommt es immer wieder zu Streitigkeiten im Falle, dass Mitarbeiterinnen während eines Freizeitausgleiches arbeitsunfähig erkranken. Auf Grund ständiger Rechtsprechung gibt es hier keinen Ausgleichsanspruch für die Mitarbeiterin in dem Sinne, dass der gewährte Freizeitausgleich nachzuholen ist. Im Gegensatz zur Erkrankung bei Urlaubsgewährung ist hier ein Risiko der Mitarbeiterin dahingehend gegeben, dass eventuell bereits erbrachte Arbeitsleistung zwar in Freizeit ausgeglichen wird, diese aber durch Erkrankung nicht entsprechend genutzt werden kann. Da es sich im Falle der Arbeitszeitenkontenregelung um längere Freizeitausgleiche (bis zu 3 Wochen) handeln kann, ist es durchaus denkbar, hier eine andere Regelung im

31 BAG-Urteil vom 26.09.2001, 5 AZR 539/00 sowie Urteil vom 13.02.2002, 5 AZR 470/00 sowie Beyer in Praxis Kommentar Anlage 5b zu § 3 Randziffer 34.

Rahmen der Dienstvereinbarung zu treffen. Dies kann sich auch daran orientieren, wie umfangreich ein Zeitausgleich stattfindet; auch eine Differenzierung im Hinblick darauf, auf wessen Wunsch letztendlich der Freizeitausgleich durchgeführt wurde, ist möglich.

kk) § 3 Abs. 3 Nr. 11 Anlage 5b

Diese Vorschrift weist lediglich darauf hin, dass im Rahmen der Regelungen der Anlage 5b selbstverständlich eine Beachtung der sonstigen Bestimmungen der AVR und insbesondere auch der gesetzlichen Regelungen (Arbeitzeitgesetz, Mutterschutzgesetz und Jugendarbeitsschutzgesetz) zu erfolgen hat.

ll) § 3 Abs. 3 Nr. 12 Anlage 5b

Die Parteien der Dienstvereinbarung sind nach dieser Vorschrift verpflichtet, Regelungen dahingehend aufzustellen, in welcher Art und Weise das Arbeitzeitkonto geführt wird, aber auch in welcher Art und Weise eine Kontrolle erfolgt. Unabhängig von der Frage der technischen Abwicklung sind hierbei auch die übrigen gesetzlichen Bestimmungen, insbesondere auch des Arbeitszeitgesetzes, und die entsprechenden Aufzeichnungs- und Aufbewahrungspflichten zu beachten, aber auch Regelungen im Hinblick auf den Datenschutz sind erforderlich.

mm) § 3 Abs. 3 Nr. 13 Anlage 5b

Nachdem nunmehr eine unbefristete Geltung der Anlage 5b beschlossen wurde, ist keine Begrenzung der Laufzeit der Dienstvereinbarung mehr vorhanden.
Die Dienstvereinbarung muss jedoch zwingend die Regelung enthalten, dass keine Nachwirkung im Falle des Fristablaufes oder der Kündigung gegeben ist. Sofern also ein entsprechender Fristablauf bzw. eine Kündigung der Dienstvereinbarung vorliegt, gelten für die Dienstverhältnisse wieder die Regelungen der AVR, die entsprechend zum Zeitpunkt der Beendigung der Dienstvereinbarung bestehen.
Die entsprechenden Kündigungsfristen von Dienstvereinbarungen ergeben sich aus § 38 Abs. 3 MAVO und betragen derzeit drei Monate zum Monatsende.

e) Einbeziehung von Zeitgutschriften in die Dienstvereinbarung gemäß § 4 Anlage 5b

Innerhalb der Regelungen des § 4 sind in Abs. 1 Regelungen festgelegt hinsichtlich von Korridoren für die Zeitgutschriften im Rahmen der Umwandlung von Zeitzuschlägen gemäß § 1 der Anlage 6a.
Die Regelung wurde getroffen, da oftmals Mitarbeiterinnen auf Grund steuerlicher und sozialversicherungsrechtlicher Belastungen ein größeres Interesse daran haben, entsprechende Zeitzuschläge nicht ausgezahlt zu bekommen, sondern eine Umwandlung in Freizeitausgleich für sinnvoll erachten. Unabhängig von der Berücksichtigung persönlicher Wünsche der Mitarbeiterinnen in diesem Fall, entsteht auch noch der sozialpolitisch wünschenswerte Nebeneffekt der Schaffung von Arbeitsplätzen.
Zulässig im Rahmen der Regelungen der Anlage 5b ist sowohl der Abschluss von zwei getrennten Dienstvereinbarungen zu § 3 und § 4, wie aber auch einer gemeinsamen Dienstvereinbarung zu beiden.
Im Rahmen der entsprechenden Regelungen der Faktorisierung von Zeitzuschlägen müssen die Betriebsparteien bei Ziffer 1 und 2 des § 4 Abs. 1 eine konkrete Regelung treffen; die Faktorisierung der Ziffern 3 und 4 ist bereits vorgegeben. Ebenfalls zu beachten ist, dass in Anlehnung an die Regelung in § 1 Abs. 2 Anlage 6a bei Zusammentreffen mehrerer Zeitzuschläge auch hier für den Fall des Zusammentreffens mehrerer Zeitgutschriften nur jeweils die höchste Zeitgutschrift gewährt wird.

Beispiel:

Fällt ein Feiertag auf einen Sonntag und arbeitet die Mitarbeiterin an diesem Tag 6 Stunden, so ist die Zeitgutschrift für Arbeit an gesetzlichen Feiertagen höher als die für Arbeit an Sonntagen. Die Mitarbeiterin erhält entsprechend für die 6 Stunden geleistete Arbeit eine Zeitgutschrift, die zwischen 21 und 30 Minuten je Stunde liegt, je nachdem, was konkret in der Dienstvereinbarung festgelegt wurde.

Sofern zusätzlich zu einer Zeitgutschrift nach § 4 Abs. 1 Nrn. 1, 2 und 4 eine solche nach Nr. 3 vorliegt, ist diese ebenfalls zu gewähren.[32]

---

32 Siehe hierzu auch Praxis-Kommentar Beyer, Anlage 5b, § 4 Rn. 5.

f) Sonstige zu beachtende Bestimmungen

Die Anlage 5b bzw. die entsprechende Dienstvereinbarung selber beinhalten in der Regel keine Ausführungen zu Versteuerung bzw. Verbeitragung in den verschiedenen Bereichen der Sozialversicherung und auch Beiträgen zur Zusatzversorgung.
Generell sind Guthaben auf Arbeitszeitkonten Zeitguthaben, so dass im Rahmen der laufenden Führung keine entsprechenden Verbeitragungen erfolgen. Erst im Falle der Auszahlung der entsprechenden Guthaben, entweder weil die Höchstgrenzen des § 3 Abs. 3 Nr. 3 überschritten sind oder aber die Voraussetzungen des § 3 Abs. 3 Nr. 8 vorliegen, liegt entsprechend zu verbeitragender Arbeitslohn vor. Zum Zeitpunkt der Auszahlung sollte eine Prüfung dahingehend erfolgen, in welchen Zeiträumen das Guthaben entstanden ist, da hier unterschiedliche Verbeitragungsregelungen und steuerliche Vorschriften Anwendung finden können.[33]

5. Vier-Wochen-Zeitraum zur Dienstplangestaltung

> **Hinweis**
>
> Die AVR kennen **keine monatliche Arbeitszeit (!)** und enthalten auch keine unterschiedlichen Arbeitszeitregelungen für einzelne Beschäftigtengruppen.

In der Regel wird jedoch für die Dienstplangestaltung ein **Zeitraum von vier Wochen** gewählt. Dies ermöglicht es, in allen Einrichtungen einen, an den Erfordernissen der betreuten Personen ausgerichteten Dienstplan zu erstellen. Um die „Soll"- Arbeitszeit für diesen Dienstplanzeitraum zu ermitteln, ist für eine vollzeitbeschäftigten Mitarbeiterin die regelmäßige wöchentliche Arbeitszeit von 38,5 beziehungsweise 40 Stunden mit 4 zu multiplizieren. Das ergibt eine „Soll"-Arbeitszeit von 154 beziehungsweise 160 Stunden. Bei Teilzeitbeschäftigten ist bei einem Vier-Wochen-Plan die arbeitsvertraglich vereinbarte Zeit mit 4 zu multiplizieren. Arbeitet eine Mitarbeiterin zum Beispiel in der Woche laut Dienstvertrag 19,25 Stunden, ist diese Stundenzahl mit 4 zu multiplizieren, um die im Dienstplan von vier

33 Siehe hierzu auch Praxis-Kommentar Beyer, Anhang zu Anlage 5b.

169,54

18300

13,46

de la Haye

Augenoptik
Uhren
Schmuck

217 7 Mon

120 4 Mon

313 Abklatsch Tape

I 26 IV 26 VIII 27

II 25 V 26 IX 26

III 26 VI 26 X 26

VII 26 XI 26

XII 27

Wochen zu erbringende „Soll“- Arbeitszeit zu berechnen. Die eingeplante „Soll“- Arbeitszeit ist mit der tatsächlich erbrachten „Ist“-Arbeitszeit zu vergleichen. Wichtig ist, dass in die Arbeitszeit die Ruhepausen nicht eingerechnet werden.

6. Tägliche Höchstarbeitszeit

Bei der **Anordnung der täglichen Arbeitszeit** ist zu beachten, dass grundsätzlich die werktägliche Arbeitszeit der Mitarbeiterinnen acht Stunden nicht überschreiten darf. Sie darf auf bis zu zehn Stunden nur verlängert werden, wenn innerhalb von längstens 13 Wochen im Durchschnitt acht Stunden werktäglich nicht überschritten werden, Anlage 5 § 1 Abs. 2. Für die Arbeitszeit an Sonn- und Feiertagen gilt ebenfalls die Verlängerungsmöglichkeit auf zehn Stunden, wobei in bestimmten Fällen auf zwölf Stunden verlängert werden darf (Anlage 5 § 2 Abs. 4).
In **vollkontinuierlichen Schichtbetrieben** kann an Sonn- und Feiertagen die tägliche (Voll-)Arbeitszeit - über die gesetzliche Tageshöchstarbeitszeit von 10 Stunden hinaus - **auf bis zu 12 Stunden** verlängert werden, wenn dadurch zusätzliche freie Schichten an Sonn- und Feiertagen erreicht werden (**Anlage 5 § 8 Abs. 8 Satz 2**). (Siehe oben Kapitel 1 V.9.).
Des Weiteren kann nach **§ 8 Abs. 3** wie bereits unter Kapitel 1 V.4. dargelegt, auf Basis einer Dienstvereinbarung die tägliche Arbeitszeit über acht Stunden hinaus verlängert werden, **wenn mindestens die acht Stunden überschreitende Zeit im Rahmen von Bereitschaftsdienst geleistet wird,** und zwar wie folgt:

a) bei Bereitschaftsdiensten der Stufe A (Arbeitsleistung bis 10 %.) und B (Arbeitsleistung von 10 % bis 25 %.) bis zu insgesamt maximal 16 Stunden täglich, die gesetzlich vorgesehene Pause verlängert diesen Zeitraum nicht,

b) bei Bereitschaftsdiensten der Stufen C (Arbeitsleistung von 25 % bis 40 %) und D (Arbeitsleistung von 40 % bis 49 %) bis zu insgesamt maximal 13 Stunden täglich; die gesetzlich vorgeschriebene Pause verlängert diesen Zeitraum nicht.

Die AVR gestatten demnach bei Bereitschaftsdienst auf Grundlage einer Dienstvereinbarung eine Überschreitung der gesetzlichen täglichen Höchstarbeitszeit von 10 Stunden (§ 3 ArbZG). Voraussetzung dafür ist allerdings, dass die Stunden, die über 8 Stunden (Voll-)Arbeitszeit hinaus geleitstet werden sollen, in Form von Bereitschaftsdienst erbracht werden. Außerdem sind die in Abs. 3 unter a) und b) genannten Höchstgrenzen zu beachten. Das bedeutet, **in den Bereitschaftsdienststufen A und B dürfen maximal 16, in den Bereitschaftsdienststufen C und D maximal 13 Stunden gearbeitet werden.**

Eine Verlängerung der vom Arbeitszeitgesetz vorgegebenen durchschnittlichen wöchentlichen Arbeitszeit (§ 3 ArbZG) ermöglicht die Regelung in Anlage 5 § 8 Abs. 3 wie bereits dargelegt <u>nicht</u> (siehe Ausführungen unter Kapitel 1 V.4.).

Schließlich ist es möglich im Zusammenhang mit Bereitschaftsdiensten Dienste von **24-Stunden Dauer** zu vereinbaren.

Nach **§ 8 Abs. 4** kann im Rahmen des § 7 ArbZG unter den Voraussetzungen

- einer **Prüfung alternativer Arbeitszeitmodelle**,
- einer **Belastungsanalyse gemäß § 5 ArbSchG** und
- ggf. daraus resultierender **Maßnahmen zur Gewährleistung des Gesundheitsschutzes**

aufgrund einer **Dienstvereinbarung** von den Regelungen des Arbeitszeitgesetzes abgewichen werden.

Abweichend von den §§ 3, 5 und 6 Abs. 2 ArbZG kann die tägliche Arbeitszeit im Sinne des Arbeitszeitgesetzes über acht Stunden hinaus verlängert werden, wenn in die **Arbeitszeit regelmäßig und in erheblichem Umfang Bereitschaftsdienst fällt**. Hierbei darf die tägliche Arbeitszeit ausschließlich der Pausen maximal 24 Stunden betragen. (Zu den Voraussetzungen im Einzelnen siehe Kapitel 1 V.5.).

Die tägliche Höchstarbeitszeit kann also nach Anlage 5 § 8 Abs. 4 über acht Stunden hinaus auf maximal 24 Stunden - ausschließlich der Pausen - verlängert werden, wenn in die Arbeitszeit regelmäßig und in erheblichem Umfang Bereitschaftsdienst fällt.

Anlage 5 § 8 Abs. 4 AVR in Verbindung mit § 7 Abs. 2a ArbZG legt fest, dass die tägliche Arbeitszeit im Sinne des Arbeitszeitgesetzes über acht Stunden hinaus verlängert werden darf, wenn in die **Ar-**

beitszeit regelmäßig und in erheblichem Umfang Bereitschaftsdienst fällt.

Bereitschaftsdienst in erheblichem Umfang bedeutet nach Ansicht der Rechtsprechung, dass mindestens 30 % der Gesamtarbeitszeit (also der 24 Stunden) Bereitschaftsdienst sein müssen. Das bedeutet, dass die restliche Arbeitszeit Vollarbeitszeit sein kann. Mithin können im Zusammenhang mit den 24 – Stundendiensten nach Anlage 5 § 8 Abs. 4 bis zu 16 Stunden Vollarbeit angeordnet werden. Etwa der Art, dass 8 Stunden Vollarbeit, 8 Stunden Bereitschaftsdienst und dann nochmals 8 Stunden Vollarbeit geleistet werden.

Die in Anlage 5 § 8 Abs. 3 vorgegebene 8-Stunden Grenze gilt hier nicht.

Werden 24 Stunden-Dienste (Vollarbeit und Bereitschaftsdienste) auf Grundlage einer Dienstvereinbarung, die auf § 8 Abs. 4 beruht, angeordnet muss die Grenze von 48 Stunden wöchentlich eingehalten werden. Dabei sind neben der geleisteten regelmäßigen Arbeitszeit auch Über- und Mehrarbeitsstunden, Bereitschaftsdienstzeiten, Inanspruchnahme in der Rufbereitschaft (einschließlich Wegezeiten) sowie eine eventuelle vorliegende nichtselbständige Nebentätigkeit zu berücksichtigen.

Der Ausgleichszeitraum für die Einhaltung der durchschnittlichen gesetzlichen wöchentlichen Höchstarbeitszeit kann bis zu einem Jahr betragen, Anlage 5 § 8 Abs. 6.

Strittig ist, ob die maximale Dienstdauer von 24 Stunden die Ruhepausen mit beinhalten muss oder nicht.

Die AK hat in ihrem Beschluss (wie im TVöD) eindeutig formuliert „ausschließlich der Pausen". Damit ergibt sich aus dem Wortlaut der Regelung unmissverständlich, dass die gesetzliche Ruhepause nach § 4 ArbZG den 24 - Stundendienst verlängert. Die AK hat hier bewusst eine andere Regelung getroffen als in § 8 Abs. 3 (siehe dazu Kapitel 1 V.5.).

Auch hier gilt wieder die Grenze der gesetzlichen durchschnittlichen wöchentlichen Höchstarbeitszeit von 48 Stunden gem. § 3 ArbZG.

Anlage 5 § 8 Abs. 6 legt fest, dass als Ausgleichszeitraum für die Einhaltung der durchschnittlichen gesetzlichen wöchentlichen Höchstarbeitszeit ein Zeitraum von bis zu einem Jahr zugrunde zu legen ist.

a) Wöchentliche Höchstarbeitszeit

Die maximale wöchentliche Arbeitszeit (ohne Bereitschaftsdienst) durfte bis zum 31. Dezember 2006 (Arg: § 25 ArbZG) 60/70 Stunden betragen (6 x 10 Stunden werktäglich plus 10 Stunden am Sonntag). Innerhalb von 13 Wochen musste jedoch die 38,5 beziehungsweise 40-Stunden-Woche eingehalten werden. Dies ergab sich aus den §§ 25, 3, 11 ArbZG i.V.m. Anlage 5 § 1 Abs. 1, § 2a Abs. 7 AT. In den Einrichtungen in denen per Dienstvereinbarung ein längerer Ausgleichszeitraum festgelegt wurde, galt dieser auch als Berechnungszeitraum in dem die Grenze der durchschnittlichen acht Stunden pro Tag rechnerisch ermittelt werden musste.
Seit dem 01. Januar gilt die vom Arbeitszeitgesetz vorgegebene Grenze einer **durchschnittlichen wöchentlichen Höchstarbeitszeit von 48 Stunden**, (§ 3 ArbZG).
Eine Abweichung von dieser Grenze darf nur unter den Voraussetzungen des § 8 Abs. 4 Satz 1 und Abs. 5 erfolgen (siehe Kapitel 1 V.6.).
Eine Verlängerung der im Arbeitszeitgesetz vorgegebenen 48-Stunden-Grenze für die durchschnittliche wöchentliche Arbeitszeit – **ohne Ausgleich-** ist danach zulässig, soweit folgende Voraussetzungen vorliegen:

- eine **Prüfung alternativer Arbeitszeitmodelle**,
- eine **Belastungsanalyse gemäß § 5 ArbSchG** und
- ggf. daraus resultierender **Maßnahmen zur Gewährleistung des Gesundheitsschutzes** wurden festgelegt
- eine **Dienstvereinbarung** wurde abgeschlossen
- die betroffene Mitarbeiterin hat **freiwillig und schriftlich ihre jederzeit widerrufbare Einwilligung** erklärt und
- in die Arbeitszeit **regelmäßig und in erheblichem Umfang Bereitschaftsdienst** fällt (§ 7 Abs. 2a ArbZG).

Zu den Voraussetzungen im Einzelnen siehe Kapitel 1 V.6.

Nach Anlage 5 § 8 Abs. 5 Satz 2 darf die 48 Stunden-Grenze nur überschritten werden, wenn die Mitarbeiterin schriftlich eingewilligt hat. Sie kann die **Einwilligung** mit einer Frist von sechs Monaten schriftlich widerrufen. Der Dienstgeber darf eine Mitarbeiterin nicht

benachteiligen, weil diese die Einwilligung zur Verlängerung der Arbeitszeit nicht erklärt oder die Einwilligung widerrufen hat.
Die Einwilligung nach Anlage 5 § 8 Abs. 5 Satz 2 bzw. § 7 Abs. 7 ArbZG ist keine Nebenabrede zum Dienstvertrag, sondern eine eigenständige individuelle Zustimmung zu einer Arbeitszeitverlängerung ohne Ausgleich.
Die aufgrund der Einwilligung über die werktägliche Arbeitszeit nach § 3 Satz 1 ArbZG hinaus geleistete Arbeitszeit der Mitarbeiterin ist aufzuzeichnen, § 16 Abs. 2 ArbZG. Der Dienstgeber muss außerdem ein Verzeichnis über die Mitarbeiterinnen führen, die einer solchen Verlängerung der Arbeitszeit (gemäß § 7 Abs. 7 ArbZG bzw. Anlage 5 § 8 Abs. 5) zugestimmt haben, um sie auf Verlangen den Arbeitsschutzbehörden vorzulegen (§ 16 Abs. 2 ArbZG).Die Nachweise sind mindestens zwei Jahre aufzubewahren.
Bei der Verlängerung der wöchentlichen Arbeitszeit sind außerdem die in Anlage 5 § 8 Abs. 5 vorgegebenen Höchstgrenzen zu beachten:

(a) bei Bereitschaftsdiensten der Stufen A (Arbeitsleistung bis 10 %) **und B** (Arbeitsleistung von 10 % bis 25 %.) ist **eine wöchentliche Arbeitszeit von bis zu maximal durchschnittlich 58 Stunden,**

(b) bei Bereitschaftsdiensten der Stufen C (Arbeitsleistung von 25 % bis 40 %) **und D** (Arbeitsleistung von 40 % bis 49 %) **eine wöchentliche Arbeitszeit von bis zu maximal durchschnittlich 54 Stunden zulässig ist.**

Die AVR gestatten also bei Bereitschaftsdienst

- auf Grundlage einer Dienstvereinbarung **und**
- Vorliegen einer schriftlichen Einwilligung der betroffenen Mitarbeiterin

eine Überschreitung der gesetzlichen wöchentlichen Höchstarbeitszeit von 48 Stunden. Dabei sind allerdings die vorgegebenen Höchstgrenzen zu beachten. In den Bereitschaftsdienststufe A und B dürfen maximal 58, in den Bereitschaftsdienststufen C und D maximal 54 Stunden gearbeitet werden.
Auch bei der Einhaltung der 54 bzw. 58 Stunden Grenze sind neben der geleisteten regelmäßigen Arbeitszeit auch Über- und Mehrarbeitsstunden, Bereitschaftsdienstzeiten, Inanspruchnahme in der Rufbereitschaft (einschließlich Wegezeiten) sowie eine eventuelle vorliegende nichtselbständige Nebentätigkeit mit zu berücksichtigen.

b) Bereitschaftsdienst

Bis zum 31. Dezember 2006 durfte über die tägliche Höchstarbeitszeit hinaus Bereitschaftsdienst angeordnet werden. Aus dem Anordnungsrecht des Dienstgebers für Bereitschaftsdienst in Anlage 5 § 7 Abs. 1 und der gesetzlichen Regelung des § 7 Abs. 1 ArbZG i.V.m. § 25 ArbZG mit dem Höchstrahmen in § 7 Abs. 8 ArbZG ergab sich, dass Caritaseinrichtungen bis Ende 2006 Bereitschaftsdienste auch über durchschnittlich acht Stunden werktäglich anordnen konnten. Die Arbeitszeit inklusive Bereitschaftsdienst durfte allerdings 48 Stunden wöchentlich im Durchschnitt von zwölf Kalendermonaten nicht überschreiten.

Dies ist seit dem 1. November 2006 nicht mehr der Fall. Der Dienstgeber kann über die tägliche Höchstarbeitszeit hinaus aufgrund seines Anordnungsrechts keinen Bereitschaftsdienst mehr anordnen. Er muss vielmehr dazu gemäß § 8 Abs. 3 der Anlage 5 eine Dienstvereinbarung mit seiner MAV abschließen.

Dabei ist zu beachten, dass auch die Zeiten des Bereitschaftsdienstes arbeitsschutzrechtlich Arbeitszeit und damit als solche zu dokumentieren (§ 16 Abs. 1 ArbZG) sind. Eine werktägliche Arbeitszeit über zehn Stunden hinaus ist auch nur zulässig, wenn diese regelmäßig und in erheblichem Umfang Bereitschaftsdienst umfasst. Die Höchstgrenze der werktäglichen Arbeitszeit einschließlich des Bereitschaftsdienstes beträgt 24 Stunden, gerechnet vom jeweils individuellen Arbeitsbeginn. Anschließend muss die Ruhezeit mindestens elf Stunden betragen.

Einrichtungen, in denen keine MAV existiert, können, da der Abschluss von Dienstvereinbarungen nicht möglich ist, die entsprechenden Regelungen nicht nutzen.

Die Anordnung von Bereitschaftsdienst ist daher nur noch im Rahmen der zulässigen Arbeitszeiten nach dem Arbeitszeitgesetz beziehungsweise den AVR möglich.

Gemäß **Anlage 5 § 1 Abs. 2 Satz 2** kann jedoch der Dienstgeber die werktägliche Arbeitszeit auf über 10 Stunden verlängern, wenn in die Arbeitszeit regelmäßig und in erheblichem Umfang **Arbeitsbereitschaft** fällt.

Die Arbeitsbereitschaft stellt höhere Anforderungen an die Mitarbeiterin als der Bereitschaftsdienst. Deshalb galt Arbeitsbereitschaft auch bisher schon als Vollarbeitszeit im Sinne der arbeitszeitschutzrechtli-

chen Bestimmungen. Sie ist ein Mehr gegenüber dem Bereitschaftsdienst.
Demgemäß ist davon auszugehen, dass Bereitschaftsdienst als weniger auch im Rahmen der Anordnung von Arbeitsbereitschaft angeordnet werden kann, sofern dies notwendig ist.
Daher kann auf Grundlage von Anlage 5 § 1 Abs. 2 auch in Einrichtungen ohne MAV hier entsprechend Bereitschaftsdienst angeordnet werden. Es gelten dabei die gleichen gesetzlichen Einschränkungen wie auch bei den Regelungen im Rahmen von Dienstvereinbarungen. Demgemäß muss auch hier der Bereitschaftsdienst mindestens 30 % der Arbeitszeit betragen, damit ein erheblicher Umfang gegeben ist.
Zu beachten ist jedoch, dass eine Öffnung hinsichtlich der wöchentlichen Arbeitszeit nicht möglich ist, sondern diese im Durchschnitt höchstens 50 Stunden in der Woche (Anlage 5 § 1 Abs. 2) betragen darf. Zulässig ist jedoch auch hier, den Berechnungszeitraum entsprechend üblicher Urlaubs- und Freizeitansprüche auch 46 Wochen anzusetzen, so dass sich aus der Rechnung 52 Wochen x 50 Stunden= 2.600 Stunden : 46 Wochen = 56,52 hier eine Einsatzmöglichkeit im Durchschnitt von 56,5 Stunden wöchentlich ergibt.
Generell ist jedoch allen Einrichtungen zu empfehlen darauf hinzuwirken, dass eine MAV gebildet wird, damit entsprechende Dienstvereinbarungen im Rahmen der Arbeitszeitregelungen geschlossen werden können.

c) Rufbereitschaft

Rufbereitschaft darf in den von den AVR vorgegebenen Grenzen uneingeschränkt auch über den 31. Dezember 2006 hinaus zusätzlich zur täglichen Arbeitszeit angeordnet werden, da dieser Dienst, wie bereits dargestellt, weiterhin zur Ruhezeit gezählt wird.

d) Sonderregelung für werdende und stillende Mütter

Bei der Festlegung der Arbeitszeit-Höchstgrenzen ist zu beachten, dass werdende und **stillende Mütter** nicht über achteinhalb Stunden täglich oder 90 Stunden in der Doppelwoche beschäftigt werden dürfen. Werdende und stillende Mütter, die unter 18 Jahren sind, dürfen nicht über acht Stunden täglich oder 80 Stunden in der Doppelwoche beschäftigt werden.

e) Sonderregelung für Jugendliche

Jugendliche dürfen in der Woche nur an fünf Tagen beschäftigt werden (§ 15 JArbSchG). Die Höchstarbeitszeit beträgt 40 Stunden wöchentlich und acht Stunden täglich (§ 8 JArbSchG).

f) Sonderregelungen für Schwerbehinderte, § 124 SGB IX

Das Bundesarbeitsgericht hat in seinem Urteil vom 21. November 2006 - 9 AZR 176/06 – entschieden, dass **schwerbehinderte Beschäftigte und ihnen Gleichgestellte auf ihr Verlangen hin von Mehrarbeit freizustellen sind**. Mehrarbeit sei jede über 8 Stunden hinaus gehende werktägliche Arbeitszeit; als solche gelte auch Bereitschaftsdienst.
Geklagt hatte eine in einem Jugendhilfezentrum beschäftigte Heilerziehungspflegerin mit einem Grad der Behinderung von 60 %. Anhand von monatlich erstellten Dienstplänen wird die Klägerin sowohl zu normalen Dienstleistungen als auch zu als „Nachtbereitschaft" bezeichneten Bereitschaftsdiensten herangezogen. Auf das Arbeitsverhältnis fanden „Richtlinien für Arbeitsverträge in den Einrichtungen des Deutschen Caritasverbandes" (AVR) Anwendung. Danach sind Mitarbeiterinnen verpflichtet, außerhalb der regelmäßigen Arbeitszeit Dienstleistungen in der Form des Bereitschaftsdienstes zu erbringen. Die Klägerin hat von ihrem Dienstgeber (Beklagten) verlangt, werktäglich nicht mehr als 8 Stunden, einschließlich der Bereitschaftsdienste, zur Arbeitsleistung herangezogen zu werden. Das Arbeitsgericht und das Landesarbeitsgericht haben ihre Klage abgewiesen. Vor dem Neunten Senat des Bundesarbeitsgerichts hatte die Klägerin mit ihrer Revision Erfolg. Der Senat hat seine Rechtsprechung bestätigt, dass seit der Neufassung des Arbeitszeitgesetzes ab 1. Januar 2004 Bereitschaftsdienst Arbeitszeit im Sinne der Bestimmungen des Arbeitszeitgesetzes darstelle. Die schwerbehinderte Klägerin habe nach § 124 SGB IX Anspruch gegen die Beklagte, von Mehrarbeit freigestellt zu werden. Als Mehrarbeit gelte dabei jede Arbeit, die über die normale gesetzliche Arbeitszeit nach § 3 Satz 1 ArbZG, das heißt über werktäglich 8 Stunden einschließlich der Bereitschaftsdienste, hinausgehe. Regelungen in den AVR, welche die Klägerin verpflichten, über diese normale gesetzliche Arbeitszeit hinaus Bereitschaftsdienste zu verrichten, seien unwirksam.

II. Der Begriff der Ruhepausen in den AVR

Ruhepausen sind im Voraus bestimmte Unterbrechungen der Arbeit, die den Mitarbeiterinnen innerhalb ihrer Arbeitspflicht von jeder Arbeitsleistung befreien.[34]

In Anlage 5 § 1 Abs. 7 ist bestimmt, dass die Arbeitszeit mindestens durch die gesetzlich vorgeschriebenen Ruhepausen zu unterbrechen ist.

Pausen, auch diejenigen, die über die gesetzlichen Vorgaben hinausgehen, sind **keine Arbeitszeit**. Ausnahmen davon sind in Anlage 5 § 4 enthalten.

Ist zum Beispiel der Tagesdienst von 8.00 bis 16.00 Uhr mit einer halbstündigen Pause angesetzt, ist von diesen acht Stunden die Ruhepause mit 30 Min. abzuziehen. An diesem Tag werden also 7,5 Stunden Dienst geleistet. Nur wenn die Pausen nachweislich nicht genommen werden konnten, sind sie entsprechend als Arbeitszeit zu werten. Dann hat der Dienstgeber, sofern der Ausnahmetatbestand des § 14 ArbZG nicht vorliegt, eine Ordnungswidrigkeit begangen, die mit einer Geldbuße geahndet werden kann.

1. Kein Verzicht möglich

Die Pausen müssen gewährt und eingehalten werden. Davon muss sich der Dienstgeber regelmäßig überzeugen. Auf die gesetzlich vorgeschriebenen Pausen kann nicht rechtswirksam verzichtet werden.

2. Voraussetzungen

a) Unterbrechungen der Arbeitszeit

Ruhepausen **unterbrechen die Arbeitszeit**, damit auch den Bereitschaftsdienst. Sie müssen von Arbeit umschlossen sein. Ruhepausen dürfen daher weder zu Beginn noch an das Ende der Arbeitszeit gelegt werden. Dagegen beginnt die Ruhezeit mit dem Ende der täglichen Arbeitszeit.

---

34 BAG, Urteil vom 23.6.1988 – 6 AZR 137/86, ZTR 1989, 30.

b) Frei verfügbare Zeit

Eine Ruhepause als Arbeitszeitunterbrechung liegt vor, wenn die Zeit zur selbstbestimmten freien Verfügung der Mitarbeiterin steht, in der sie weder Arbeit zu leisten, noch sich bereit zu halten hat.[35]
Auch eine „vergütete" Pause muss diese arbeitsrechtlichen Anforderungen erfüllen.

Beispiel

Die Mitarbeiterin darf ihren Arbeitsplatz verlassen.

Keine Pause besteht, wenn eine Erzieherin im Kinderheim gemeinsam mit den Kindern das Mittagessen einnimmt und dabei die Kinder beaufsichtigt.
Auch in Krankenhäusern liegt eine Ruhepause nur dann vor, wenn die Mitarbeiterin während des vorgesehenen oder von ihr bestimmten Pausenzeitraums von jeglicher Arbeitsleistung freigestellt ist.[36] Das bedeutet, dass die Mitarbeiterin grundsätzlich auch die Möglichkeit erhalten muss, den Arbeitsbereich zu verlassen. Daher ist es nicht möglich, die Mitarbeiterin anzuweisen, die Ruhepause unmittelbar an ihrem Arbeitsplatz zu nehmen.
Wird von einer Mitarbeiterin während ihrer Pause eine Arbeitsleistung verlangt, bleibt ihr Pausenanspruch erhalten. Die in der Ruhepause tatsächlich erbrachte Arbeitsleistung ist zu vergüten.[37]

c) Einschränkung durch Dienstvereinbarung

Allerdings können Ruhepausen auch mit der Pflicht der Mitarbeiterin verbunden sein, sich in der Einrichtung aufzuhalten. Die Regelung kann durch Dienstvereinbarung erfolgen, um den (ordnungsgemäßen) Ablauf in der Einrichtung zu gestalten oder durch eine Weisung des Dienstgebers, um den Betrieb auch in Notfällen sicherzustellen[38]
Eine Ruhepause erfordert nicht zwingend, dass die Mitarbeiterin berechtigt ist, während der Pause die Einrichtung zu verlassen. Damit

35 BAG, Urteil vom 25.10.1989–2 AZR 633/88, NZA 1990, 561.
36 BAG, Urteil vom 5.5.1988–6 AZR 658/85, NZA 1989, 138.
37 BAG, Urteil vom 23.9.1992–4 AZR 562/91, NZA 1993, 752.
38 BAG, Urteil vom 21.8.1990–1 AZR 567/89, NZA 1991, 154.

wird ihre Bewegungsfreiheit lediglich in geringer Weise eingeschränkt. Die Zeit der Pause ist deshalb nicht als Arbeitszeit zu vergüten.

d) Im Voraus festgelegte Pausenzeiten

Die Mitarbeiterin darf längstens sechs Stunden „am Stück" arbeiten, sie hat aber keinen Anspruch darauf, ununterbrochen sechs Stunden durchzuarbeiten. Auch innerhalb des Bereitschaftsdienstes muss spätestens nach sechs Stunden eine Pause gemacht werden.
In § 4 des ArbZG sind die Mindestdauer der Pausen und die längstmögliche, ununterbrochene Arbeitszeit geregelt. Es ist normiert, dass die Arbeitszeit durch im Voraus feststehende Ruhepausen zu unterbrechen ist, wobei es ausreicht, wenn der Zeitrahmen vorgegeben ist (z.B. 12.00 bis 14.00 Uhr) und damit bei Beginn der täglichen Arbeitszeit ein zeitlicher Rahmen feststeht (Pausenkorridor), innerhalb dessen die Mitarbeiterin auch in Absprache mit anderen Mitarbeiterinnen, ihre Ruhepause nehmen kann.[39]

Beispiel

Der Dienstgeber ordnet an, dass die Nachtwache in einem Krankenhaus ihre Pause innerhalb der Zeit von 23.00 Uhr bis 2.00 Uhr zu nehmen hat. Sofern der Dienst um 20.00 Uhr begonnen hat, ist die Pause spätestens nach sechs Stunden, das heißt ab 2.00 Uhr zu nehmen. Dem gemäß ist der gewählte Pausenkorridor zulässig.

e) Dauer der Pausen

Die Dauer der Pausen nach § 4 ArbZG beträgt für alle Mitarbeiterinnen bei einer Arbeitszeit von mehr als sechs bis neun Stunden 30 Minuten, bei einer Dauer von mehr als neun Stunden 45 Minuten.
Die Pausen können in Zeitabschnitte von mindestens jeweils 15 Minuten aufgeteilt werden, § 4 Satz 2 ArbZG. Unterbrechungen der Arbeitszeit unterhalb der Grenze von 15 Minuten stellen keine Ruhepause dar; es sei denn es wurde in der Einrichtung eine Dienstvereinbarung über Kurzpausen nach Anlage 5 § 1 Abs. 7 Unterabs. 2a geschlossen.

---

39 BAG, Urteil vom 23.9.1992–4 AZR 562/91, ZTR 1993, 111.

f) Problem: Pausengewährung im Nachtdienst

Probleme können sich ergeben, wenn in der Nacht pro Arbeitsbereich/Station nur eine Mitarbeiterin eingesetzt ist. Hier sind folgende Lösungsmöglichkeiten denkbar:[40]

- Einzelne Stationen werden für die Zeit der Ruhepausen so zusammengelegt, dass sich die Mitarbeiterinnen gegenseitig vertreten. Voraussetzung ist, dass die Stationen räumlich beieinander liegen und die Pflegekräfte über die Abläufe der anderen Station sowie die Patienten auf der anderen Station informiert sind.
- Es wird ein Springerdienst eingerichtet, der die Mitarbeiterinnen während der Pausenzeit ablöst. Da die Pausenzeit nicht am Anfang oder Ende der Arbeitszeit liegen kann, ist die Schicht der Pausenspringer entsprechend kürzer. Zu den übernommenen Pausenzeiten kommen bei den Springern Wege- und Übergabezeiten vor und nach der Pause.
- Es werden nur noch Schichten bis zu einer Dauer von sechs Stunden eingerichtet; in diesen Fällen ist eine Ruhepause nicht erforderlich.
- Dienstgeber und Mitarbeiterinnen treffen freiwillig eine Vereinbarung über einen Ort, an dem sich die Mitarbeiterin in ihrer Ruhepause aufhält. Dafür wird die Pausenzeit vergütet. Dabei muss es im Regelfall tatsächlich möglich sein, dass sie die Pause nehmen kann. Kommt es zu einer Störung während der Pause und erbringt die Mitarbeiterin eine Arbeitsleistung, bleibt der Pausenanspruch erhalten, wenn die bis zur Störung zurückgelegte Pausenzeit nicht mindestens 15 Minuten betragen hat. Abschnitte von 15 Minuten und mehr werden angerechnet, wobei auch hier zu beachten ist, dass die Gesamtzeit der Pausen eingehalten werden muss. Darin liegt kein unzulässiges Abkaufen der Pause, wenn sie als ungestörte Zeit zur Regeneration tatsächlich besteht; vielmehr wird lediglich der Verzicht auf das örtliche Bestimmungsrecht honoriert.

40 Beyer, AVR-Praxiskommentar, Anlage 5 § 1 Rn 57.

Beispiele zu Ruhepausenregelungen

Beispiel 1: ungeteilte Pausen

Die Nachtschicht einer Einrichtung dauert im Beispielsfall jeweils von 20.00 bis 6.00 Uhr. Da die Schichtdauer länger als neun Stunden ist, müssen die Gesamtpausenzeiten für jede diensttuende Mitarbeiterin mindestens 45 Minuten betragen.

1. Variante:

Unterstellt, es befinden sich in der Nachtschicht jeweils drei Mitarbeiterinnen im Dienst, von denen mindestens zwei zu jeder Zeit verfügbar sein müssen, dann könnten die Pausenzeiten wie folgt vorgesehen werden:

Mitarbeiterin	A	Pause von	0.00 bis 0.45 Uhr
	B		0.45 bis 1.30 Uhr
	C		1.30 bis 2.15 Uhr

Kein Arbeitsblock vor oder nach den Pausenzeiten wäre länger als sechs Stunden.

2. Variante:

Unterstellt, es befinden sich in der Nachtschicht jeweils vier Mitarbeiterinnen im Dienst, von denen mindestens drei zu jeder Zeit verfügbar sein müssen:

Mitarbeiterin	A	Pause von	23.45 bis 0.30 Uhr
	B		0.30 bis 1.15 Uhr
	C		1.15 bis 2.00 Uhr
	D		2.00 bis 2.45 Uhr

Kein Arbeitsblock vor oder nach den Pausenzeiten wäre länger als sechs Stunden.

Beispiel 2: geteilte Pausen

1. Variante:

Bei drei Mitarbeiterinnen in der Nachtschicht könnten die Pausenzeiten z.B. auch wie folgt geteilt werden:

Mitarbeiterin	A	Pause von	0.00 bis 0.30 Uhr
		sowie von	2.30 bis 2.45 Uhr
	B		0.30 bis 1.00 Uhr
			2.45 bis 3.00 Uhr
	C		1.00 bis 1.30 Uhr
			3.00 bis 3.15 Uhr

2. Variante:

Bei vier Mitarbeiterinnen in der Nachschicht:

Mitarbeiterin	A	Pause von	0.00 bis 0.30 Uhr
		sowie von	2.30 bis 2.45 Uhr
	B		0.30 bis 1.00 Uhr
			2.45 bis 3.00 Uhr
	C		1.00 bis 1.30 Uhr
			3.00 bis 3.15 Uhr
	D		1.30 bis 2.00 Uhr
			3.15 bis 3.30 Uhr

Andere Kombinationen sind möglich. Das Gesetz gestattet eine flexible Gestaltung der Pausen. Ob dies in der einzelnen Einrichtung, Abteilung, Station, Gruppe usw. möglich und sinnvoll ist, hängt von der personellen Besetzung, der Dauer der Schichten und den organisatorischen Gestaltungsmöglichkeiten ab. Wichtig ist, dass in den Pausenzeiten die Mitarbeiterinnen **(auch im Bereitschaftsdienst)** von jeglicher Arbeitsleistung freigestellt sind.

3. Sonderregelung für Jugendliche

Für **Jugendliche** gelten nach § 11 JArbSchG andere Pausenregelungen:
30 Minuten Pause bei einer Arbeitszeit von mehr als viereinhalb bis zu sechs Stunden und 60 Minuten bei einer Arbeitszeit von mehr als sechs Stunden.

4. Sonderregelung für stillende Mütter

Stillenden Müttern sind auf Verlangen Stillzeiten zu gewähren, deren Dauer in § 7 MuSchG festgelegt ist. Diese Pausen zählen zur Arbeitszeit. Außerdem sind werdenden und stillenden Müttern auf Arbeitsplätzen, die ständiges Stehen, Gehen oder Sitzen erfordern, kurze Ruhepausen zum Ausruhen zu gewähren (§ 2 MuSchG).

§ 7 MuSchG bestimmt:

Stillzeiten für Mütter dürfen zu keinem Verdienstausfall führen. Die Stillzeit darf nicht vor- oder nachzuarbeiten sein und auch nicht auf die im Arbeitszeitgesetz vorgesehenen Ruhepausen angerechnet werden.

Aber auch diese Pausen müssen die oben dargelegten Pausenanforderungen erfüllen.

5. Pausenvergütung

Pausen sind grundsätzlich keine Arbeitszeit und daher auch nicht zu vergüten.
Ausnahmen zu diesem Grundsatz gelten für Stillzeiten (§ 7 MuSchG, s.o.).

a) Pausen bei nicht dienstplanmäßiger Arbeit (Anlage 5 § 4 Abs.1)

Werden mindestens zwei Arbeitsstunden (dazu gehört im Sinne des Arbeitsschutzrechts auch der Bereitschaftsdienst) unmittelbar an die dienstplanmäßige Arbeitszeit angeschlossen oder liegen diese unmittelbar davor, so ist hierfür eine viertelstündige Pause zu gewähren, die in diesem Fall vergütungsrechtlich als Arbeitszeit gilt.

Werden mehr als drei Arbeitsstunden unmittelbar nach der dienstplanmäßigen Arbeitszeit geleistet, ist hierfür eine halbstündige Pause zu gewähren, die ebenfalls vergütungsrechtlich als Arbeitszeit gilt.

b) Kurzpausen

§ 7 Abs. 4 ArbZG in Verbindung mit Abs. 1 und Abs. 2 ermöglicht den Kirchen und den öffentlich-rechtlichen Religionsgesellschaften ebenfalls solche Regelungen. Von dieser Möglichkeit hat die Arbeitsrechtliche Kommission Gebrauch gemacht und über Anlage 5 § 1 Abs. 7 Unterabs. 2 Buchst. a die Möglichkeit eröffnet, durch Dienstvereinbarung, also durch Vereinbarung zwischen Dienstgeber und Mitarbeitervertretung, Sonderregelungen für die Ruhepausen in Abweichung zu § 4 ArbZG vereinbaren zu können. Dadurch soll gewährleistet sein, dass für die jeweilige Einrichtung bzw. den jeweiligen Dienst vor Ort passende Regelungen geschaffen werden können. Dort, wo es keine Mitarbeitervertretung gibt, kann die Sonderregelung nicht angewandt werden.
Die Regelung des § 1 Abs. 7 Unterabs. 2 Buchst. a) bezieht sich auf Schichtbetriebe; das sind alle Einrichtungen und Dienste, in denen Schicht- oder Wechselschichtarbeit geleistet wird. Die Regelung des § 1 Abs. 7 Unterabs. 2 Buchst. b) bezieht sich auf die Mitarbeiterinnen, die in der Behandlung, Pflege und Betreuung von Personen tätig sind. Dabei muss es sich nicht um einen Dienst oder Einrichtung im Schichtbetrieb handeln.
Die Sonderregelung in den AVR hat den weitesten Rahmen für abweichende Regelungen nach § 7 ArbZG aufgenommen. Dies ist zum einen für den Schichtbetrieb die Einrichtung von Kurzpausen und zum anderen für die Mitarbeiterinnen bei der Behandlung, Pflege und Betreuung von Personen die Möglichkeit, die Pausenregelung der Eigenart der Tätigkeit und dem Wohl der betreuten Personen entsprechend anzupassen. Im Krankenhausbereich z.B. gelten für die Mitarbeiterinnen, die bei der Behandlung, Pflege und Betreuung von Personen tätig sind und die im Schichtbetrieb arbeiten, beide Regelungen. Für den Pförtner eines Krankenhauses gilt nur die Regelung zu Buchst. a).
Die Möglichkeit, nach Buchst. a) Kurzpausen einzuführen, bedeutet, dass die Ruhepausen von 30 bzw. 45 Minuten nach § 4 Abs. 1 ArbZG statt in 15-Minuten-Zeiträume in kürzere Zeiträume aufgeteilt werden können. Das kann nicht heißen, dass damit Pausen generell entfallen.

Auch für Kurzpausen gilt die Bestimmung des § 4 Satz 1, wonach die Pausen im voraus feststehen und eine Unterbrechung der Arbeitszeit bedeuten müssen. Auch müssen die Kurzpausen während der Arbeit die erforderliche Gesamtdauer von 30 Minuten bei einer Arbeitszeit von mehr als sechs bis zu neun Stunden,. und von 45 Minuten bei einer Arbeitszeit von mehr als neun Stunden erreichen (§ 4 Satz 1 ArbZG). Während der Kurzpause muss die Mitarbeiterin von jeder Dienstverpflichtung und auch von jeder Verpflichtung, sich zum Dienst bereitzuhalten, freigestellt sein. Die Mitarbeiterin muss jedoch nicht die Möglichkeit haben, den Betrieb verlassen zu können. Pausen können auch, wie bereits ausgeführt, mit der Pflicht verbunden sein, sich im Betrieb aufzuhalten[41]. Der Begriff der Kurzpause ist weder gesetzlich noch in den AVR noch durch höchstrichterliche Rechtsprechung definiert. Bis zum Inkrafttreten des neuen Arbeitszeitgesetzes war in § 12 AZO Abs. 2 Satz 3 die Möglichkeit der Kurzpause aufgenommen, und zwar für Mitarbeiterinnen in Wechselschichten, deren Arbeiten einen ununterbrochenen Fortgang erforderten. Die frühere Regelung war somit von ihrer Anwendbarkeit her enger als die jetzige, denn die Neuregelung setzt keinen Dreischichtbetrieb voraus, sondern es kann auch bereits bei zwei Schichten eine Kurzpause eingeführt werden. Auch die Bedingung, dass Kurzpausen nur bei Arbeiten, die einen ununterbrochenen Fortgang erfordern, zulässig sind, ist weggefallen.

Die Dauer der Kurzpause, die in Abweichung von § 4 Satz 2 eine Pause von unter 15 Minuten sein kann, muss jedoch einen solchen Zeitraum umfassen, dass sie noch als Arbeitsunterbrechung gelten kann. In der Regel wird es sich dabei um einen Zeitraum von mindestens drei, in der Regel mindestens fünf Minuten handeln. In der Dienstvereinbarung kann somit eine Pausenbestimmung getroffen werden, wonach die Gesamtpause von 30 bzw. 45 Minuten in Kurzpausen aufgeteilt wird, wobei der Pausenzeitraum zumindest als Pausenrahmen im voraus festgelegt werden muss und durch die Art der Arbeitseinteilung auch gewährleistet sein muss, dass die Kurzpausen zur Entspannung eingehalten werden können. Für die Mitarbeiterinnen in Schichtbetrieben ist insbesondere auch § 6 ArbZG zu beachten, wonach die Arbeitszeit der Nacht- und Schichtarbeitnehmer nach den

41 BAG, Urteil vom 21. August 1990 - 1 AZR 567/89 - ZTR 1991, S. 32.

gesicherten arbeitswissenschaftlichen Erkenntnissen über die menschengerechte Gestaltung die Arbeit festzulegen ist.
Insgesamt darf die Gesamtdauer der Pausenzeit nach § 4 ArbZG nicht vermindert werden[42].

III. Ruhezeit

Die Ruhezeit ist der Zeitraum der Arbeitsruhe zwischen dem Ende der täglichen Arbeitszeit und der Wiederaufnahme der Arbeit am gleichen Tag oder an einem späteren Tag beziehungsweise der Zeitraum zwischen zwei Arbeitsschichten.

1. Geteilter Dienst

Hinsichtlich des geteilten Dienstes ist Beginn und Ende der Arbeitszeit jeweils mit Beginn des ersten Dienstteiles und Ende des zweiten Dienstteiles anzusehen. Dies ergibt sich daraus, dass gemäß Anlage 1 XII Buchst. c hier lediglich eine Arbeitsunterbrechung vorliegt und somit die Arbeitszeit erst mit Ende des zweiten Dienstteiles endet. Erst im Anschluss an dieses Ende der Dienstzeit ist die Gewährung der entsprechenden Ruhezeit erforderlich.[43]

Beispiel

Eine Mitarbeiterin leistet von 8.00 Uhr bis 12.00 Uhr Vollarbeit und hat dann bis 18.00 Uhr frei. Von 18.00 Uhr bis 6.00 Uhr hat sie Bereitschaftsdienst, wobei hier 0,75 Stunden Pause enthalten sind. Diese Mitarbeiterin ist dann von 6.00 Uhr bis 10.00 Uhr nochmals im Rahmen der Vollarbeitszeit eingesetzt.

---

42 Die Erkenntnisse, die in Bezug auf Nacht- und Schichtarbeit gewonnen wurden, sind von der Bundesanstalt für Arbeitsschutz in der Sonderausgabe 1/96 veröffentlicht worden ("Bilanzierung arbeitswissenschaftlicher Erkenntnisse zur Nacht- und Schichtarbeit").

43 BAG, Urteil vom 13.2.1991–6 AZR 638/89, NZA 1992, 891.

Mithin liegt eine Gesamtdauer von insgesamt 26 Stunden vor, da aber 6,75 Stunden Pause darin enthalten sind, ist diese Diensteinteilung zulässig.

2. Dauer der Ruhezeit

Im Anschluss an die tägliche Arbeitszeit beziehungsweise nach Beendigung der Arbeitsschicht muss die Mitarbeiterin eine ununterbrochene Ruhezeit von mindestens elf Stunden haben (§ 5 Abs. 1 ArbZG).
Die Ruhezeit kann auf neun Stunden verkürzt werden, wenn die Art der Arbeit dies erfordert (z.B. aus fachlichen Gesichtspunkten der Pflege und Betreuung der Patienten) und die Kürzung der Ruhezeit innerhalb von 13 Wochen ausgeglichen wird, so dass im Durchschnitt die elfstündige Ruhezeit erreicht wird (Anlage 5 § 1 Abs. 10, § 7 Abs. 1 Nr. 3 ArbZG i.V.m. § 5 Abs. 1 ArbZG).
Nach § 5 Abs. 2 ArbZG und Anlage 5 § 1 Abs. 10 gelten Sonderregelungen für Ruhezeiten in Krankenhäusern und anderen Einrichtungen zur Behandlung, Pflege und Betreuung von Personen, in denen die Ruhezeit bei entsprechendem Ausgleich innerhalb eines Monats oder vier Wochen auf zehn Stunden verkürzt werden kann. Sonderregelungen gelten auch für die Dauer der Rufbereitschaftsdienste während der Ruhezeiten in diesen Einrichtungen (Anlage 5 § 1 Abs. 10, § 5 Abs. 3 ArbZG).

3. Sonderregelung für Jugendliche

Jugendliche müssen eine Ruhezeit von zwölf Stunden haben (§ 13 JArbSchG).

4. Rufbereitschaft und Bereitschaftsdienst

Während der Rufbereitschaftsdienst auch nach dem 1. Januar 2004 noch zur Ruhezeit zu zählen ist, ist der **Bereitschaftsdienst seit dem 1. Januar 2004 keine Ruhezeit mehr, sondern Arbeitszeit**.

Beispiel

Eine Mitarbeiterin arbeitet von 16.00 Uhr bis 22.00 Uhr im Spätdienst. Im Anschluss an den Spätdienst leistet die Mitarbeiterin bis 6.00 Uhr morgens Nacht-Bereitschaftsdienst und schließlich bis 9.00 Uhr Frühdienst. Insgesamt arbeitet diese Mitarbeiterin 17 Stunden. Unmittelbar nach diesen 17 Stunden muss der Mitarbeiterin eine ununterbrochene Ruhezeit von mindestens 11 Stunden gewährt werden, § 7 Abs. 9 ArbZG. Die werktägliche Arbeitszeit im Sinne des § 7 Abs. 9 ArbZG wird nicht durch den Kalendertag begrenzt, sondern bezieht sich auf die Arbeitszeit innerhalb eines 24-Stundenzeitraums ab Arbeitsbeginn. Die Arbeitszeit eines Mitarbeiters beginnt mit der Aufnahme seiner Arbeit, und nicht um 0.00 Uhr, und endet 24 Stunden später.
In oben genanntem Beispiel wären der Mitarbeiterin jeweils nach sechs Stunden Arbeitszeit Ruhepausen zu gewähren.

Für den Nachtbereitschaftsdienst erhält die Mitarbeiterin die Vergütung nach Anlage 5 § 8 oder § 9.
Soweit es sich bei dem Arbeitstag, das heißt an dem Tag, an dem die Arbeit begonnen wurde, um einen Feiertag handelte, würde die Mitarbeiterin dennoch nur die Vergütung nach Anlage 5 § 8 erhalten. Zeitzuschläge wären in diesem Fall nach Anlage 6a § 1 Abs. 1 Unterabs. 3 für die Zeit des Bereitschaftsdienstes nicht zu bezahlen und kein zusätzlicher Freizeitausgleich zu gewähren.

IV. Dienstplanmäßig freie Tage

Wird die Wochenarbeitszeit von 38,5/40 Stunden auf die Woche verteilt und dauern die Schichten im Durchschnitt siebeneinhalb bis acht Stunden am Tag, so ergibt sich, dass zwei Kalendertage arbeitsfrei bleiben (7,7 x 5 = 38,5/8 x 5 = 40). Dauern die Arbeitsschichten im Durchschnitt über acht Stunden, ergeben sich mehr freie Tage. Dauern sie im Durchschnitt weniger als siebeneinhalb Stunden, so ergeben sich weniger freie Tage. Alle Kalendertage, an denen der Dienstplan im „Soll" keine Arbeitsleistung vorsieht, sind dienstplanmäßig frei.
Dienstplanmäßig freie Tage sind kein „Freizeitausgleich für geleistete Arbeit". Der Tag bleibt also auch dann frei, wenn die Mitarbeiterin vorher krank war und den eingeplanten Dienst nicht erbracht hat.

V. Freizeitausgleich und Arbeitsunfähigkeit

Freizeitausgleich erhält die Mitarbeiterin für bereits geleistete Arbeit (Überstunden, Mehrarbeit etc.). Wird eine Mitarbeiter an einem Tag krank, an dem sie dienstplanmäßig Freizeitausgleich hat, bleibt der Tag dennoch frei. Der Freizeitausgleich gilt als gewährt. Die Mitarbeiterin kann keinen anderen freien Tag als Ersatz für den Krankheitstag fordern.

Hinweis

Es ist grundsätzlich Risiko der Mitarbeiterin, ihre Freizeit beliebig nutzen zu können und nicht durch Krankheit daran gehindert zu sein. An diesem Grundsatz ändert auch der Anspruch auf Entgeltfortzahlung im Krankheitsfalle nichts. Der Entgeltfortzahlungsanspruch setzt voraus, dass die krankheitsbedingte Arbeitsunfähigkeit die alleinige Ursache für den Ausfall der Arbeitsleistung war. Dies trifft aber im Falle eines Freizeitausgleichs gerade nicht zu.

Die Vorschriften des § 9 BUrlG beziehungsweise der Anlage 14 § 1 Abs. 7 stellen eine Ausnahmeregelung zu dem Grundsatz dar, dass die Nutzungsmöglichkeit arbeitsfreier Zeit in die Risikosphäre der Mitarbeiterin fällt. Denn nach diesen Vorschriften sind Tage, in denen die Mitarbeiter während ihres Urlaubs krankheitsbedingt arbeitsunfähig ist, auf den Jahresurlaub nicht anzurechnen. Diese Vorschrift beruht jedoch auf speziellen Grundsätzen des Urlaubsrechts, insbesondere dem Erholungszweck des Urlaubs, der während der Zeit der Arbeitsunfähigkeit nicht erreicht werden kann und deshalb nachzugewähren ist.[44]
Diese Regelung ist jedoch auf die Fälle der Erkrankung an dienstplanmäßig freien Tagen beziehungsweise an Tagen, an denen Freizeitausgleich erfolgte, nicht zu übertragen.[45]

---

44 BAG, Urteil vom 4.9.1985–7 AZR 531/92, AP Nr. 13 zu § 17 BAT.
45 BAG, Urteil vom 4.9.1985–7 AZR 531/92, DB 1986, 177.

VI. Sonntagsarbeit

Sonntagsarbeit ist nach Anlage 5 § 2 Abs. 3 die Arbeit von 0.00 Uhr bis 24.00 Uhr an Sonntagen. Bei Sonntagsarbeit sollen im Monat zwei Sonntage arbeitsfrei sein (Anlage 5 § 2 Abs. 3). Das Arbeitszeitgesetz verpflichtet zu mindestens 15 freien Sonntagen im Jahr (§ 11 Abs. 1 ArbZG). Das gilt auch für solche Mitarbeiterinnen, die nur an Wochenenden arbeiten.

1. Zulässigkeit

Die Aufgaben vieler Einrichtungen erfordern Sonn- und Feiertagsarbeit. Daher muss der Dienstplan auch diese Kalendertage als Arbeitstage berücksichtigen. § 9 ArbZG verbietet die Sonn- und Feiertagsarbeit. § 10 ArbZG regelt die Ausnahmen zu diesem Verbot. Für den Geltungsbereich der AVR sind die einschlägigen Ausnahmevorschriften in § 10 Abs. 1 Nr. 1 und Nr. 3 ArbZG zu finden. Es handelt sich dabei um den Not- und Rettungsdienst sowie um Arbeiten in Krankenhäusern und anderen Einrichtungen zur Behandlung, Pflege und Betreuung von Personen.

a) Sonderregelung für Jugendliche

Jugendliche dürfen am Sonntag nur mit den in § 17 Abs. 2 JArbSchG genannten Arbeiten beschäftigt werden; für den Geltungsbereich der AVR ist vor allem die Beschäftigung „in Krankenanstalten sowie in Alten-, Pflege- und Kinderheimen“ sowie „im ärztlichen Notdienst“ als zulässige Sonntagsarbeit wichtig. Für am Sonntag zulässigerweise beschäftigte Jugendliche müssen zwei Sonntage im Monat beschäftigungsfrei bleiben (§ 17 Abs. 2 S. 2 JArbSchG). Die Fünf-Tage-Woche (§ 15 JArbSchG) ist durch Freistellung an einem anderen berufsschulfreien Arbeitstag derselben Woche sicherzustellen (§ 17 Abs. 3 JArbSchG). Bei Jugendlichen sind auch Einschränkungen bei der Zulässigkeit der Samstagsarbeit zu beachten. In den vorgenannten Einrichtungen und Diensten dürfen sie beschäftigt werden, jedoch ist dann die Freistellung in derselben Woche zu gewähren (§ 16 JArbSchG).

b) Sonderregelung für werdende und stillende Mütter

Werdende und stillende Mütter dürfen unter der Voraussetzung, dass ihnen in jeder Woche eine 24-stündige Ruhezeit im Anschluss an eine Nachtruhe gewährt wird, in Krankenpflegeanstalten beschäftigt werden (§ 8 Abs. 4 MuSchG).

2. Ersatzruhetag für Sonntagsarbeit

Für die geleistete dienstplanmäßige Arbeit an einem Sonntag ist innerhalb eines, den Beschäftigungstag einschließenden Zeitraums von zwei Wochen, ein **24-stündiger, unbezahlter Ersatzruhetag** (0.00 Uhr bis 24.00 Uhr = ein Kalendertag) zu gewähren.
Der Ersatzruhetag ist also kein Arbeitstag der Mitarbeiterin, den sie als einen zusätzlichen freien Tag erhalten würde. Vielmehr wird die Mitarbeiterin mit Sonntagsarbeit hinsichtlich des Umfangs ihrer Freizeit der Mitarbeiterin ohne Sonntagsarbeit gleichgestellt. Durch den Ausgleich wird lediglich Freizeit verlagert. Daher besteht für die Ausgleichszeit kein Vergütungsanspruch.
Nach Anlage 5 § 2 Abs. 3 Satz 3 darf der Ersatzruhetag nicht auf einen gesetzlichen Feiertag fallen.
Aus der Formulierung der AVR und des Arbeitszeitgesetzes ergibt sich, dass der **Ersatzruhetag sowohl in der Woche vor der dienstplanmäßigen Sonntagsarbeit als auch danach eingeplant werden kann**. Unabdingbar ist der Zeitraum von zwei Wochen.

Hinweis

Wird für Sonntagsarbeit dienstplanmäßig ein Ausgleichstag bestimmt und erkrankt die Mitarbeiterin an diesem Ausgleichstag, hat sie keinen Anspruch auf einen neuen Ersatzruhetag.[31]

Der Ersatzruhetag ist im Dienstplan entsprechend zu kennzeichnen. Damit ist gewährleistet, dass bei Kontrollen der Aufsichtsbehörde die Einhaltung der Ersatzruhetagsbestimmung nachgewiesen werden kann. § 11 Abs. 4 ArbZG, der auch im Geltungsbereich der AVR zu

46 BAG, Urteil vom 4.11.1985–7 AZR 531/82, EzBAT § 17 BAT Nr 3.

beachten ist, schreibt vor, dass der Ersatzruhetag unmittelbar in Verbindung mit einer Ruhezeit nach § 5 ArbZG zu gewähren ist. Ersatzruhetag (24 Stunden) und Ruhezeit (11 Stunden) betragen somit zusammen 35 Stunden. Macht der Dienstgeber geltend, dass dieser Zusammenlegung technische oder arbeitsorganisatorische Gründe entgegenstehen, so hat er dies im Einzelfall nachzuweisen.

Hinweis

Der Ersatzruhetag kann auch ein dienstplanmäßig freier Samstag sein. Eine weitere Freistellung ist nicht erforderlich. Der Ersatzruhetag muss also kein zusätzlich freier Tag sein. Es genügt ein dienstplanmäßig freier Werktag. **Es handelt sich beim Ersatzruhetag, wie oben dargelegt, um keinen echten Ausgleich, da der unbezahlte Sonntags-Ersatzruhetag als „dienstplanmäßig frei“ im Rahmen der 38,5/40-Stunden-Woche anfällt.**

a) Sonderregelung für Jugendliche

Für die Beschäftigung an einem Sonntag muss dem **Jugendlichen** ein Ersatzruhetag an einem anderen berufsschulfreien Arbeitstag derselben Woche gewährt werden (§ 17 Abs. 3 JArbSchG).

b) Sonderregelung für werdende und stillende Mütter

Werdende und stillende Mütter müssen in jeder Woche, in der sie sonntags arbeiten, eine 24-stündige Ruhezeit im Anschluss an eine Nachtruhe haben (§ 8 Abs. 4 MuSchG).

3. Abgeltung der Sonntagsarbeit

Für geleistete dienstplanmäßige Sonntagsarbeit wird ein Zeitzuschlag von 25 % gewährt (Anlage 6a § 1 Abs. 1 Buchst. b). Weitere Entschädigungen, etwa einen besonderen Freizeitausgleich, sehen die AVR nicht vor.

Planmäßig geleistete Sonntagsarbeit kann keinen Anspruch auf Überstundenvergütung auslösen, da Überstunden nur außerplanmäßig entstehen können. Der Zeitzuschlag für Sonntagsarbeit fällt nur an, wenn die Mitarbeiterin am Sonntag tatsächlich gearbeitet hat.

Erkrankt die Mitarbeiterin am Sonntag und konnte sie den eingeplanten Dienst nicht leisten, erhält sie für diesen Tag Krankenbezüge, in die bei Vorliegen der entsprechenden Voraussetzungen ein Aufschlag nach Anlage 14 § 2 Abs. 3 einzuberechnen ist.

VII. Feiertagsarbeit

1. Zulässigkeit

Wie bereits bei der Sonntagsarbeit darauf hingewiesen wurde, ist die Feiertagsarbeit grundsätzlich verboten, jedoch in zahlreichen Ausnahmefällen nach § 10 ArbZG zugelassen.
Für Jugendliche, werdende und stillende Mütter gilt für die Zulässigkeit von Feiertagsarbeit das zur Sonntagsarbeit Gesagte. Für die Beschäftigung von Jugendlichen an einem gesetzlichen Feiertag, der auf einen Werktag fällt, ist der Jugendliche an einem anderen berufsschulfreien Arbeitstag derselben oder der folgenden Woche freizustellen. Jugendliche dürfen am 25. Dezember, 1. Januar, ersten Osterfeiertag und 1. Mai nicht beschäftigt werden.

2. Bundeseinheitliche Feiertage

Nach Anlage 5 § 2 Abs. 3 Unterabs. 2 ist Feiertagsarbeit die Arbeit von 0.00 Uhr bis 24.00 Uhr an gesetzlichen Feiertagen. Die gesetzlichen Feiertage sind nicht bundeseinheitlich festgelegt. In allen Bundesländern sind zur Zeit Feiertage:

- Neujahr (1. Januar)
- Karfreitag
- Ostermontag
- Tag der Arbeit (1. Mai)
- Christi Himmelfahrt
- Pfingstmontag
- Tag der Deutschen Einheit (3. Oktober)
- Weihnachtsfeiertag (25. Dezember)
- 2. Weihnachtsfeiertag (26. Dezember).

Im Übrigen gelten die Feiertagsgesetze der Bundesländer.

3. Dienstplanerstellung ohne Rücksicht auf Feiertage

Ein Feiertag führt weder bei Vollzeit- noch bei Teilzeitbeschäftigten zu einer Verminderung der Wochenarbeitszeit. Die regelmäßige Arbeitszeit von 38,5/40 Stunden beziehungsweise die dienstvertraglich vereinbarte Arbeitszeit bleibt in vollem Umfang bestehen. Weder das Gesetz noch die AVR sehen eine Verringerung der regelmäßigen Arbeitszeit für Wochen, in denen Feiertage sind, vor. Bei der Dienstplangestaltung sind daher für die Soll-Planung die Feiertage nicht zu berücksichtigen. Es ist so zu planen, als ob der Feiertag ein gewöhnlicher Arbeitstag wäre. Denn die Feiertagsarbeit findet innerhalb der regelmäßigen wöchentlichen Arbeitszeit statt. Durch Arbeit an einem gesetzlichen Feiertag verändert sich die regelmäßige wöchentliche Arbeitszeit nicht, sie wird insbesondere nicht reduziert.[47] Dies gilt auch für eine Mitarbeiterin im Schichtdienst.[48] Anlage 5 § 1 Abs. 8 macht deutlich, dass durch den gesetzlichen Feiertag keine Verminderung der wöchentlichen Arbeitszeit eintritt. Danach ist die wöchentliche Arbeitszeit auf die Tage der Woche zu verteilen, an denen in der Einrichtung regelmäßig gearbeitet wird. Eine Woche ist der Zeitraum von Montag 00.00 Uhr bis Sonntag 24.00 Uhr. Daraus folgt zum Beispiel auch, dass die an einem Feiertag innerhalb der regelmäßigen wöchentlichen Arbeitszeit geleisteten Arbeitsstunden keine Überstunden sind.

Die in der Praxis gelegentlich anzutreffende Situation, dass im Dienstplan die „Soll"- Arbeitszeit der Mitarbeiterin um die auf die Wochentage Montag bis Freitag fallenden Feiertage vorab gekürzt wird, geht über die Bestimmungen der AVR hinaus. Wird dies so gehandhabt, ist es nicht mehr erforderlich, einen bezahlten Freizeitausgleich zu gewähren, da dieser bereits pauschal berücksichtigt worden ist.

---

47 BAG, Urteil vom 16.11.2000–6 AZR 338/99, ZMV 2001, 199.
48 BAG, a.a.O.

4. Abgeltung von Feiertagsarbeit

Bei der Abgeltung von Feiertagsarbeit müssen der unbezahlte Ersatzruhetag und der Freizeitausgleich unter Fortzahlung der Dienstbezüge unterschieden werden. Sie können zeitlich zusammenfallen.

a) Zeitzuschlag (35%)

Für Feiertagsarbeit an einem Werktag erhält die Mitarbeiterin einen **Zeitzuschlag** von 35 % (Anlage 6a § 1 Abs. 1 Buchst. [c] bb). Zu beachten ist, dass dieser Zuschlag nur für geleistete Arbeit an einem auf einen Werktag fallenden Feiertag gezahlt wird. Für Feiertagsarbeit an einem Sonntag erhält die Mitarbeiterin einen Zuschlag von 50 %, jedoch nicht für Oster- und Pfingstsonntag.

b) Bei Krankheit

Ist die Mitarbeiterin an dem Feiertag, an dem sie arbeiten müsste, krank, ist im „Ist“ das Symbol für krank einzutragen.
Die Mitarbeiterin muss dann die durch die Krankheit ausgefallenen Stunden nicht nacharbeiten; insbesondere entstehen dadurch keine Minusstunden.[49] Die Mitarbeiterin erhält für diesen Tag Krankenbezüge, in die bei Vorliegen der entsprechenden Voraussetzungen ein Aufschlag nach Anlage 14 § 2 Abs. 3 einzuberechnen ist. Sie erhält aber keinen Freizeitausgleich und keinen Zuschlag i.H.v. 35 % / 50 %.

c) Freizeitausgleich oder Stundenvergütung (100%)

Liegen die Voraussetzungen für die Zahlung des Zeitzuschlags vor, erhält die Mitarbeiterin **neben dem Zeitzuschlag** innerhalb von 13 Wochen vor oder nach dem Dienst am Feiertag für die geleisteten Stunden entweder **dienstplanmäßig Freizeit** unter Fortzahlung der Dienstbezüge **oder die Stundenvergütung** von 100 %.

---

49 Wenn die Mitarbeiterin unter Berücksichtigung von Feiertagsarbeit und anschließendem Freizeitausgleich im laufenden Dienstplanzeitraum exakt auf ihre Sollzeit käme und dann am Feiertag arbeitsunfähig ist, können (ausnahmsweise) Minusstunden entstehen, da für den Tag mit geplantem Freizeitausgleich keine Zeitgutschrift erfolgt. Dies wird vermieden, indem die Mitarbeiterin an diesem Tag arbeitet.

Beispiel

Wird die Mitarbeiterin X an einem Feiertag beschäftigt, erhält sie für die gearbeiteten Stunden einen entsprechend langen Freizeitausgleich an einem anderen Tag. Hat sie zum Beispiel sieben Stunden an einem Feiertag gearbeitet, erhält sie einen Freizeitausgleich von sieben Stunden. Der Ausgleich muss im folgenden oder bestehenden Dienstplan als geplant mit dem Vermerk, welche Feiertagsstunden ausgeglichen werden, eingetragen werden. Die Zeit des Freizeitausgleichs zählt bei der „Soll"-Stundenberechnung mit als geleistete „Soll"- Stunden. Zusätzlich erhält die Mitarbeiterin für die sieben Stunden den Zuschlag von 35 %. Ist der Freizeitausgleich nicht möglich, ist der Zeitzuschlag von 35 % und 100 % der Stundenvergütung (insgesamt 135 %) zu zahlen.

Erkrankt die Mitarbeiterin bleiben sieben Stunden als „Soll"- Stunden in der „Soll"- Stundenberechnung zu berücksichtigen. Es entfallen jedoch der Feiertagszuschlag und der Anspruch auf einen Ersatzruhetag und Freizeitausgleich; war der Ersatzruhetag an einem dienstplanmäßig freien Tag eingeplant, bleibt dieser natürlich erhalten, da die Ausfallzeiten infolge Krankheit nicht nachgearbeitet werden müssen.
Wird der Mitarbeiterin vor Ableistung der Feiertagsarbeit bereits im Vorgriff Freizeitausgleich gewährt, und erkrankt sie am dienstplanmäßig zu arbeitenden Feiertag, dann muss sie diesen im voraus gewährten Freizeitausgleich nicht nacharbeiten.

Hinweis

Es ist daher dringend zu empfehlen, Freizeitausgleich für Feiertagsarbeit nicht im Voraus zu gewähren, da in Fällen der Krankheit kein Rechtsanspruch auf Nacharbeit besteht.

5. Ersatzruhetag für Feiertagsarbeit

Sind Mitarbeiterinnen an einem auf einen Werktag fallenden gesetzlichen Feiertag beschäftigt, erhalten sie einen 24-stündigen Ersatzruhetag (ein Kalendertag), der innerhalb eines Zeitraums von 13 Wochen zu gewähren ist. Der Ersatzruhetag darf nicht auf einen anderen gesetzlichen Feiertag fallen. Hinzu kommt, dass er nach § 11 Abs. 4

ArbZG in Verbindung mit einer Ruhezeit nach § 5 ArbZG zu gewähren ist (24 Stunden + 11 Stunden = 35 Stunden), soweit dem technische oder arbeitsorganisatorische Gründe nicht entgegenstehen, die gegebenenfalls vom Dienstgeber darzulegen und zu beweisen sind. Für Feiertage, die auf die Tage Montag bis Samstag fallen, ist somit ein Ersatzruhetag im Zeitraum 13 Wochen vor oder 13 Wochen nach dem Feiertagsdienst einzuplanen. Da der Ersatzruhetag nur dann zu gewähren ist, wenn die Mitarbeiterinnen tatsächlich am Feiertag gearbeitet haben, ist eine Nachgewährung sinnvoller als eine Vorweggewährung. Der Ersatzruhetag, der unabhängig von der Zahl der geleisteten Feiertagsstunden 24 Stunden betragen muss, kann auch auf einen dienstplanmäßig freien Tag gelegt werden.

a) Sonderregelung für Jugendliche, werdende und stillende Mütter

Für **Jugendliche, werdende und stillende Mütter** gilt hinsichtlich des Ersatzruhetages ebenfalls das zur Sonntagsarbeit Gesagte mit der Ausnahme, dass als Ausgleich für die Beschäftigung an einem gesetzlichen Feiertag, der auf einen Werktag fällt, der Jugendliche nicht nur an einem berufsschulfreien Arbeitstag derselben sondern auch der folgenden Woche freigestellt werden kann (§ 18 Abs. 3 JArbSchG).

b) Feiertage, die auf einen Sonntag fallen

Für Feiertage, die auf einen Sonntag fallen, wird kein zusätzlicher Ersatzruhetag gewährt. Hier bleibt der Ersatzruhetag für den Sonntag maßgebend.
Ersatzruhetage für Sonn- und Feiertagsarbeit sind auch zu gewähren bei tatsächlicher Arbeitsleistung innerhalb von Rufbereitschaftsdiensten, das heißt hier ist eventuell im Nachhinein eine Korrektur beziehungsweise Kürzung im laufenden Dienstplan erforderlich.

6. Feiertag an einem dienstplanmäßig freien Tag

Fällt ein Feiertag auf einen dienstplanmäßig freien Werktag, entsteht für die Mitarbeiterin grundsätzlich kein Anspruch auf einen (unbezahlten) Ersatzruhetag. Die Mitarbeiterin kann auch **keinen zusätzlichen Vergütungsausgleich** verlangen. Nach § 2 Abs. 3 der Anlage 5 besteht ein Anspruch auf Ausgleich nur für die an gesetzlichen Feiertagen geleistete Arbeit, nicht aber für die an diesen Tagen dienstplanmäßig gewährte Freizeit.[50]

a) Keine Entgeltfortzahlung nach § 2 EFZG

Daran ändert auch § 2 EFZG nichts. Denn nach § 2 EFZG hat der Dienstgeber der Mitarbeiterin für die Arbeitszeit, die in Folge eines gesetzlichen Feiertags ausfällt, die Vergütung zu zahlen, die die Mitarbeiterin ohne den Arbeitsausfall erzielt hätte. Die Mitarbeiterin, die an einem gesetzlichen Feiertag ausschließlich wegen des Feiertages nicht arbeitet, erhält damit für die ausgefallene Arbeitszeit ihre regelmäßige Monatsvergütung weiter gezahlt.
Auch die Mitarbeiterin, die an einem gesetzlichen Feiertag beschäftigt wird, erhält die regelmäßige Vergütung weiter gezahlt. Insofern wird die an diesem Tag tätige Mitarbeiterin der an diesem Tag nicht arbeitenden Mitarbeiterin gleichgestellt. Die Mitarbeiterin hat für den Feiertag, ob sie arbeitet oder nicht, einen Anspruch auf Entgeltfortzahlung durch Zahlung der regulären monatlichen Vergütung.

Beispiele

Die Mitarbeiterin arbeitet im Schichtdienst dienstplanmäßig am Sonntag vor Ostern (Palmsonntag). Am darauf folgenden Donnerstag und Freitag (Karfreitag) hatte sie dienstplanmäßig frei, wobei der Freitag nicht zum Ausgleichstag für den Sonntag bestimmt ist. Die Mitarbeiterin erhält für den Karfreitag weder eine Vergütung noch einen sonstigen Ausgleich.

Insbesondere wird die regelmäßige wöchentliche Arbeitszeit der im Schichtdienst tätigen Arbeitnehmerin nicht verkürzt.[36]

Die Mitarbeiterin arbeitet in der Fünf-Tage-Woche von Montag bis Freitag. Der Samstag ist ein gesetzlicher Feiertag. Die Mitarbeiterin hat hierdurch keine Vorteile; insbesondere geht damit nicht eine Verkürzung ihrer wöchentlichen Arbeitszeit einher.

---

50 BAG, Urteil vom 4.8.1988–6 AZR 269/86, ZTR 1989, 112; BAG, Urteil vom 22.3.1990–6 AZR, 457/88, ZTR 1999, 379; BAG, Urteil vom 16.11.2000–6 AZR 338/99, ZTR 2001, 557.

Hinweis

Dies gilt jedoch nur, wenn der Feiertag bei der Festlegung des dienstplanmäßig freien Tages nicht berücksichtigt wird. (Siehe dazu im Einzelnen unter Kapitel 3 III., Kapitel 4 VII.3.)

b) Arbeitszeitverlegung an Feiertagen

Wird bei der Dienstplangestaltung von der regelmäßigen Diensteinteilung abgewichen, um einen „dienstplanmäßig" freien Tag auf einen Feiertag zu legen, weil zum Beispiel weniger Mitarbeiterinnen auf Station benötigt werden, wird dagegen der gesetzliche Feiertag als alleinige Ursache für den Arbeitsausfall anzusehen sein, mit der Konsequenz, dass „**feiertagsfrei**" vorliegt. In diesen Fällen besteht die Pflicht zur Entgeltfortzahlung.[51] Gleiches gilt, wenn der Dienstgeber anordnet, dass die wegen des Feiertags ausgefallene Arbeitszeit an einem anderen Tag nachzuholen ist.[52]
Dagegen entsteht der gesetzliche Anspruch nicht, wenn der Arbeitsausfall auf anderen Gründen beruht, als dem Feiertag.
Ist im „Soll"- Plan an einem Wochenfeiertag Dienst vorgesehen, wird aber die Mitarbeiterin tatsächlich für den Dienstbetrieb nicht benötigt, so erhält sie an dem betreffenden Tag frei. Die Gewährung des Feiertages unter Fortzahlung des Entgelts muss unter Beachtung des arbeitsrechtlichen Gleichbehandlungsgebots erfolgen. Das ist im Dienstplan in der „Ist"- Spalte als nicht geleistete Feiertagsarbeit zu kennzeichnen. Rechtlich verringert sich die Wochenarbeitszeit dadurch nicht, wenngleich tatsächlich in dieser Woche um die am Feiertag ausfallende Arbeitszeit weniger gearbeitet wird.
Muss die Mitarbeiterin an dem feiertagsfreien Tag doch arbeiten oder erhält sie entgegen dem Dienstplan frei, muss der Dienstplan im Hinblick auf bereits eingeplanten Freizeitausgleich angepasst werden.
Für die Berechnung der Wochenarbeitszeit bei der Ermittlung von Überstunden gilt die im Plan eingetragene Dienstleistung als erbracht. Die Mitarbeiterin hat auch keinen Vergütungsausfall; das wird durch § 2 EFZG verhindert.

---

51 BAG, Urteil vom 27.9.1983–3 AZR 159/81, DD 1984, 1251.
52 BAG, Urteil vom 10.7.1996–5 AZR 113/95, NZA 1996, 1324.

Beispiel

Mitarbeiterin X hat in einem regelmäßigen Rhythmus alle zwei Wochen Freitag, Samstag, Sonntag dienstplanmäßig frei. Ihr Dienstgeber kann nicht, wenn in dieser Woche der Donnerstag ein Feiertag ist, an dem er die Mitarbeiterin (ausnahmsweise) nicht benötigt, der Mitarbeiterin am Donnerstag dienstplanmäßig freigeben. Tut er es dennoch, muss er der Mitarbeiterin aufgrund des Feiertages unter Fortzahlung der Dienstbezüge freistellen.

7. Arbeitsunfähigkeit am Feiertag

Die AVR regeln alleine den Anspruch auf Vergütung und Freizeitausgleich für die an gesetzlichen Feiertagen geleistete Arbeit, nicht für an diesen Tagen dienstplanmäßig gewährte Freizeit.[53] Der bezahlte Freizeitausgleich erfolgt „für geleistete dienstplanmäßige beziehungsweise betriebsübliche Arbeitszeit.“ Voraussetzung für den Anspruch auf bezahlten Freizeitausgleich ist also, dass die Mitarbeiterin an dem gesetzlichen Feiertag tatsächlich gearbeitet hat. Die dienstplanmäßige Einteilung zur Arbeit allein genügt nicht.

Fällt die Arbeit an einem gesetzlichen Feiertag wegen krankheitsbedingter Arbeitsunfähigkeit der Mitarbeiterin aus, so liegt lediglich ausgefallene Arbeitszeit vor. Dann besteht für die Mitarbeiterin keine Pflicht zur Nacharbeit (es entstehen keine Minusstunden) und für den Dienstgeber keine Pflicht zur Gewährung eines unbezahlten Ersatzruhetages, einer entsprechenden bezahlten Freizeit und zur Zahlung von Zeitzuschlägen. Denn der Zweck des Ersatzruhetages, die Belastung durch die Feiertagsarbeit auszugleichen, kann wegen der tatsächlich nicht geleisteten Feiertagsarbeit nicht erreicht werden. Die Mitarbeiterin hat vielmehr einen Anspruch auf Krankenbezüge gemäß Anlage 1 Abschnitt XII, § 4 Abs. 2 EFZG. Für die Höhe der Krankenbezüge ist die individuelle Arbeitszeit der Mitarbeiterin maßgebend. Es kommt darauf an, welche Arbeitszeit auf Grund der Arbeitsunfähigkeit ausgefallen ist.[54] Fällt also ein gesetzlicher Feiertag in einen Erkrankungszeitraum so hat die Mitarbeiterin für den Feiertag Anspruch auf Ent-

53 BAG, Urteil vom 22.3.1990–6 AZR 457/88, ZTR 1990, 379.
54 BAG, Urteil vom 24.3.2004–5 AZR 346/03, DB 2004, 1673ff.

geltfortzahlung (§ 4 Abs. 2 EFZG). Demzufolge ist das Problem der Konkurrenz von Feiertag und Erkrankung klar geregelt.
Die für die Arbeitsleistung an Wochenfeiertagen darüber hinaus vorgesehenen Zeitzuschläge nach Anlage 6a[55] (Freizeitausgleich mit Zahlung eines Zeitzuschlages von 35 % beziehungsweise die Zahlung eines Zeitzuschlages von 135 %) sind aber nur dann möglich, wenn die Arbeitsleistung tatsächlich erbracht wurde. Fällt die Arbeitsleistung infolge der Erkrankung der Mitarbeiterin aus, entsteht keine Zeitzuschlagspflicht und kein Freizeitanspruch.

Beispiele

Mitarbeiterin X mit einer regelmäßigen wöchentlichen Arbeitszeit von 40 Stunden ist in der Woche vom 25. bis 31. eines Monats zum Dienst eingeteilt, der 25. des Monats ist ein Feiertag, wobei der Freizeitausgleich für die Feiertagsarbeit am 31. stattfinden soll.
Mitarbeiterin X arbeitet jeweils am 25. und 26. je 8 Stunden und hat am 27. und 28. frei und am 29. und 30. ist sie mit 8 Stunden eingeteilt sowie am 31. ebenfalls mit 8 Stunden, wobei hier dann der Freizeitausgleich für die Feiertagsarbeit erfolgt.
Diese Mitarbeiterin erkrankt nunmehr am 25. und leistet entsprechend keine Feiertagsarbeit. Am 26. ist sie wieder arbeitsfähig. Der Dienstgeber hat nunmehr den festgelegten Freizeitausgleich zu streichen, so dass die Mitarbeiterin am 31. ihre entsprechende Arbeitsleistung von 8 Stunden zu erbringen hat.

Wäre im gleichen Beispielsfall die Mitarbeiterin auch am 31. erkrankt, so würde auch hier der Freizeitausgleich für die nicht erbrachte Feiertagsarbeit entfallen und sie hätte 8 Stunden Arbeitsleistung zu erbringen; auf Grund der wegen der Krankheit stattfindenden Entgeltfortzahlung werden aber diese 8 Stunden entsprechend als erbracht im Plan aufgeführt.

Demgemäß ist also zu unterscheiden, ob die Mitarbeiterin, die an ei-

55 Entweder entsprechender Freizeitausgleich für die Wochenfeiertagsarbeit und Zahlung eines Zeitzuschlages von 35 % für jede geleistete Wochenfeiertagsstunde (Anlage 6 § 1 Abs. 1[c] bb) oder kein Freizeitausgleich und dafür Zahlung eines Zeitzuschlages von 135 % für jede Wochenfeiertagsstunde (Anlage 6 § 1 Abs. 1 [c] aa).

nem Feiertag, an welchem sie zur Arbeitsleistung eingeteilt ist, erkrankt, auch hinsichtlich des Tages, an dem der Freizeitausgleich stattfinden soll, weiterhin noch arbeitsunfähig ist oder nicht.
Im Falle der weiterhin bestehenden Arbeitsunfähigkeit ändert sich innerhalb des Dienstplanes der Mitarbeiterinnen nichts; im Falle der Wiedergenesung an dem Tag, an welchem Feiertagsfrei erfolgen sollte, ist die Mitarbeiterin dann zur Erbringung der Dienstleistung verpflichtet.
Für den Dienstgeber kann sich das Problem ergeben, dass er die Mitarbeiterin an diesem Tag nicht benötigt. Hieraus ergibt sich neben der Empfehlung, generell Freizeitausgleich nicht im Vorhinein zu gewähren, die weitergehende Empfehlung, Freizeitausgleich auch erst im nächsten Dienstplan zu berücksichtigen, damit eventuell nicht stattgefundene Feiertagsarbeit entsprechend unberücksichtigt bleiben kann.

VIII. Arbeitszeitverkürzung durch einen freien Tag

Alle Mitarbeiterinnen werden pro Kalenderjahr an einem Arbeitstag von der Arbeit freigestellt (Anlage 5 § 1b). Voraussetzung ist, dass das Arbeitsverhältnis fünf Monate ununterbrochen bestanden hat.

Beispiel

Die Mitarbeiterin, deren Dienstverhältnis am 1. April eines Kalenderjahres beginnt, kann den freien Tag ab 1. September in Anspruch nehmen.

Die Dauer der Freistellung beträgt höchstens ein Fünftel der für die Mitarbeiterin geltenden durchschnittlichen wöchentlichen Arbeitszeit. Daraus folgt einerseits, dass der Freistellungsanspruch auch dann erfüllt ist, wenn die Mitarbeiterin an dem freien Tag eine Arbeitszeit von weniger als einem Fünftel der vereinbarten Arbeitszeit gehabt hätte. Andererseits ergibt sich aus der Regelung aber auch, dass die Mitarbeiterin dann nicht für einen vollen Tag freigestellt werden darf, wenn damit die Höchstgrenze für die Freistellung überschritten würde. Überschreitet die dienstplanmäßige Arbeitszeit am Freistellungstag ein Fünftel der durchschnittlichen Wochenarbeitszeit, muss die für eine ganztägige Freigabe zusätzlich erforderliche Zeit zweckmäßigerweise mit einem ggf. bestehendem Zeitguthaben (z.B. Überstunden) verrechnet werden; ansonsten ist sie nachzuarbeiten.

Beispiel

Die vollbeschäftigte Nachtwache, die an ihrem arbeitsfreien Tag zehn Stunden Dienst hätte, erhält aufgrund der Arbeitszeitverkürzung nur 7,7 Stunden Arbeitsbefreiung.

Nimmt eine Mitarbeiterin den arbeitsfreien Tag in Anspruch, ist dies im Dienstplan in der „Ist"- Spalte zu vermerken.
Erkrankt die Mitarbeiterin an diesem Tag, ist der zusätzliche freie Tag verfallen. Er wird nicht nachgewährt (Anlage 5 § 1 Abs. 3). Für die Berechnung der Wochenarbeitszeit und bei der Ermittlung von Überstunden wird die im Soll stehende Arbeitsstundenzahl am arbeitsfreien Tag als geleistet mitgerechnet (Anlage 6 § 4 Abs. 1).

IX. Arbeitszeit an Vorfesttagen

Vorfesttage sind die Tage vor dem ersten Weihnachtsfeiertag, vor dem Neujahrstag, vor dem Ostersonntag und vor dem Pfingstsonntag (Anlage § 3 Abs. 2).
Bei der Dienstplangestaltung sind für die „Soll"- Planung die Vorfesttage so zu planen, als ob die Vorfesttage gewöhnliche Werktage wären.
An Vorfesttagen wird, soweit die dienstlichen oder betrieblichen Verhältnisse es zulassen, ab 12.00 Uhr bzw. von 0.00 Uhr bis 24.00 Uhr Dienstbefreiung unter Fortzahlung der Vergütung erteilt. Die Dienstbefreiung an Vorfesttagen reduziert das dienstplanmäßige „Soll" nicht. Sie wird nur in der „Ist"- Spalte festgehalten.

1. Grundregel: Arbeitsbefreiung

Nach Anlage 5 § 3 Abs. 2 Unterabs. 2 erhält die Mitarbeiterin am 24. und am 31. Dezember jeweils ganztägig von 0.00 Uhr bis 24.00 Uhr sowie am Karsamstag und am Pfingstsamstag jeweils von 12.00 Uhr bis 24.00 Uhr Arbeitsbefreiung unter Fortzahlung der Dienstbezüge, soweit es die dienstlichen oder betrieblichen Verhältnisse zulassen.

Soweit es also die Aufgabenstellung ermöglicht, wird die Einrichtung an diesen Tagen beziehungsweise in diesem Zeitraum geschlossen. Die Vergütung der Mitarbeiterin wird weitergezahlt.

> **Hinweis**
>
> Eine Mitarbeiterin, deren tägliche Arbeitszeit immer spätestens um 12.00 Uhr endet, hat an den Tagen vor dem Ostersonntag und vor dem Pfingstsonntag keinen Anspruch auf bezahlte Freistellung. Sie wird nicht wegen ihrer Teilzeitarbeit, sondern allein wegen der Lage ihre Arbeitszeit gegenüber einem Vollzeitbeschäftigten benachteiligt.[42]

Am 24. und 31. Dezember dürfen **Jugendliche** nicht nach 14.00 Uhr beschäftigt werden (§ 18 Abs. 1 JArbSchG).

2. Ausnahme: Keine Arbeitsbefreiung

Soweit Arbeitsbefreiung aus dienstlichen oder betrieblichen Gründen nicht erteilt werden kann, muss die betroffene Mitarbeiterin an diesen Tagen beziehungsweise in diesem Zeitraum arbeiten (Anlage 5 § 3 Abs. 2 Unterabs. 3). Dafür erhält die Mitarbeiterin eine zusätzliche Vergütung in Form eines erhöhten Freizeitausgleichs oder eines erhöhten Zeitzuschlags.

a) Freizeitausgleich (135%)

Der Mitarbeiterin, der Arbeitsbefreiung aus dienstlichen oder betrieblichen Gründen nicht erteilt werden kann, wird an einem anderen Tage entsprechende Freizeit unter Fortzahlung der Dienstbezüge gewährt. Die Mitarbeiterin erhält also für ihren tatsächlichen Dienst in den genannten Zeiträumen der Vorfesttage einen **Freizeitausgleich.** Dieser wird an einem anderen Tag in entsprechendem zeitlichem Umfang unter Fortzahlung der Dienstbezüge erteilt, Anlage 5 § 3 Abs. 2 Unterabs. 3.
Darüber hinaus erhält die Mitarbeiterin, die am 24. und am 31. Dezember tatsächlich Dienst leistet, eine zusätzliche Freizeit (Zeitgut-

56 BAG, Urteil vom 26.5.1993–5 AZR 184/92, ZTR 1994, 111.

schrift) Anlage 5 § 3 Abs. 2 Unterabs. 4. Dieser zusätzliche Freizeitausgleich beträgt 35 % der tatsächlich geleisteten Arbeitszeit. Die zusätzliche Freizeit ist davon abhängig, dass entsprechende Freizeit als Freizeitausgleich erteilt wird.
Für die Arbeit an den Tagen vor Ostersonntag und vor Pfingstsonntag gibt es keine zusätzliche Zeitgutschrift.

Beispiel

Die Mitarbeiterin, die am Heiligabend 7,7 Stunden arbeitet, erhält dafür einen Freizeitausgleich im Umfang von insgesamt 10,4 Stunden. Dieser setzt sich zusammen aus 100 % entsprechende bezahlte Freizeit für die 7,7 Stunden und zusätzlich 35 % bezahlte Freizeit für die 7,7 Stunden (= 2,7 Stunden).

b) Keine zusätzlichen Zeitzuschläge für Vorfesttage

Im Fall des Freizeitausgleichs und der Zeitgutschrift besteht kein zusätzlicher Anspruch auf Zeitzuschläge für Vorfesttage.[57] Zwar besteht für Arbeit an Sonntagen und an Wochenfeiertagen – anders als für die Arbeit an Vorfesttagen – auch dann ein Anspruch auf Zeitzuschläge, wenn später Freizeitausgleich gewährt wird. Dies hat seine Ursache darin, dass an Sonntagen und gesetzlichen Feiertagen nach § 9 Abs. 1 ArbZG grundsätzlich ein Beschäftigungsverbot besteht. Es bedeutet deshalb keinen Wertungswiderspruch, dass die Arbeit an diesen Tagen, die nach dem Arbeitszeitgesetz als Arbeitstage gelten, nicht als ähnlich belastend angesehen werden und deshalb dafür keine Zeitzuschläge vorgesehen sind.

c) Zeitzuschlag

Wird die entsprechende Freizeit mit der Zeitgutschrift aus dienstlichen oder betrieblichen Gründen nicht erteilt, ist die Arbeit an Vorfesttagen durch einen erhöhten Zeitzuschlag zu vergüten, Anlage 6a § 1 Abs. 1 Satz 2. Durch die Zuschlagsregelung wird in erster Linie ein Ausgleich dafür geschaffen, dass die an Vorfesttagen arbeitende Mitarbeiterinnen

57 BAG, Urteil vom 30.7.1992–6 AZR 283/91, NZA 1993, 372; BAG, Urteil vom 13.12.2001–6 AZR 709/00, NZA 2002, 1221.

mehr Arbeitsstunden leisten müssen als andere, denen an diesen Tagen Arbeitsbefreiung unter Fortzahlung der Vergütung erteilt wird.
Für die Arbeit an Heiligabend und Silvester ohne Freizeitausgleich beträgt der Zeitzuschlag 135 % (Anlage 6a § 1 Abs. 1 Satz 2 Buchst. [d] bb).
Für die Arbeit an den Tagen vor Ostersonntag und vor Pfingstsonntag ohne Freizeitausgleich beträgt der Zeitzuschlag 25 % (Anlage 6a § 1 Abs. 1 Satz 2 Buchst. [d] aa).

d) Entscheidung des Dienstgebers

Ein bestimmter **Ausgleichszeitraum** für die Gewährung des Freizeitausgleichs ist nicht festgelegt. Er kann deshalb auch noch nach Ablauf von drei Monaten gewährt werden.[58]
Die Entscheidung über Freizeitausgleich oder Zeitzuschlag liegt im pflichtgemäßen **Ermessen** des Dienstgebers. Es besteht kein (zwingender) Anspruch der Mitarbeiterin auf entsprechende Freizeit,[59] denn nach dem Wortlaut der Regelung „wird" der Freizeitausgleich lediglich erteilt. Die geleistete Arbeit ist somit nach dem eindeutigen Wortlaut nicht zwingend auszugleichen; die Zeitgutschrift folgt immer dem Freizeitausgleich.
Der Dienstgeber hat die Zeit, in der der Freizeitausgleich erfolgen soll, im Wege des Direktionsrechts **festzulegen**. Dabei hat er die Grundsätze billigen Ermessens (§ 315 BGB) zu beachten. Eine Leistungsbestimmung entspricht billigem Ermessen, wenn die wesentlichen Umstände des Falles abgewogen und die beiderseitigen Interessen angemessen berücksichtigt worden sind. Dabei sind dienstliche und private Gründe zu berücksichtigen.
Muss also an einem Vorfesttag (Heiligabend und Silvester) gearbeitet werden, wird für die zwischen 0.00 Uhr und 24.00 Uhr geleistete planmäßige Arbeitszeit an einem anderen Tag entsprechend Freizeit gewährt. Nur in dem Fall, dass dieser spätere Freizeitausgleich nicht möglich ist, wird für die am Vorfesttag zwischen 0.00 Uhr und 24.00 Uhr geleistete Arbeitszeit ein besonderer Zuschlag gezahlt. Er beträgt,

58 BAG, Urteil vom 13.12.2001–6 AZR 709/00, NZA 2002, 1221.
59 BAG, Urteil vom 13.12.2001–6 AZR 709/00, NZA 2002, 1221.

wie bereits dargelegt, am Ostersamstag sowie am Pfingstsamstag 25 % und am Heiligen Abend und Silvester 135 % der Stundenvergütung.

Beispiel

Am 31. Dezember (Montag) muss von 8.00 Uhr bis 14.00 Uhr planmäßig gearbeitet werden. Eine Arbeitsbefreiung kann nicht gewährt werden. Es sind 6 x 1,35 = 8,1 Stunden entweder in Freizeit oder, falls dies nicht möglich ist, mit einem Zeitzuschlag von 135 % abzugelten.

Die Nachtschicht beginnt am 24. Dezember um 20.00 Uhr und dauert bis 25. Dezember um 06.30 Uhr. Die Pause ist von 0.00 Uhr bis 0.45 Uhr. Hier liegen vier Stunden Vorfesttagsarbeit und 5,75 Stunden Wochenfeiertagsarbeit (am 25. Dezember von 0.45 Uhr bis 6.30 Uhr) vor. Ist der Freizeitausgleich für Vorfesttagsarbeit nicht möglich, muss ein Zeitzuschlag von 135 % für vier Stunden und ein Zeitzuschlag von 35 % für 5,75 Stunden Feiertagsarbeit gezahlt werden. Daneben ist auf die Einhaltung des Ersatzruhetages und die Gewährung von bezahlter Freizeit von 5,75 Stunden beziehungsweise 100 Prozent der Stundenvergütung zu achten. Außerdem sind von 20.00 Uhr bis 6.00 Uhr gem. Anlage 6a § 1e) 1,28 Euro je Stunde zu zahlen.

e) Heiligabend und Silvester am Sonntag

Ist der Vorfesttag (Heiligabend oder Silvester) zugleich ein Sonntag, hat die Mitarbeiterin neben dem unbezahlten **Ersatzruhetag** für die Sonntagsarbeit **zusätzlich** einen Anspruch auf eine bezahlte **Arbeitsbefreiung** unter Fortzahlung der Dienstbezüge.[60]
Aufgrund der Sonntagsarbeit hat die Mitarbeiterin nach Anlage 5 § 2 Abs. 3 Unterabs. 1 einen Anspruch auf einen Ersatzruhetag, der innerhalb eines den Beschäftigungstag einschließenden Zeitraums von zwei Wochen zu gewähren ist. Der Ersatzruhetag darf nicht auf einen gesetzlichen Feiertag fallen. Dieser Ersatzruhetag ist unbezahlte Freizeit und führt nicht zu einer Verkürzung der regelmäßigen durchschnittlichen Wochenarbeitszeit.

60 BAG, Urteil vom 30.7.1992–6 AZR 283/91, NZA 1993, 372.

Anlage 5 § 3 Abs. 2 Unterabs. 3 sieht zusätzlich für Arbeit an Vorfesttagen eine Arbeitsbefreiung unter Fortzahlung der Vergütung vor. Diese Arbeitsbefreiung führt zur Verkürzung der regelmäßigen durchschnittlichen wöchentlichen Arbeitszeit. Der Vergütungsanspruch für die Zeit der Arbeitsbefreiung bleibt bestehen.

Beispiel

Eine Mitarbeiterin arbeitet am 24. Dezember, der auf einen Sonntag fällt, acht Stunden. Die Mitarbeiterin hat Anspruch auf einen Ersatzruhetag und den dienstplanmäßigen Freizeitausgleich für die Sonntagsarbeit. Der Ersatzruhetag muss für den 24. Dezember innerhalb von zwei Wochen, also bis einschließlich 6. Januar des folgenden Jahres vom Dienstgeber festgelegt werden. Zusätzlich hat die Mitarbeiterin Anspruch auf bezahlte Arbeitsbefreiung im Umfang von 8 x 1,35=10,8 Stunden oder einen Zeitzuschlag von 135 % für acht Stunden (10,8 Stunden). Soweit ein Freizeitausgleich nicht stattfinden kann und die Mitarbeiterin den erhöhten Zeitzuschlag bezahlt erhält, entfällt ein zusätzlicher Zeitzuschlag für Sonntagsarbeit nach Anlage 6a § 1 Abs. 1 b, da nach Anlage 6a §1 Abs. 2 Unterabs. 1 nur der jeweils höchste Zeitzuschlag gezahlt wird.

X. Überstunden

Überstunden sind die auf Anordnung des Dienstgebers oder seines Bevollmächtigten geleisteten Arbeitsstunden, die über die im Rahmen der 38,5/40-StundenWoche für die einzelne Woche dienstplanmäßig festgelegten Arbeitsstunden hinausgehen (Anlage 6 § 1 Abs. 1). Das heißt, die tatsächlich erbrachte Dienstleistung muss über das geplante „Soll" der laufenden Woche der betreffenden vollzeitbeschäftigten Mitarbeiterin hinausgehen. Das gilt auch dann, wenn dienstplanmäßig weniger als 38,5/40 Stunden vorgesehen sind. Der Bezugszeitraum für die Überstunde ist die Woche. Eine Woche ist der Zeitraum von Montag 0.00 Uhr bis Sonntag 24.00 Uhr (Anlage 5 § 1 Abs. 8).

1. Anordnung

Das Direktionsrecht des Dienstgebers berechtigt ihn, in besonderen Fällen, unter Beachtung der täglichen Höchstarbeitszeit von zehn

Stunden, Mehrarbeit anzuordnen. Die Mitarbeiterinnen sind zur Leistung von Mehrarbeit verpflichtet, wobei jedoch Fürsorgegründe einer Überdehnung dieser Verpflichtung entgegenstehen. Solche Gründe sind: die persönlichen Leistungsgrenzen, die Zumutbarkeit der Mehrarbeit, die Abwägung dienstlicher Belange gegenüber persönlichen Gründen. Dienstliche Gründe haben gegenüber persönlichen grundsätzlich Vorrang, doch können im Einzelfall die persönlichen Gründe schwerer wiegen als die dienstlichen.

Wenn Überstunden auf Anordnung zu leisten sind, bedeutet dies nicht, dass der Dienstgeber eine ausdrückliche Anordnung aussprechen muss. Es genügt, wenn er Arbeit zuweist, die nur unter Überschreitung der planmäßigen Arbeitszeit geleistet werden kann.

Es kommt auch eine Anordnung durch Duldung in Betracht, wenn die Überstundenarbeit in Kenntnis des Dienstgebers beziehungsweise seines Bevollmächtigten geleistet wird und der Dienstgeber die Leistung nicht verbietet.[61]

Dazu muss die Mitarbeiterin aber tatsächlich Überstunden geleistet haben, die für ihre Arbeit sachdienlich waren.

Zur Vermeidung dieser Situation kann der Dienstgeber eine Weisung erteilen, dass Überstundenarbeit nicht geleistet werden darf; damit wird der Anspruch auf Ausgleichsleistungen für Überstunden ausgeschlossen. Es liegt keine Duldung der Leistung vor. Natürlich darf der Dienstgeber sich in diesen Fällen nicht widersprüchlich verhalten, indem er Arbeit zuweist, die nicht in der geplanten Zeit erledigt werden kann. Überstunden sind auf ein Mindestmaß und nur auf dringende Fälle zu beschränken und möglichst gleichmäßig auf die Mitarbeiterinnen zu verteilen.

Nach Anlage 6 § 1 Abs. 3 dürfen unmittelbare Vorgesetzte für insgesamt sechs Arbeitstage innerhalb eines Kalendermonats Überstunden anordnen.

---

61 BAG, Urteil vom 24.10.1990–6 AZR 37/89. NZA 1991, 378, BAG Urteil vom 6.10.1994–6 AZR 266/94, ZTR 1995, 118.

2. Sonderregelungen für Jugendliche, Mütter und schwerbehinderte Mitarbeiterinnen

Schwerbehinderte Mitarbeiterinnen sind auf ihr Verlangen von Mehrarbeit freizustellen (§ 124 SGB IX). Mehrarbeit in diesem Sinne ist die über acht Stunden täglich hinausgehende Arbeitszeit.
Für **Jugendliche** gilt nach § 8 Abs. 1 JArbSchG als Grundsatz eine Höchstarbeitszeit von 8 Stunden täglich und 40 Stunden wöchentlich.
Werdende und stillende Mütter dürfen gemäß § 8 Abs. 1 MuSchG nicht mit Mehrarbeit[62] belastet werden.

3. Vollzeitbeschäftigung

Da Überstunden nur bei Überschreiten der wöchentlichen dienstplanmäßigen Arbeit, die im Rahmen der regelmäßigen Arbeitszeit, also im Rahmen der 38,5-/40-Stunden-Woche, entstehen können (Anlage 6 § 1 Abs. 1), können in der Regel nur vollzeitbeschäftigte Mitarbeiterinnen Überstunden leisten; nur sie erreichen den „Rahmen“ von durchschnittlich 38,5 Stunden (bzw. 40 Stunden) in 13 Wochen.

4. Teilzeitbeschäftigung

Mehrarbeit und damit keine Überstunden liegen vor, wenn eine teilzeitbeschäftigte Mitarbeiterin zwar ihre dienstvertraglich vereinbarte Arbeitszeit, nicht jedoch die regelmäßige wöchentliche Arbeitszeit von durchschnittlich 38,5 beziehungsweise 40 Stunden, innerhalb von 13 Wochen, überschreitet.
Überstunden sind nur die über die regelmäßige wöchentliche Arbeitszeit von durchschnittlich 38,5 beziehungsweise 40 Stunden hinausgehenden Arbeitsstunden.

---

62 Mehrarbeit ist bei im Familienhaushalt, mit hauswirtschaftlichen Arbeiten und in der Landwirtschaft Beschäftigten, jede Arbeit, die neun Stunden täglich oder 102 Stunden in der Doppelwoche, bei Frauen unter 18 Jahren jede Arbeit, die acht Stunden täglich oder 80 Stunden in der Doppelwoche, bei sonstigen Frauen Arbeit, die achteinhalb Stunden täglich oder 90 Stunden in der Doppelwoche übersteigt (§ 8 Abs. 2 MuSchG).

Beispiel

Eine Mitarbeiterin mit einem Dienstvertrag über wöchentlich 19,25 Stunden, die betriebsüblich in einer Woche erbracht werden, leistet in einer Woche drei zusätzliche Arbeitsstunden. Die drei Stunden sind Mehrarbeitsstunden, keine Überstunden.

Soweit kein Freizeitausgleich erfolgt, hat die teilzeitbeschäftigte Mitarbeiterin für zusätzliche Arbeitsstunden, die keine Überstunden sind, einen Anspruch auf **anteilige Vergütung** einer entsprechend vollbeschäftigten Mitarbeiterin (Anlage 1 Abschnitt IIa Abs. a). Diese ist aus den monatlichen Bezügen zu errechnen, die der Mitarbeiterin bei einer Vollzeitbeschäftigung zustehen würde. Zur Ermittlung des auf eine Mehrarbeitsstunde entfallenden Anteils der Vergütung ist die Vergütung der entsprechenden vollbeschäftigten Mitarbeiterin durch das 4,348-fache der regelmäßigen wöchentlichen Arbeitszeit der entsprechend vollbeschäftigten Mitarbeiterin (also 167,4 bzw. 173,92 Monatsstunden) zu teilen (Anlage 1 Abschnitt IIa Abs. a). Damit wird die Mehrarbeitsvergütung für jede teilzeitbeschäftigte Mitarbeiterin unter Berücksichtigung ihres Lebensalters und ihres Familienstandes individuell ermittelt.

Ein Anspruch auf die für Überstunden vorgesehenen Zeitzuschläge (Anlage 6a § 1 Abs. 1 Satz 2 Buchst. a) besteht **nicht**.[63] Dies verstößt nach der Rechtsprechung weder gegen das europarechtliche Diskriminierungsverbot, noch gegen den Gleichheitssatz des Grundgesetzes oder das Teilzeit- und Befristungsgesetz.

Bei teilzeitbeschäftigten Mitarbeiterinnen ist bei ihrer Diensteinteilung im Dienstplan der Rahmen der 38,5-Stunden-Woche nicht erreicht, da ihre arbeitsvertraglich vereinbarte Arbeitszeit darunter liegt. Auch wenn im Einzelfall pro Woche 38,5 Stunden erreicht oder überschritten werden, ist bei Teilzeitbeschäftigten die durchschnittliche Arbeitszeit eine geringere als die regelmäßige im Sinne von Anlage 5 § 1 Abs. 1, da sie schon in der Planung im Durchschnitt weniger arbeiten.

63 EuGH, Urteil vom 15.12.1994–Rs C-399/92, C-409/92, C-425/92, C 34/93, C-50/93, C-78/93, AP Nr 7 zu § 611 BGB Teilzeit; BAG, Urteil vom 25.7.1996–6 AZR 138/94, ZTR 1997, 84; BAG, Urteil vom 23.4.1998 6 AZR 558/96, nicht veröffentlicht.

Aus Gründen der Rechtssicherheit empfiehlt es sich, mit Teilzeitbeschäftigten dienstvertraglich zu vereinbaren, dass sie zu Mehrarbeit herangezogen werden können, bei Vorliegen der Voraussetzungen für eine Mehrarbeitsanordnung (dringende betriebliche Erfordernisse).

5. Zeitpunkt der Entstehung

Überstunden entstehen, wenn die für die Woche dienstplanmäßig festgesetzten Arbeitsstunden überschritten sind (Anlage 6 § 1 Abs. 1 Satz 1). Da die Woche laut Anlage 5 § 1 Abs. 8 der Zeitraum von Montag 0.00 Uhr bis Sonntag 24.00 Uhr ist, sind Überstunden entstanden, wenn die über den Dienstplan hinaus geleisteten Stunden **nicht bis Sonntag 24.00 Uhr** derselben Woche ausgeglichen sind.

6. Abgeltung

Für die von der Mitarbeiterin geleisteten Überstunden muss der Dienstgeber bis zum Ende des nächsten Kalendermonats Freizeitausgleich gewähren (Anlage 6 § 3 Abs. 1). Im begründeten Einzelfall **und** im Einvernehmen mit der Mitarbeiterin kann diese Frist für den Ausgleich auch verlängert werden.
Für die in Freizeit ausgeglichenen Überstunden ist nach Ablauf des Ausgleichszeitraums der Zeitzuschlag für Überstunden in Höhe von 15, 20 oder 25 % zu zahlen (Anlage 6 § 3 Abs. 1 Satz 3 i.V.m. Anlage 6a § 1 Abs. 1 Buchst. a). Diese Zuschläge sind bis zum Ende des Monats zu bezahlen, der auf den folgt, in dem der Ausgleichszeitraum endet (Anlage 1 Abschnitt X Abs. 8).

Beispiel

Hat eine Mitarbeiterin im Monat Februar Überstunden geleistet, sind diese bis zum 31. März desselben Jahres auszugleichen. Die für die Überstunden zusätzlich anfallenden Zeitzuschläge sind am letzten Werktag des Monats April zu bezahlen.

Hat eine Mitarbeiterin im Monat Oktober 2005 Überstunden geleistet, sind diese bis zum 30. November 2005 auszugleichen. Die für die Überstunden zusätzlich angefallenen Zeitzuschläge sind bis zum letzten Werktag im Dezember 2005 zu bezahlen.

Nach Ablauf des Ausgleichszeitraums wandelt sich der nicht erfüllte Freizeitanspruch automatisch in einen **Geldanspruch** um, wobei **für jede nicht ausgeglichene Überstunde** die Überstundenvergütung (das ist die Stundenvergütung zuzüglich des entsprechenden Überstundenzeitzuschlages) bezahlt werden muss (Anlage 6 § 3 Abs. 2 i.V.m. Anlage 6a § 1 Abs. 3 Satz 2).

7. Darstellung im Dienstplan

Für Überstunden kann unter Beachtung des obigen Ausgleichszeitraums innerhalb des jeweils geltenden Dienstplanes (z.B. Vier-Wochen-Plan) Freizeit gewährt werden. Wird Überstundenausgleich gewährt, ist dies im Dienstplan in der Ist-Zeile mit dem entsprechenden Symbol zu vermerken. Dabei sollte aus dem Dienstplan auch hervorgehen, welche Überstunden ausgeglichen wurden (vgl. Kommentarzeile), um prüfen zu können, ob der Ausgleich bis zum Ende des nächsten Kalendermonats erfolgt ist oder ob eine Abgeltung erfolgen muss.
Über Freizeitansprüche aus Überstunden wird im Dienstplan genau Buch geführt. Am Ende des Dienstplanes sind nicht in Freizeit ausgeglichene Überstunden, deren Ausgleichsfrist noch nicht abgelaufen ist, als Zeitguthaben in die Spalte „Überstunden" einzutragen. Bestand schon zu Beginn des Dienstplanzeitraums ein Überstundenguthaben, so wird es entsprechend fortgeschrieben.
Erkrankt die Mitarbeiterin an einem Tag, an dem der Überstundenausgleich vorgesehen war, gilt der Überstundenausgleich dennoch als gewährt. Das Zeitguthaben „Überstunden" verringert sich um die Stundenzahl, die als Überstundenausgleich vorgesehen war.

8. Geplante Mehrarbeit/Überstunden und Krankheit

Hat der Dienstgeber für eine vollzeitbeschäftigte Mitarbeiterin zu bestimmten Tagen Mehrarbeit angeordnet und erkrankt die Mitarbeiterin an diesen Tagen, so sind der Mitarbeiterin für die ausgefallenen Stunden Krankenbezüge ggfs. verbunden mit einem Aufschlag zu zahlen (Anlage 14 § 2 Abs. 3). Überstundenzuschläge für die ausgefallenen Überstunden fallen nicht an, da nach Anlage 6 § 3 Überstundenvergütung nach Anlage 6a § 1 Abs. 3 Unterabs. 2 nur für tatsächlich geleistete Überstunden zu bezahlen ist.

9. Beispiele zu Überstunden

Beispiel 1: Überstunden Zeitguthaben aus den Vorwochen: fünf Stunden

Montag, Dienstag, Mittwoch und Donnerstag wird dienstplanmäßig je acht Stunden gearbeitet. Freitag, Samstag und Sonntag sind planmäßig frei. Am Freitag müssen außerplanmäßig acht Stunden Dienst geleistet werden. Da in dieser Woche dienstplanmäßig 32 Stunden vorgesehen sind, tatsächlich aber 40 Stunden geleistet wurden, liegen acht Überstunden vor, die gem. § 1 Abs. 1 Buchst. a der Anlage 6a mit dem entsprechenden Überstundenzeitzuschlag zu vergüten sind. Es besteht nun ein Zeitguthaben von 13 Stunden (evtl. aus verschiedenen Monaten). Die Zeitguthaben sollten zweckmäßigerweise nicht addiert, sondern nach Monaten getrennt ausgewiesen werden.

Beispiel 2: Überstunden Zeitguthaben aus den Vorwochen: 15 Stunden

In der ersten Woche ist Montag, Dienstag, Mittwoch, Donnerstag und Sonntag planmäßig Dienst zu je 7,5 Stunden zu leisten. Freitag und Samstag sind planmäßig frei.

In der zweiten Woche ist Montag und Sonntag planmäßig frei; am Dienstag, Mittwoch, Donnerstag, Freitag und Samstag planmäßig Dienst zu je acht Stunden zu leisten. In der ersten Woche werden am Donnerstag zwei Überstunden angeordnet und geleistet. Am Dienstag in der zweiten Woche wird Überstundenausgleich von acht Stunden gewährt. Da in derselben Woche kein Überstundenausgleich erfolgt, sind aus der ersten Woche infolge des Überstundenausgleichs um acht Stunden reduziert wird. Das neue Zeitguthaben zu Beginn der dritten Woche beträgt somit neun Stunden. Für die Überstunden aus der ersten Woche ist der Zeitzuschlag zu zahlen.

Beispiel 3: Überstunden an Wochenfeiertag in Verbindung mit planmäßiger Feiertagsarbeit

Sonntag und Montag sind planmäßig frei. Dienstag, Mittwoch, Donnerstag, Freitag und Samstag werden dienstplanmäßig je 7,5 Std. gearbeitet. Am Freitag ist Wochenfeiertag. Die Mitarbeiterin hat am Wochenfeiertag planmäßigen Dienst und außerdem zwei Überstunden (also insgesamt 9,5 Stunden) geleistet, die auch in der laufenden Woche nicht mehr ausgeglichen werden konnten. Es werden folgende Leistungen gewährt:

- Ersatzruhetag von 24 Stunden wegen der Wochenfeiertagsarbeit
- Bei der Vergütungsberechnung werden 9,5 Std. der Wochenfeiertagszeitzuschlag 35 % und 9,5 Stunden bezahlter Freizeitausgleich gewährt und zusätzlich
- für 2 Stunden der Überstundenzeitzuschlag (25 %, 20 %, 15 %) und Zeitausgleich für die Überstundenarbeit

Ist für die Feiertags- und Überstundenarbeit Freizeitausgleich nicht möglich, so werden gezahlt:

- für die Feiertagsarbeit von 9,5 Stunden 135 % Feiertagszuschlag und
- für die Überstundenarbeit für 2 Stunden 25 % (20 %, 15 %) Überstundenzeitzuschlag und die Stundenvergütung (100 %) der jeweiligen Vergütungsgruppe.

XI. Bereitschaftsdienst, Rufbereitschaft

Die Mitarbeiterinnen sind nach Anlage 5 § 7 verpflichtet, auf Anordnung des Dienstgebers außerhalb der regelmäßigen Arbeitszeit Dienstleistungen in Form von Rufbereitschaft und Bereitschaftsdienst zu leisten.

1. Zulässigkeit der Anordnung

Der Dienstgeber kann Bereitschaftsdienst und Rufbereitschaft anordnen, soweit er dies aufgrund der betrieblichen Verhältnisse für erforderlich hält (Anlage 5 § 7). Die Anordnung von Bereitschaftsdienst setzt voraus, dass zu erwarten ist, dass zwar Arbeit anfällt, erfahrungsgemäß aber die Zeit ohne Arbeitsleistung überwiegt, Anlage 5 § 7 Abs. 1 Unterabs. 2 Satz 1.
Rufbereitschaft darf nur angeordnet werden, wenn innerhalb eines Zeitraumes von sechs Kalendermonaten im Durchschnitt weniger Arbeit als zu einem Achtel der Zeit der Rufbereitschaft anfällt, Anlage 5 § 7 Abs. 1 Unterabs. 2 Satz 2.

2. Bereitschaftsdienst

Bei den Bereitschaftsdiensten muss sich die Mitarbeiterin an einer vom Dienstgeber bestimmten Stelle aufhalten um im Bedarfsfalle die Arbeit aufnehmen zu können (Anlage 5 § 8 Abs. 2).

3. Rufbereitschaft

Während der **Rufbereitschaft** hält sich die Mitarbeiterin außerhalb der regelmäßigen Arbeitszeit an einem von ihr selbst gewählten Ort auf, an dem ihre Erreichbarkeit sichergestellt ist, um bei Abruf kurzfristig die Arbeit aufnehmen zu können.

a) Kurzfristige Arbeitsaufnahme

Nach der bis zum 1. November 2006 geltenden Fassung des § 7 der Anlage 5 hatte die Mitarbeiterin dem Dienstgeber den von ihr selbst gewählten Aufenthaltsort anzuzeigen. Das Bundesarbeitsgericht hatte bereits in seinem Urteil vom 29. Juni 2000[64] wegen der technischen Möglichkeit, über Mobilfunkgeräte jederzeit erreichbar zu sein, bei Rufbereitschaft das Erfordernis sich an einer, dem Dienstgeber anzuzeigende Stelle aufzuhalten, aufgegeben. Dem ist auch durch die Neufassung von Anlage 5, § 7 Abs. 3 entsprochen worden.

Beispiel

Eine Mitarbeiterin, die verpflichtet ist, auf Anordnung ihres Dienstgebers außerhalb ihrer regelmäßigen Arbeitszeit ein auf Empfang geschaltetes Mobiltelefon mitzuführen, um auf telefonischen Abruf Arbeit zu leisten, die darin besteht, dass sie über dieses Funktelefon Anordnungen trifft oder weiterleitet, leistet während der Dauer dieser Verpflichtung Rufbereitschaft. Denn die Mitarbeiterin ist während dieser Zeit in der Bestimmung ihres Aufenthaltsorts beschränkt. Sie darf sich von dem Mobiltelefon nicht außer Hörweite entfernen und muss grundsätzlich Orte meiden, an denen Mobiltelefone nicht betrieben werden können oder dürfen.

64 6 AZR 900/98.

Das Erfordernis der kurzfristigen Arbeitsaufnahme darf nicht dazu führen, dass der Dienstgeber der Mitarbeiterin auferlegt, sich nicht weiter als zwei Kilometer vom Beschäftigungsort aufzuhalten, um innerhalb von fünf Minuten die Arbeit aufnehmen zu können. Die räumliche und zeitliche Distanz muss einen breiteren Spielraum zulassen. Der Dienstgeber kann aber vorgeben, in welcher Zeit nach dem Anruf die Mitarbeiterin sich auf den Weg in die Einrichtung machen muss.

Es liegt keine Rufbereitschaft vor, wenn die Mitarbeiterin ihren Aufenthaltsort nicht mehr frei bestimmen kann. Ein solches Bestimmungsrecht fehlt auch, wenn der Dienstgeber vorschreibt, dass der Aufenthaltsort nur soweit von der Arbeitsstelle entfernt liegen darf, dass die Mitarbeiterin innerhalb von zehn Minuten ihren Dienst aufnehmen kann.[65] Denn bei einer Verpflichtung zur Arbeitsaufnahme innerhalb von zehn Minuten bestimmt nicht die Mitarbeiterin, sondern der Dienstgeber durch die starre Zeitgrenze den Aufenthaltsort.

Nach Auffassung des **Bundesarbeitsgerichts**[66] eröffnet der Begriff „kurzfristig“ dem Dienstgeber nicht die Möglichkeit, die Zeit zwischen dem Abruf und der Arbeitsaufnahme zu konkretisieren und unter Beachtung billigen Ermessens festzulegen. Einerseits liegt nach Auffassung des BAG „kurzfristig“ vor, wenn zwischen dem Abruf und der Arbeitsaufnahme insgesamt eine Zeitspanne liege, durch die der Einsatz nicht gefährdet wird und im Bedarfsfall die Arbeitsaufnahme gewährleistet ist. Dies bedeute, dass sich der Aufenthaltsort der Mitarbeiterin noch in einer Entfernung von der Arbeitsstelle befinden müsse, die es ihr gestattet, diese in angemessen kurzer Zeit zu erreichen. Die Entfernung vom Arbeitsort dürfe dem Zweck der Rufbereitschaft nicht zuwiderlaufen. Dies könne unter Umständen zur Folge haben, dass sich die Mitarbeiterin bei Rufbereitschaft nicht zu Hause aufhalten könne, wenn ihre Wohnung so weit vom Arbeitsort entfernt liege, dass die Arbeitsaufnahme in angemessen kurzer Zeit nicht möglich und der Einsatz deshalb gefährdet sei.

Andererseits hält das Gericht den Einsatz in der Rufbereitschaft für nicht gefährdet, wenn der Arbeitsplatz von der Wohnung der Mitarbeiterin in ca. 25 bis 30 Minuten erreichbar ist. Wegezeiten in dieser

65 BAG, Urteil vom 19.12.1991–6 AZR 592/89, ZTR 1992, 247.

66 BAG, Urteil vom 31.1.2002–6 AZR 214/00, ZTR 2002, 432.

Größenordnung seien nicht unüblich und deshalb vom Dienstgeber auch bei Rufbereitschaft generell hinzunehmen. Der Mitarbeiterin müsse eine Gestaltung ihrer an sich arbeitsfreien Zeit möglich sein, um persönliche und familiäre Angelegenheiten zu erledigen, an sportlichen oder kulturellen Veranstaltungen teilzunehmen oder sich mit Freunden zu treffen.

Hinweis

Die Entscheidung des BAG begrenzt die Gestaltungsmöglichkeit der Rufbereitschaft in erheblichem Maße, denn die Einrichtung kann bei einer ärztlichen Mitarbeiterin, die in der vom Bundesarbeitsgericht beschriebenen Entfernung von 25 bis 30 Minuten wohnt, aus haftungsrechtlichen Gründen keine Rufbereitschaft anordnen.

b) Besondere Zulagen

Es dürfte jedoch möglich sein, mit einer Mitarbeiterin, die neben der regulären Vergütung eine besondere Zulage erhält, zu vereinbaren, dass diese Zulage an die Begründung eines Wohnortes in erreichbarer Nähe der Einrichtung geknüpft ist.[67]

Beispiel

Oberärzte im Krankenhaus mit Funktionszulage.

4. Dauer der Rufbereitschaftsdienste/Bereitschaftsdienste

Für die Dauer der Rufbereitschaftsdienste gibt es keine Höchstgrenze. Für die Dauer der Bereitschaftsdienste gilt das in Kapitel 4 I. 6b. Dargestellte.

67 Beyer, AVR-Praxiskommentar, Anlage 5 § 7-9 Rn 50.

Hinweis

Bei der Anordnung von Rufbereitschaft sollte bedacht werden, dass wegen der Stundengarantie Rufbereitschaft nicht immer kostengünstig ist. Die Entscheidung für oder gegen Rufbereitschaftsdienst wird sich jedoch an den einrichtungsbezogenen Anforderungen orientieren.

Gleiches gilt für die Anordnung von Bereitschaftsdienst; hier ist abzuwägen, ob die ständige Anwesenheit der Mitarbeiterin erforderlich ist, um die Arbeit in kürzester Zeit aufzunehmen.
Wichtig ist, zu beachten, dass Bereitschaftsdienst nur dann angeordnet werden kann, wenn die Zeit ohne Arbeitsleistung überwiegt. Dabei ist die gesamte Dauer des Bereitschaftsdienstes zu beachten und nicht nur bestimmte Zeiten der besonders hohen Inanspruchnahme oder Zeiten, in denen es fast nie zu Arbeitsaufnahmen kommt. Wenn die Vollarbeit über den Beginn der anschließenden Bereitschaftsdienstzeit geleistet werden muss, liegt darin die Anordnung von Überstunden und nicht der Abruf zur Arbeitsaufnahme im Bereitschaftsdienst.[68]

Beispiel

Die Anästhesieschwester eines Krankenhauses leistet von 8.00 bis 16.00 Uhr - einschließlich einer 30-minütigen Pause – Vollarbeit. Im unmittelbaren Anschluss daran ist sie dienstplanmäßig bis 6.00 Uhr des Folgetages im Bereitschaftsdienst vorgesehen.
Muss diese Mitarbeiterin dann aber wegen einer dringenden Operation nahtlos über 16.00 Uhr hinaus Vollarbeit leisten, dann wird sie nicht etwa aus dem Bereitschaftsdienst abgerufen, sondern sie leistet Überstunden, weil der Dienstgeber damit ihren vollen Einsatz am Arbeitsplatz angeordnet hat.

5. Abgeltung der Bereitschaftsdienste und Rufbereitschaften

Anlage 5 regelt in § 7 Abs. 5 und § 9 die Abgeltung der Bereitschaftsdienste, abhängig von der Art der Einrichtung und von den Tätigkei-

68 BAG, Urteil vom 26.11.1992–6 AZR 455/91, NZA 1993, 659-660; ZTR 1993, 202f.

ten der Mitarbeiterinnen. Daran hat sich auch durch das neue Arbeitszeitgesetz nichts geändert.
Die zum 1. Januar 2004 erfolgte Änderung der Bewertung des Bereitschaftsdienstes als Arbeitszeit hat keine Auswirkung auf die vergütungsrechtliche Bewertung des Bereitschaftsdienstes. Das **Bundesarbeitsgericht** hat in einem Urteil vom 28. Januar 2004 ausdrücklich festgestellt:[69]

> „Der Bereitschaftsdienst stellt eine Leistung des Arbeitnehmers dar, die wegen der insgesamt geringeren Inanspruchnahme des Arbeitnehmers niedriger als sog. Vollarbeit vergütet werden darf. Daran ändert die Rechtsprechung des Gerichtshofs der Europäischen Gemeinschaften nichts, nach der Bereitschaftsdienst Arbeitszeit ist. Die pauschale Vergütungsvereinbarung der Parteien richtet sich an einer während der Bereitschaftsdienste maximal zu erwartenden Vollarbeit aus. Das ist zulässig. Der Kläger hat nicht Freizeit ohne Vergütung geopfert, sondern für die geleisteten Bereitschaftsdienste insgesamt eine Vergütung erhalten, die nicht als unangemessen bezeichnet werden kann."

Der Kläger hatte in dem vom BAG entschiedenen Fall eine Vergütung im Umfang von 68 % der Vergütung der regulären Arbeitszeit erhalten.
Anlage 5 § 7 Abs. 5 ist die allgemeine Regelung und **Anlage 5 § 9** stellt unter Verweis auf die Aufzählung in § 8 Abs.1 a) bis c) die **Sonderregelung dar für die Abgeltung der Bereitschaftsdienste und Rufbereitschaften der Mitarbeiterinnen in Krankenhäusern, Heil-, Pflege- und Entbindungseinrichtungen, medizinischen Instituten und sonstigen Einrichtungen und Heimen**, in denen die betreuten Personen in ärztlicher Behandlung stehen, sowie in Altenpflegeheimen und Pflegebereichen von Altenheimen.
Für die Mitarbeiterinnen der nicht in Anlage 5 § 8 Abs. 1 a) bis c) genannten Einrichtungen gilt die Vorschrift der Anlage 5 § 7 Abs. 5.

a) Abgeltung des Bereitschaftsdienstes

Nach Anlage 5 § 7 Abs. 5 („allgemeine Regelung") wird die Zeit des Bereitschaftsdienstes einschließlich der **geleisteten Arbeit mit 25 % als Arbeitsleistung** unabhängig von der tatsächlich erbrachten

---

69 BAG, Urteil vom 28.1.2004–5 AZR 530/02, NZA 2004, 656-661; ZTR 2004, 1796ff.

Arbeitsleistung **gewertet und mit der Überstundenvergütung** nach Anlage 6a (§ 1 Abs. 3 Unterabs. 2) vergütet. Dabei ist zu beachten, dass es sich bei der so prozentual umgerechneten Zeit lediglich um einen Zeitwert handelt, der zum Zwecke der Vergütungsberechnung ermittelt wird. Als Arbeitszeit gilt nach dem geänderten Arbeitszeitgesetz die gesamte Zeit, in der die Mitarbeiterin Bereitschaftsdienst leistet. Die Abgeltung des nach Anlage 5 § 7 Abs. 5 errechneten Zeitwertes mit der Überstundenvergütung bedeutet nicht, dass es sich bei der errechneten Zeit um Überstunden handelt. Die Überstundenvergütung wird lediglich als Bemessungsgrundlage herangezogen, weil man eine neue Tabelle mit eigenen Entschädigungswerten vermeiden wollte.
Alternativ zur Barabgeltung kann die errechnete Arbeitszeit auch bis zum Ende des dritten Kalendermonats durch entsprechende **Freizeit** abgegolten werden, **sog. Freizeitausgleich**. Dabei ist zu beachten, dass angefallene halbe Stunden, die sich bei der Berechnung ergeben haben, beim Freizeitausgleich auf halbe Stunden aufgerundet werden. Die Aufrundung erfolgt jedoch nicht bei der Abgeltung des Bereitschaftsdienstes mit der Überstundenvergütung.

Hinweis

Für Mitarbeiterinnen, die ständig zu Bereitschaftsdiensten herangezogen werden kann dessen Abgeltung gemäß Anlage 5 § 7 Abs. 7 auch pauschal erfolgen. Dabei kann sowohl die Barabgeltung als auch die Freizeitgewährung pauschal erfolgen. Die Höhe der pauschalen Abgeltung soll grundsätzlich der Einzelberechnung entsprechen.

Nach Anlage 5 § 9 Abs. 1 (spezielle Regelung) wird für Mitarbeiterinnen nach Anlage 5 § 8 Abs. 1 a) bis c) (insbesondere also Mitarbeiterinnen in Krankenhäusern und Einrichtungen in welchen die betreuten Personen in ärztlicher Behandlung stehen sowie Altenpflegeeinrichtungen) der **Bereitschaftsdienst nach einem bestimmten Schlüssel in fiktive Arbeitsstunden (Zeitwerte) umgerechnet und entweder mit der Überstundenvergütung oder durch Freizeitausgleich abgegolten**.

Für den Freizeitausgleich ist hier kein Zeitraum festgelegt. Der nach Prozenten bestimmte **Umrechnungsschlüssel** bestimmt sich nach zwei Komponenten:
Nach dem Umfang der erfahrungsgemäß durchschnittlich anfallenden Arbeit wird der Bereitschaftsdienst einer der vier Stufen A, B, C oder D zugeteilt. Dabei wird die Stufe

A mit 15 %
B mit 25 %
C mit 40 %
D mit 55 %

als Arbeitszeit bewertet. Daneben wird **zusätzlich** ein **Häufigkeitszuschlag** gewährt. Er bestimmt sich nach der Anzahl der Bereitschaftsdienste im Kalendermonat. Er beträgt:

25 % für den 1. bis 8. Bereitschaftsdienst
35 % für den 9. bis 12. Bereitschaftsdienst
45 % für den 13. und jeden weiteren Bereitschaftsdienst.

Die jeweils maßgebenden Prozentzahlen aus den Bereitschaftsdienststufen und aufgrund der Häufigkeit werden zusammengerechnet und ergeben so den dem Abgeltungsanspruch zugrunde liegenden Wert.
Die **Abgeltung** ist wie nach Anlage 5 § 7 Abs. 5 durch Überstundenvergütung, Freizeitausgleich, oder als **pauschale Abgeltung** möglich.
Die **Zuweisung zu den einzelnen Stufen des Bereitschaftsdienstes** erfolgte bis Oktober 2006 durch den Dienstgeber für die Dauer eines Jahres. (Anlage 5 § 9 Abs. 5 alte Fassung). Konnte die Mitarbeiterin nachweisen, dass sie die Voraussetzungen einer höheren Stufe erfüllt, musste der Dienstgeber ab dem folgenden Kalenderjahr die Anpassung vornehmen.
In der Neufassung ist bislang lediglich festgelegt, dass die Zuweisung nunmehr „(...) durch die Einrichtungsleitung und die Mitarbeitervertretung“ zu erfolgen hat (...) (Anlage 5, § 9 Abs. 1 c). Wie dies im Einzelnen zu geschehen hat, ist leider nicht benannt. Kritisch sei zudem angemerkt, dass hiermit in den AVR ein eigentlich in die MAVO gehörender Tatbestand benannt wird.

Hinweis

Solange in der Anlage 5 hierzu keine Konkretisierung erfolgt, wird die Praxis gut beraten sein – unter Einbeziehung der MAV analog § 29 MAVO – das bislang in Anlage 5 § 9 Abs. 5 a.F. benannte Verfahren zur Stufenermittlung und -zuweisung einzuhalten.

In Anlage 5 § 9 Abs. 2 ist geregelt, dass Mitarbeiterinnen die unter § 8 Abs. 1 (d) fallen – also in Einrichtungen und Heimen tätig sind, die der Förderung der Gesundheit, der Erziehung, Fürsorge und Betreuung von Kindern und Jugendlichen, obdachlosen, alten, gebrechlichen, erwerbseingeschränkten oder sonstigen hilfebedürftigen Personen dienen, ohne dass dort deren ärztliche Behandlung erfolgt – Anspruch auf Abgeltung des Bereitschaftsdienstzeiten **mit 25 % als Arbeitszeit haben.**
Leistet hier eine Mitarbeiterin in einem Kalendermonat **mehr als acht Bereitschaftsdienste**, wird ab dem neunten Bereitschaftsdienst **zusätzlich 15 %** auf den Zeitfaktor aufgeschlagen. Die Bewertung erfolgt somit in diesen Einrichtungen ab dem 9. Bereitschaftsdienst mit 40 %.

b) Abgeltung des Rufbereitschaftsdienstes

Für die Abgeltung der Rufbereitschaft **nach Anlage 5 § 7 Abs. 6** wird die **Zeit der Rufbereitschaft mit 12,5 % als Arbeitszeit gewertet.** Diese Zeit wird, ungeachtet dessen, dass es sich weder um Arbeitszeit noch um Überstunden handelt, **mit der Überstundenvergütung abgegolten** (zur Begründung s.o. unter a). Der Abgeltungsanspruch entsteht, auch wenn keine Arbeitsleistung erbracht wird.
Eine **Abgeltung in Freizeit ist** für die Zeit der Rufbereitschaft ohne tatsächlich anfallende Arbeit **nicht möglich**. Eine Abgeltung in Freizeit ist deshalb keine Erfüllung des Abgeltungsanspruchs und kann zu Nachforderungen führen.
Neben dem so errechneten Zeitwert wird zusätzlich die in der Rufbereitschaft **angefallene Arbeit einschließlich der Wegezeit** ebenfalls mit der Überstundenvergütung abgegolten. Die **Fahrtkosten**, die durch den Abruf während der Rufbereitschaft entstehen, werden nicht erstattet.

Für die Zeiten der tatsächlichen Arbeitsleistung innerhalb der Rufbereitschaft und für die Wegezeiten kann auch Freizeit gewährt werden. Sowohl bei der Abgeltung in Geld als auch in Freizeit ist zu beachten, dass für eine Heranziehung zur Arbeit außerhalb des Aufenthaltsortes **mindestens drei Stunden** angesetzt werden. Bei mehreren Einsätzen gilt dies nur für den kürzesten Einsatz. Wird die Mitarbeiterin während ihres Rufbereitschaftsdienstes nur um eine telefonische Auskunft gebeten, kommt die **Stundengarantie** nicht zum tragen. Die Zeit der Stundengarantie ist ebenfalls mit der Überstundenvergütung beziehungsweise mit Freizeit abzugelten. Bei der Abgeltung in Freizeit gilt ebenfalls wie für den Bereitschaftsdienst, dass angefangene halbe Stunden auf eine halbe beziehungsweise volle Stunde aufgerundet werden. Der Zeitpunkt des Freizeitausgleichs ist wie beim Bereitschaftsdienst bis zum Ende des dritten Kalendermonats nach Ableistung der Dienste festgelegt. Erfolgt der Freizeitausgleich nicht bis zu diesem Zeitpunkt, entsteht ein Anspruch auf Abgeltung mit Überstundenvergütung. Wird somit zum Beispiel im Monat Juni Rufbereitschaft geleistet, muss die Abgeltung in Freizeit für die Zeit der Inanspruchnahme, der Wegezeit und der Stundengarantie bis Ende September erfolgt sein. Danach sind die Zeit der tatsächlichen Inanspruchnahme, die Wegezeit und die Zeit der Stundengarantie mit der Überstundenvergütung abzugelten. Grundsätzlich ist auch die **pauschale Abgeltung** möglich (§ 7 Abs. 7).
Für die Zeit der Arbeit in der Rufbereitschaft werden die **Zeitzuschläge** nach Anlage 6a § 1 Abs. 1 Satz 2 Buchst. b bis f **gezahlt** (Anlage 6a § 1 Abs. 2 Unterabs. 2). Zeitzuschläge werden nicht für die „dreistündige Garantiezeit“ gezahlt. Die Arbeitsstunden, die während der tatsächlichen Inanspruchnahme während der Rufbereitschaft oder im Bereitschaftsdienst geleistet werden, zählen nicht beim Zusatzurlaub nach Anlage 14 § 4 Abs. 2 mit.

6. Kürzung der Ruhezeit bei Rufbereitschaftsdienst

In § 5 Abs. 3 ArbZG, der bezüglich der Rufbereitschaft dem Wortlaut der Anlage 5 § 1 Abs. 10 entspricht, ist geregelt, dass in Krankenhäusern und anderen Einrichtungen zur Behandlung, Pflege und Betreuung von Personen Kürzungen der Ruhezeit durch Inanspruchnahme während der Rufbereitschaft, die nicht mehr als die Hälfte der Ruhezeit betragen, zu anderen Zeiten ausgeglichen werden können. Dabei

geht die Vorschrift von der elfstündigen Ruhezeit laut § 5 Abs. 1 ArbZG aus. Aus dieser Regelung ergibt sich, dass auch nach dem neuen (seit 01.01.04 geltenden) Arbeitszeitgesetz Rufbereitschaftsdienst zur Ruhezeit zählt. Lediglich die tatsächliche Inanspruchnahme in diesen Diensten stellt eine Unterbrechung der Ruhezeit dar.
Ob es sich dabei um Arbeitszeit handelt, mit der Maßgabe, dass diese Zeiten auf die höchstzulässige tatsächliche tägliche Arbeitszeit von zehn Stunden angerechnet werden müssen, ist strittig. Einzelne Arbeitsschutzbehörden (Gewerbeaufsichtsämter) und Teile der Literatur sind dieser Ansicht.[70]
Davon unabhängig gilt jedoch die Inanspruchnahme als Störung der Ruhezeit mit der Maßgabe, dass diese Dienste nicht in ihrer Gesamtheit[71] als Ruhezeit gewertet werden können. Es muss somit in jedem Rufbereitschaftsdienst festgestellt werden, wie lange die tatsächliche Inanspruchnahme gedauert hat. Diese Zeiten müssen pro Rufbereitschaftsdienst zusammengezählt werden. Der Mitarbeiterin muss eine Ruhezeit von 5,5 Stunden verbleiben. Betragen die Arbeitszeiten während der Rufbereitschaft mehr als die Hälfte (5,5 Stunden) der Ruhezeit, findet die Ausnahmeregelung des § 5 Abs. 3 ArbZG insgesamt keine Anwendung. Der Mitarbeiterin muss deshalb nach Beendigung der letzten Inanspruchnahme erst eine elfstündige (unter den Voraussetzungen des § 5 Abs. 2 eine zehnstündige) ununterbrochene Ruhezeit gewährt werden.

Beispiel 1

Die Mitarbeiterin, deren Rufbereitschaftsdienst von 20.00 bis 6.00 Uhr dauert, ist für die Zeit ab 6.00 Uhr zum regulären Dienst eingeteilt. Sie wird während des Rufbereitschaftsdienstes wiederholt gerufen, so dass ihre tatsächliche Inanspruchnahme einschließlich der Wegezeit sechs Stunden beträgt. Da somit die Restruhezeit nur noch vier Stunden beträgt, ist ein Dienst morgens um 6.00 Uhr nicht möglich. Ab dem Zeitpunkt der letzten Inanspruchnahme kann die Mitarbeiterin erst wieder nach elf bzw.

70 Baeck/Deutsch, Kommentar zum Arbeitszeitgesetz, 2004, § 2 Rn 54.
71 Baeck/Deutsch, Kommentar zum Arbeitszeitgesetz, 2004, § 5 R.43f.

im Falle des § 5 Abs. 2 ArbZG nach zehn Stunden zum Dienst herangezogen werden. Die Mitarbeiterin hat keinen Anspruch auf Vergütung der ausgefallenen Arbeitszeit

Beispiel 2

Die Mitarbeiterin, deren Rufbereitschaftsdienst von 18.00 Uhr bis 8.00 Uhr (= 14 Stunden) dauert, ist für die Zeit ab 8.00 Uhr wieder zum regulären Dienst eingeteilt.
Während der Rufbereitschaft beträgt ihre tatsächliche Inanspruchnahme insgesamt 6,5 Stunden und die Restruhezeit demgemäß 7,5 Stunden.
Da vorliegend die Restruhezeit mehr als 5,5 Stunden beträgt und die Restruhezeit noch mehr als die Hälfte der gesamten Ruhezeit beträgt, ist eine Weiterführung des Dienstes ab 8.00 Uhr gemäß Anlage 5 § 1 Abs. 10 Unterabs. 2 i. V. m. § 5 Abs. 3 Arbeitzeitgesetz zulässig.
Sollte die Inanspruchnahme wie im obigen Beispiel nicht 6,5 sondern 7,5 Stunden betragen und die Restruhezeit demgemäß 6,5 Stunden, so ist zwar das Merkmal der 5,5-stündigen Ruhezeit erfüllt, vorliegend ist jedoch die Inanspruchnahme höher als die Hälfte der Ruhezeit, so dass das zweite Merkmal nicht erfüllt ist und demgemäß eine weitergehende Dienstleistung nach Ableistung der Rufbereitschaft ab 8.00 Uhr nicht mehr möglich ist.
Die Mitarbeiterin ist dann, da keine Ruhezeitgewährung vorliegt, eine Ruhezeit von mindestens 11 Stunden beziehungsweise im Falle des § 5 Abs. 2 Arbeitszeitgesetz von 10 Stunden zu gewähren und kann dann erst danach wieder zum Dienst herangezogen werden.
Auch für diese Fälle hat die Mitarbeiterin keinen Anspruch auf Vergütung der ausgefallenen Arbeitszeit.

Hinweis

Auch die Neuregelung des Arbeitszeitgesetzes lässt ungeklärt, ob die Restruhezeit bei Rufbereitschaft ununterbrochen sein muss, oder ob sie sich auch aus mehreren Kurzruhezeiten zusammensetzen kann. Da der Zweck des Arbeitszeitgesetzes vorrangig der Gesundheitsschutz der Arbeitnehmerin ist, dürfte die erste Auslegung eher im Sinne des Gesetzes sein.

Bei den Ruhezeiten ist zu berücksichtigen, dass nach der Regelung in Anlage 5 § 1 Abs. 10 auch neun Stunden Ruhezeit ausreichen, wenn

die Art der Arbeit dies erfordert (z.B. in der Kinderbetreuung aus pädagogischen Gründen). Die Kürzung der Ruhezeit auf neun Stunden ist auch nach dem neuen Arbeitszeitgesetz möglich; dies ergibt sich aus § 7 Abs. 1 Ziffer 3 ArbZG, soweit die Kürzung innerhalb eines festzulegenden Ausgleichzeitraums ausgeglichen wird.
Bei der Restruhezeit während der Rufbereitschaft müssen jedoch fünfeinhalb Stunden übrig bleiben. Dasselbe gilt auch, wenn Einrichtungen von der Ruhezeitregelung des § 5 Abs. 2 ArbZG (= 10 Stunden) Gebrauch machen.
Aus § 7 Abs. 9 ArbZG[72] ergibt sich, dass zwingend nach 24 Stunden (maximaler) Arbeitszeit eine ununterbrochene Ruhepause von mindestens elf Stunden zu gewähren ist.

7. Heranziehung von Teilzeitkräften zur Rufbereitschaft und Bereitschaftsdienst

Nach den Regelungen in Anlage 5 § 7 haben die Mitarbeiterinnen außerhalb der regelmäßigen Arbeitszeit Dienstleistungen in Form des Bereitschaftsdienstes oder der Rufbereitschaft zu erbringen, wenn dies angeordnet ist. Aus dem Wortlaut kann nicht geschlossen werden, dass die Anordnung dieser Dienste nur für vollzeitbeschäftigte Mitarbeiterinnen möglich ist. Der Begriff der „regelmäßigen Arbeitszeit" bedeutet, dass die Zeit der Bereitschaftsdienste/ Rufbereitschaftsdienste nicht bei der Berechnung der regelmäßigen, durchschnittlichen Arbeitszeit im Sinne der Anlage 5 § 1 Abs. 1 zu berücksichtigen ist.

XII. Wechselschichtzulage, Anlage 1 Abschnitt VII Abs. b

1. Ständige Wechselschichtarbeit

Die Mitarbeiterin muss, um eine Wechselschichtzulage zu erhalten, ständig nach einem Schichtplan eingesetzt sein, der einen regelmäßigen

---

72 § 7 Abs. (9) ArbZG lautet: „Wird die werktägliche Arbeitszeit über zwölf Stunden hinaus verlängert, muss im unmittelbaren Anschluss an die Beendigung der Arbeitszeit eine Ruhezeit von mindestens elf Stunden gewährt werden."

Wechsel der täglichen Arbeitszeit in Wechselschichten (Anlage 5 § 2 Abs. 2 Unterabs. 1) vorsieht.

a) „Ständig“

Der Begriff „ständig“ wird von der Regelung des Abschnitt VII nicht erläutert. Nach der Rechtsprechung des Bundesarbeitsgerichts[73] ist darunter „von Dauer“ oder „fast ausschließlich“ zu verstehen. Als zeitlicher Rahmen kann der für die Feststellung des Nachtschichtvolumens maßgebende Mindestzeitraum von zehn Wochen (zweimal je fünf Wochen wegen der erforderlichen durchschnittlichen Leistung von Nachtschichtstunden) zugrunde gelegt werden, so dass eine Mitarbeiterin für einen Zeitraum von mindestens zehn aufeinander folgenden Wochen zur Wechselschichtarbeit herangezogen worden sein muss.

Hinweis

Der „**Schichtplan**“ wird mit Blick auf den Klammerzusatz „Dienstplan“ festlegen, wann und zu welchen Schichten die jeweilige Mitarbeiterin ihren Schichtdienst abzuleisten hat. Der Wechselschichtplan muss mindestens soviel Schichten umfassen, dass damit der gesamte Tag, das heißt ein 24-Stunden-Zeitraum, abgedeckt ist. Hierzu gehören Früh-, Spät- und Nachtschichten und eventuell noch Zwischenschichten. Für den Anspruch auf die Zulage nach Abschnitt VII kommt es nicht darauf an, ob der Dienstplan vom Dienstgeber bestimmt wird oder von den Mitarbeiterinnen selbst.

b) Wechselschichten

Wechselschichten sind gemäß Anlage 5 § 2 Abs. 2 Unterabs. 1 Arbeitsschichten, in denen ununterbrochen – werktags, sonntags und feiertags – bei Tag und Nacht an allen Kalendertagen gearbeitet wird. Damit ist natürlich nicht ein ununterbrochenes Durcharbeiten der einzelnen Mitarbeiterin gemeint.[74] Es ist auf den Arbeitsbereich der

73 BAG, Urteil vom 18.10.1995–10 AZR 853/94, ZTR 1996, 272ff.; BAG, Urteil vom 16.8.2000–10 AZR 512/99, ZTR 2001, 28ff.

74 BAG, Urteil vom 5.2.1997–10 AZR 639/96, NZA 1997, 1179ff.

Mitarbeiterin abzustellen, in dem „rund um die Uhr" an allen 365 Tagen im Jahr gearbeitet werden muss. Eine Unterbrechung der Arbeitsleistung von höchstens 48 Stunden in der Zeit von freitags 12.00 Uhr bis zum folgenden Montag 12.00 Uhr bleibt außer Betracht (Anlage 5 § 2 Abs. 2 Unterabs. 1). Dies bedeutet, dass auch bei einer Unterbrechung der Arbeitsleistung von höchstens 48 Stunden in dem genannten Zeitraum Wechselschichtarbeit vorliegt.

c) Wechselschichtarbeit

Wechselschichtarbeit nach Anlage 5 § 2 Abs. 2 Unterabs. 1 ist die Arbeit nach einem Schichtplan (Dienstplan), der einen regelmäßigen Wechsel der täglichen Arbeitszeit in Wechselschichten mit Nachtschichtfolge vorsieht. Die „Wechselschichtarbeit" ist nicht gleichbedeutend mit der Arbeit in einer Wechselschicht. Wird die Mitarbeiterin nicht in allen Schichten eingesetzt, sondern leistet zum Beispiel nur Nachtdienste, dann leistet sie zwar Arbeit in einer Wechselschicht, aber keine Wechselschichtarbeit.[75]

In der „Wechselschichtarbeit" muss die Mitarbeiterin ihre tägliche Arbeitszeit in regelmäßigen Abständen wechselnd in allen Schichten erbringen. Es genügt nicht den Anforderungen der Wechselschichtarbeit, wenn die Mitarbeiterin zum Beispiel nur in der Frühschicht und Nachtschicht arbeitet, jedoch nicht in der Spätschicht.

Ein regelmäßiger Wechsel der täglichen Arbeitszeit setzt voraus, dass der Wechsel mit einer gewissen Regelhaftigkeit erfolgt.

Das Bundesarbeitsgericht[76] hat in diesem Zusammenhang entschieden, dass für die Zahlung der Wechselschichtzulage nicht vorausgesetzt wird, dass die verschiedenen Schichten (Früh-, Spät-, Nacht- oder Zwischendienst) in einem annähernd gleichen Umfang geleistet werden müssen. Auch vom Sinn und Zweck der Regelung her ist ein gleichmäßiger Einsatz der Mitarbeiterin in allen Schichten nicht erforderlich. Dies folgt schon aus der Regelung der Anlage 1 Abschnitt VII, wonach die Gewährung einer Wechselschichtzulage voraussetzt, dass die Mitarbeiterin in je fünf Wochen beziehungsweise je sieben Wochen durchschnittlich 40 Arbeitsstunden in der dienstplanmäßigen

---

75 Itschert/Beyer, Voraussetzungen der Wechselschicht- und Schichtzulage, Caritas-Korresp. 11/1997, S. 5ff.

76 BAG, Urteil vom 13.10.1993–10 AZR 294/92, ZTR 1994, 244, zum insoweit inhaltsgleichen § 33a Bat.

oder betriebsüblichen Nachtschicht leistet. Ein gleichmäßiger oder auch nur annähernd gleichmäßiger Einsatz der Mitarbeiterin in der Nachtschicht würde jedoch eine höhere Stundenzahl erfordern. Ein gleichmäßiger Einsatz wird daher nicht verlangt.

Beispiel

Eine Mitarbeiterin, in deren Arbeitsbereich rund um die Uhr gearbeitet wird, leistet monatlich gleich bleibend acht Nachtschichten, fünf Frühschichten und eine Spätschicht. Die Mitarbeiterin leistet nach der zitierten Rechtsprechung des Bundesarbeitsgerichts Wechselschichtarbeit.

Das Bundesarbeitsgericht hat seine Auffassung, dass ein gleichmäßiger Einsatz der Mitarbeiterin in den verschiedenen Schichten nicht erforderlich ist, in mehreren Entscheidungen[77] bestätigt. In der Konsequenz bedeutet diese Rechtsprechung des Bundesarbeitsgerichts, dass auch bei einer extremen Ungleichgewichtigkeit der Heranziehung zu den einzelnen Schichten und bei Vorliegen der weiteren Voraussetzungen die volle Wechselschichtzulage zu zahlen ist.

2. Urlaub oder Krankheit während zu leistender Früh- oder Spätschicht

Die Mitarbeiterin hat nach Auffassung des Bundesarbeitsgerichts[78] auch dann einen Anspruch auf die Wechselschichtzulage, wenn sie in der Früh- oder Spätschicht wegen Urlaub oder Krankheit keine Arbeitsleistung erbringt. Denn nach dem Wortlaut der Anlage 1 Abschnitt VII muss die Mitarbeiterin Nachtschicht „leisten". Hinsichtlich der übrigen Schichten wird lediglich vorausgesetzt, dass die Mitarbeiterin nach einem Schichtplan „eingesetzt" ist, der Wechselschichten

---

77 U.a. BAG, Urteil vom 14.9.1994–10 AZR 598/93, ZTR 1995, 75; Urteil vom 25.1.1995–10 AZR 173/93, ZTR 1995, 318; Urteil vom 22.3.1995–10 AZR 167/94, ZTR 1995, 407; Urteil vom 9.12.1998–10 AZR 207/98, ZTR 1999, 271.

78 BAG, Urteil vom 9.12.1998–10 AZR 207/98, NZA 1999, 998: Die zu § 33a Abs. 1 BAT ergangene Entscheidung findet auch auf Abschnitt VII Abs. b Anwendung.

„vorsieht". Bereits aus dieser unterschiedlichen Wortwahl ist zu folgern, dass nur bei der Nachtschicht, nicht jedoch bei Früh- und Spätschicht eine tatsächliche Arbeitsleistung gefordert ist.

3. Nachtschichtfolge

Die Mitarbeiterin leistet Wechselschichtarbeit, wenn sie in einem bestimmten Rhythmus, längstens nach einem Monat, wieder zur Nachtschicht herangezogen wird, in diesem Fall liegt eine so genannte Nachtschichtfolge vor. Es ist dabei ausreichend, wenn die Mitarbeiterin einen Monat nach dem letzten Tag der vorhergehenden Nachtschicht erneut zur Leistung einer Nachtschicht herangezogen wird.

Beispiel

Ist der letzte Tag der Nachtschichtfolge der 8. April, muss der erste Tag der neuen Nachtschichtfolge spätestens der 8. Mai sein.

Der Monatszeitraum beginnt also jeweils mit dem Ende einer Nachtschicht oder Nachtschichtfolge, so dass Wechselschichtarbeit vorliegt, wenn zwischen zwei Nachtschichten oder Nachtschichtfolgen ein Zeitraum von höchstens einem Monat liegt.
Wechselschichtarbeit liegt nach einer Entscheidung des Bundesarbeitsgerichts[79]sowohl vor, wenn jeweils nur eine einzelne Nachtschicht im Verlauf eines Monats dienstplanmäßig zu leisten ist, als auch dann, wenn mehrere aneinandergereihte Nachtschichten in diesem Zeitraum anfallen. Wechselschichtarbeit liegt also auch dann vor, wenn die Mitarbeiterin nach dem Dienstplan im täglichen Wechsel zur Früh-, Spät und Nachtschicht, das heißt zu einem so genannten Schaukeldienst, herangezogen wird.

a) Mindestens 40 Arbeitsstunden in der Nachtschicht

Neben dem Vorliegen von Wechselschichtarbeit setzt die Gewährung einer Wechselschichtzulage weiterhin voraus, dass die Mitarbeiterin eine bestimmte Anzahl von Arbeitsstunden in der dienstplanmäßigen

---

79 BAG, Urteil vom 19.10.1989 6 AZR 111/88, ZTR 1990, 200: zum Begriff der Nachtschichtfolge in § 15 Abs. 8 Unterabs. 6 BAT.

oder betriebsüblichen Nachtschicht arbeitet. Nach Abschnitt VII Abs. b Ziffern 1 und 2 muss die Mitarbeiterin entweder innerhalb eines Zeitraums von fünf oder sieben Wochen mindestens 40 Arbeitsstunden in der dienstplanmäßigen oder betriebsüblichen Nachtschicht leisten.
Bei der Klärung, ob die Mitarbeiterin in den in Abschnitt VII Abs. b Nr. 1 beziehungsweise Nr. 2 genannten Zeiträumen die erforderlichen Arbeitsstunden geleistet hat, ist ausschließlich auf die in der dienstplanmäßigen oder betriebsüblichen Nachtschicht geleisteten Arbeitsstunden abzustellen. Es sind nur die Arbeitsstunden zu berücksichtigen, die in die dienstplanmäßige Nachtschicht fallen, nicht aber auch Nachtarbeitsstunden, die im Rahmen der Spätschicht geleistet werden.[80]
Unter dienstplanmäßiger Nachtschicht bei Wechselschichtarbeit sind alle Schichten zu verstehen, in denen in der Zeit zwischen 23.00 Uhr und 6.00 Uhr mehr als zwei Stunden gearbeitet wird, Anlage 5 § 1 Anmerkung zu Abs. 11.

Beispiel

Eine Schicht zwischen 18.00 Uhr und 1.00 Uhr ist, unabhängig von ihrer Bezeichnung, keine Nachtschicht, da dies nach Anlage 5 § 1 Anmerkung zu Abs. 11, § 2 Abs. 2 keine Nachtarbeit und damit keine Nachtschicht darstellt, die Schicht umfasst nicht mehr als zwei Stunden der Nachtzeit.

b) Tatsächlich geleistete Arbeitsstunden in der dienstplanmäßigen oder betriebsüblichen Nachtschicht

Die durch Krankheit, Urlaub oder andere Umstände ausgefallenen Nachtdienststunden der dienstplanmäßigen Nachtschicht sind nach Auffassung des Bundesarbeitsgerichts[81] nicht mitzuzählen. Leistet die Mitarbeiterin keine Nachtschichtstunden, weil sie arbeitsunfähig erkrankt ist oder sich im Urlaub befindet oder auch aus anderen Gründen, so fällt für sie die Erschwernis der Arbeit in Nachtschichten nicht an. Die durch diese Ereignisse ausgefallenen Nachtschichtstunden

80 BAG, Urteil vom 14.10.1993–6 AZR 221/92, ZTR 1994, 428.
81 BAG, Urteil vom 7.2.1996–10 AZR 203/94, ZTR 1996, 314.

können daher bei der Ermittlung des geforderten Umfangs der Nachtarbeit nicht mitberücksichtigt werden.
Aus den Berechtigungsvorschriften für die Zahlung der Urlaubsvergütung und der Krankenbezüge, Anlage 1 Abschnitt XII i.V.m. Anlage 14 § 2, kann nicht hergeleitet werden, dass die durch Urlaub oder Krankheit ausgefallenen dienstplanmäßigen Nachtstunden mitzurechnen sind.[82]
Da die Wechselschicht- beziehungsweise Schichtzulage eine in Monatsbeträgen festgelegte Zulage darstellt, ist die Zulage auch während des Erholungsurlaubs oder der Arbeitsunfähigkeit weiterzuzahlen, wenn die Anspruchsvoraussetzungen erfüllt sind. Zu prüfen ist aber gerade auch am jeweiligen Monatsende der Monate, in denen Zeiten der Arbeitsunfähigkeit und des Erholungsurlaubs liegen, ob die Voraussetzungen zur Gewährung einer Wechselschicht- oder Schichtzulage vorliegen. Die Tarifgemeinschaft deutscher Länder,[83] das Bundesministerium des Innern[84] und die Vereinigung kommunaler Arbeitgerbverbände[85] gehen bei ihren gleichlautenden Hinweisen zu den mit Anlage 1 Abschnitt VII vergleichbaren tariflichen Regelungen auch auf die Auswirkungen von Erholungsurlaub und Arbeitsunfähigkeit auf die Höhe von Wechselschicht- und Schichtzulage ein. Die Tarifgemeinschaft deutscher Länder führt in einem Rundschreiben aus: "Die Wechselschicht- beziehungsweise Schichtzulage ist eine in Monatsbeträgen festgelegte Zulage,[86] so dass sie als Bestandteil der Urlaubsvergütung auch während des Erholungsurlaubs oder der Arbeitsunfähigkeit weiterzuzahlen ist. Weiterzuzahlen ist dabei der Betrag, der in dem jeweiligen Kalendermonat aufgrund der Tatbestandsmerkmale des § 33a BAT zusteht. Welcher Betrag konkret zusteht, ist erst am Monatsende feststellbar. Erholungsurlaub und Arbeitsunfähigkeit können dabei die Höhe des zustehenden Betrages beeinflussen.“

---

82 BAG, a.a.O.

83 Hinweise der Tarifgemeinschaft deutscher Länder zur Durchführung des § 33a ABT/BAT-O beziehungsweise § 29a MTArb/MTArb-O, Schreiben der Geschäftsstelle vom 26.9.1997–3-01-33a-1935/97–B/2.

84 BMI-Rundschreiben vom 8.9.1998 (GMB. S. 726).

85 VKA-Rundschreiben vom 22.10.1997–R 492/97.

86 BAG, Urteil vom 28.8.1996 10 AZR 174/96, ZTR 1997, 83.

Beispiel

Eine Mitarbeiterin ist im Wechselschichtdienst bei wöchentlich fünf Schichten in den der Berechnung der Wechselschicht- beziehungsweise Schichtzulage für die Monate August bis November zugrunde zu legenden Kalenderwochen (KW) wie folgt eingesetzt (Frühdienst: 6.00 Uhr bis 13.30 Uhr, Spätdienst: 13.00 Uhr bis 20.30 Uhr, Nachtdienst: 20.00 Uhr bis 6.00 Uhr):

24., 25.: Früh- und Spätdienst

26.: Fünf Nachtdienste à 8 Stunden = 40 Arbeitsstunden in der Nachtschicht

27., 28.: Früh- und Spätdienst

29.: Fünf Nachtdienste à 8 Stunden = 40 Arbeitsstunden in der Nachtschicht

30., 31.: Früh- und Spätdienst

32.: Fünf Nachtdienste à 8 Stunden = 40 Arbeitsstunden in der Nachtschicht

33., 34.: Früh- und Spätdienst

35.: Erholungsurlaub

Ende des Berechnungsmonats August mit Ablauf der 35. Kalenderwoche

36., 37.: Früh- und Spätdienst

38., 39.: Arbeitsunfähigkeit

Ende des Berechnungsmonats September in der 40. Kalenderwoche

40., 41.: Arbeitsunfähigkeit

42., 43.: Früh- und Spätdienst

Ende des Berechnungsmonats Oktober in der 44. Kalenderwoche

44.: Fünf Nachtdienste à 8 Stunden = 40 Arbeitsstunden in der Nachtschicht

45., 46.:	Früh- und Spätdienst
47.:	Fünf Nachtdienste à 8 Stunden = 40 Arbeitsstunden in der Nachtschicht
48.:	Früh- und Spätdienst
Ende des Berechnungsmonats November in der 48. Kalenderwoche	

Die Mitarbeiterin hat also zwischen dem Ablauf der 32. KW und dem Beginn der 44. KW wegen Erholungsurlaubs in der 35. KW und der Arbeitsunfähigkeit von der 38. bis 41. KW keine Nachtschichtstunden geleistet. Ein Anspruch auf Wechselschichtzulage besteht daher wie folgt:

August: 120 Nachtschichtstunden in zehn Kalenderwochen (26. bis 35. KW), der Durchschnitt in je fünf Wochen beträgt 60 Nachtschichtstunden. Damit besteht ein Anspruch auf eine Wechselschichtzulage gemäß Abschnitt VII Abs. b Nr. 1 in Höhe von 102,26 Euro (bzw. 94,59 Euro[87]).

September: 40 Nachtarbeitstunden in zehn Kalenderwochen (30. bis 39. KW), im Durchschnitt sind dies 20 Nachtschichtstunden in je fünf Wochen. Dagegen hat die Mitarbeiterin in 14 Kalenderwochen (26. bis 39. KW) 120 Nachtschichtstunden geleistet, dies sind im Durchschnitt von je sieben Kalenderwochen 60 Nachtschichtstunden. Damit hat die Mitarbeiterin einen Anspruch auf die Wechselschichtzulage nach Abschnitt VII Abs. b Nr. 2 in Höhe von 61,36 Euro (bzw. 56,76 Euro).

Oktober: 40 Nachtschichtstunden in 14 Kalenderwochen (30. bis 43. KW) im Durchschnitt sind dies 20 Nachtschichtstunden in sieben Kalenderwochen. Die für die Gewährung einer Wechselschichtzulage erforderlichen durchschnittlichen 40 Nachtschichtstunden hat die Mitarbeiterin nicht erreicht. Da sie aber ständig Schichtarbeit mit Wechsel der Schichtart längstens nach einem Monat leistet und die

87 § 2a Abs. 3 AT – Übergangsregelung für die Bundesländer und den Teil des Landes Berlin, für die das Grundgesetz vor dem 3.10.1990 nicht galt.

Zeitspanne mehr als 18 Stunden beträgt, hat sie einen Anspruch auf Gewährung einer Schichtzulage gemäß Abschnitt VII Abs. c Nr. 1 in Höhe von 46,02 Euro (bzw. 42,57 Euro).

November: 80 Nachtschichtstunden in zehn Kalenderwochen (39. bis 48. KW), im Durchschnitt hat die Mitarbeiterin 40 Nachtschichtstunden in je fünf Wochen geleistet und erhält daher die Wechselschichtzulage nach Abschnitt VII Abs. b Ziffer 1 in Höhe von 102,26 Euro (bzw. 94,59 Euro).
Für die Berechnung der Urlaubsvergütung, die auch während der Arbeitsunfähigkeit zu zahlen ist, ergibt sich somit, dass im Monat August während des Erholungsurlaubs noch 102,26 Euro (bzw. 94,59 Euro), im Monat September während der Arbeitsunfähigkeit dagegen 61,36 Euro (bzw. 56,76 Euro) und im Monat Oktober während der Arbeitsunfähigkeit nur 46,02 Euro (bzw. 42,57 Euro) als Wechselschicht- beziehungsweise Schichtzulage „weiterzuzahlen“ ist.

c) Tausch von Nachtdiensten

Die durch Tausch außerhalb der dienstplanmäßigen Nachtschicht geleisteten Nachtdienststunden zählen nach Auffassung des Bundesarbeitsgerichts[88] für die Feststellung der erforderlichen Nachtschichtstunden mit.

Beispiel:

Eine Mitarbeiterin leistet nach dem Dienstplan in einer Kalenderwoche von Montag bis Donnerstag Nachtdienst. Da sie Donnerstagabend einen privaten Termin wahrnehmen will tauscht sie mit ihrer Kollegin, die in der nächsten Woche Nachtdienst hat und leistet ihren ausgefallenen Nachtdienst am Donnerstag der nächsten Woche. Die Zahl der dienstplanmäßig zu leistenden Nachtschichtstunden bleibt daher gleich, da die infolge des Tausches in der dienstplanmäßigen Nachtschichtwoche nicht geleisteten Nachtschichtstunden nicht mitzurechnen sind.

[88] BAG, a.a.O.

d) Mehrarbeit/Überstunden im Nachtdienst

Leistet die Mitarbeiterin unmittelbar vor oder nach der dienstplanmäßigen beziehungsweise betriebsüblichen Nachtschicht weitere Arbeit, zum Beispiel Überstunden, so werden diese Stunden nicht zu den erforderlichen 40 Arbeitsstunden hinzu gezählt.

Beispiel

Die dienstplanmäßige Nachtschicht ist auf die Zeit von 23.00 Uhr bis 6.00 Uhr festgelegt. Auf Anordnung des Dienstgebers tritt die Mitarbeiterin den Dienst jedoch bereits um 21.00 Uhr an und beendet ihn um 6.30 Uhr. Für die Feststellung, ob die Mitarbeiterin in dem geforderten Zeitraum 40 Arbeitsstunden erbracht hat, werden nur die Stunden von 23.00 Uhr bis 6.00 Uhr erfasst.

Hinweis

Die Zahl der für eine Wechselschichtzulage erforderlichen Nachtschichtstunden kann nach folgender Formel ermittelt werden:

Nachtschichtstunden = dienstplanmäßige Nachtschichtstunden, minus durch Krankheit, Urlaub oder Tausch ausgefallene dienstplanmäßige Nachtschichtstunden, plus außerhalb des Dienstplans durch Tausch geleistete Nachtschichtstunden.

e) Durchschnittsberechnung

Leistet die Mitarbeiterin in je fünf Wochen durchschnittlich mindestens 40 Nachtschichtstunden, so steht ihr bei Vorliegen der sonstigen Voraussetzungen eine Wechselschichtzulage in Höhe von 102,46 Euro (94,59 Euro[89]) zu. Erbringt sie die geforderten mindestens 40 Nachtschichtstunden durchschnittlich in je sieben Wochen erhält sie noch 61,36 Euro (56,76 Euro[90]). Mit diesen unterschiedlichen Zeiträumen und Zulagenhöhen wird den jeweils unterschiedlich starken Belastungen der Mitarbeiterin Rechnung getragen.

89 § 2a Abs. 3 AT.
90 § 2a Abs. 3 AT.

Die Berechnung des Durchschnitts der Nachtschichtstunden innerhalb von fünf oder sieben Wochen ist in Anlage 1 Abschnitt VII nicht geregelt. Das Bundesarbeitsgericht hat in mehreren Entscheidungen[91] ausgeführt, dass die Berechnung eines Durchschnitts bedingt, dass mindestens zwei Zeiträume von fünf beziehungsweise sieben Wochen, somit zehn beziehungsweise vierzehn Wochen, in die Berechnung mit einzubeziehen sind. Daraus folgt, dass ein Anspruch auf eine Wechselschichtzulage für einen bestimmten Monat immer dann begründet ist, wenn nach Ablauf des Monats feststeht, dass die Mitarbeiterin in den letzten zehn oder vierzehn Wochen mindestens 80 Arbeitsstunden in der dienstplanmäßigen Nachtschicht geleistet hat.
Das Bundesarbeitsgericht[92] hält es schon aus Praktikabilitätsgründen für zulässig, einheitlich in der Einrichtung entweder auf die letzten 70 beziehungsweise 98 Kalendertage oder auf die letzten zehn beziehungsweise vierzehn vollen Kalenderwochen abzustellen.

XIII. Schichtzulage, Anlage 1 Abschnitt VII Abs. c

1. Ständige Arbeit

Die Mitarbeiterin muss, um eine Schichtzulage zu erhalten, ständig Schichtarbeit oder Arbeit mit Arbeitsunterbrechung, das heißt den sogenannten geteilten Dienst leisten.
Der Begriff „ständig“ wird von der Regelung des Abschnitt VII Abs. c nicht erläutert. Nach Auffassung des Bundesarbeitsgerichts[93] muss die Mitarbeiterin auf Dauer aufgrund von Schichtplänen eingesetzt werden, die die Anforderungen nach Anlage 5 § 2 Abs. 2 Unterabs. 2 erfüllen. Dies ist auch dann der Fall, wenn diese Schichtpläne nur einen einmaligen Wechsel der täglichen Arbeitszeit in Zeitabständen von längstens einem Monat vorsehen sollten. Demgegenüber liegt nur gelegentliche und damit nicht „ständige“ Schichtarbeit vor, wenn die Mitarbeiterin nicht dienstplanmäßig mit Schichtarbeit beschäftigt wird,

---

91 BAG, Urteil vom 13.10.1993–10 AZR 294/92, NZA 1994, 805f.; BAG, Urteil vom 18.5.1994–10 AZR 391/93, NZA 1995, 392.

92 BAG, Urteil vom 7.2.1996–10 AZR 203/94, NZA 1996, 885ff.

93 BAG, Urteil vom 22.3.1995–10 AZR 167/94, ZTR 1995, 407f., zu der insoweit wortgleichen Regelung des § 33a BAT.

sondern zu Schichtarbeit nur aufgrund besonderer Umstände herangezogen wird.
Für die Zeiten des Blockunterrichts von Gesundheits- und Krankenpflegeschülerinnen liegt kein ständiger Einsatz nach einem Dienstplan vor. Auch die Auszubildenden müssen nach Auffassung des Bundesarbeitsgerichts[94] auf Dauer aufgrund von Schichtplänen eingesetzt werden. Für die Zeit der Teilnahme am Blockunterricht sind diese Voraussetzungen nicht gegeben, weil die Auszubildenden an diesen Tagen nicht nach dem maßgebenden Dienstplan eingesetzt werden und damit nicht den besonderen Erschwernissen des Schichtdienstes ausgesetzt sind.

2. Schichtplan beziehungsweise Dienstplan

Der „Schichtplan" kann zum einen so gestaltet sein, dass er ohne konkret Mitarbeiterinnen zu benennen, die in der jeweiligen Einrichtung festgelegte Abfolge von Schichten und deren Dauer festhält. Der Schichtplan hält damit die Verteilung der zu leistenden Arbeitsmenge auf die Tageszeiten fest. Der Klammerzusatz „Dienstplan" verweist aber auch darauf, dass der Schichtplan zum anderen auch als Dienstplan im Rahmen der regelmäßigen Arbeitszeit nach Anlage 5 § 1 festlegt, wann und zu welchen Schichten die jeweilige Mitarbeiterin ihren Schichtdienst abzuleisten hat.
Für den Anspruch auf die Zulage nach Abschnitt VII Abs. c kommt es nicht darauf an, ob der Dienstplan vom Dienstgeber bestimmt wird oder von den Mitarbeitern selbst.[95]

3. Schichtarbeit

Für den Begriff der Schichtarbeit ist entscheidend, dass eine bestimmte Arbeitsaufgabe über einen erheblich längeren Zeitraum als die wirkliche Arbeitszeit einer Mitarbeiterin hinaus anfällt und daher von mehreren Mitarbeiterinnen oder Mitarbeitergruppen in einer geregelten zeitlichen Reihenfolge, teilweise auch außerhalb der allgemein üblichen Arbeitszeit, erbracht wird.[96]

94 BAG, Urteil vom 28.8.1996–10 AZR 179/96, ZTR 1997, 36f.
95 BAG, Urteil vom 2.10.1996–10 AZR 232/96, NZA 1997, 504f.
96 BAG, Urteil vom 14.12.1993–10 AZR 368/93, NZA 1994, 804f.

Bei der Schichtarbeit arbeiten nicht sämtliche Beschäftigte einer Einrichtung zur gleichen Zeit, sondern ein Teil arbeitet, während der andere Teil arbeitsfreie Zeit hat. Eine übereinstimmende Arbeitsaufgabe wird von untereinander austauschbaren Mitarbeiterinnen erfüllt. Die einzelnen Schichten müssen sich nicht ablösen, sie können sich auch teilweise überlappen.
Nach Anlage 5 § 2 Abs. 2 Unterabs. 2 ist Schichtarbeit die Arbeit nach einem Schichtplan (Dienstplan), der einen regelmäßigen Wechsel der täglichen Arbeitszeit im Zeitabschnitt von längstens einem Monat von einer Schichtart in eine andere, so zum Beispiel von der Frühschicht in die Spätschicht oder gegebenenfalls in die Nachtschicht vorsieht. Ein ununterbrochener Fortgang der Arbeit, wie dies bei der Wechselschichtarbeit gefordert wird, ist hier nicht vorausgesetzt. Die Schichten in der Einrichtung müssen sich auch nicht über alle Stunden des Tages erstrecken.
Schichtarbeit liegt auch dann vor, wenn Arbeitsbeginn und Arbeitsende täglich oder wöchentlich nach dem Dienstplan nur in einem Abstand von ein oder zwei Stunden wechseln. Abschnitt VII Abs. c stellt auf den Umfang der Arbeitszeitverschiebung nicht ab.

Beispiel[97]

Die Mitarbeiterin ist als Krankenpflegerin im Caritas-Krankenhaus im Früh-, Mittel- und Spätdienst mit folgenden Dienstzeiten beschäftigt: Frühdienst von 6.00 Uhr bis 18.00 Uhr, Mitteldienst von 7.00 bis 19.00 Uhr, Spätdienst von 9.00 – 21.00 Uhr. Die Mitarbeiterin leistet damit Schichtarbeit.

Schichtarbeit liegt auch dann vor, wenn die Arbeit in einer der Schichten durch eine längere Arbeitspause unterbrochen wird.[98]

97 BAG, a.a.O.
98 BAG, Urteil vom 2.10.1996–10 AZR 232/96, NZA 1997, 504f.

Beispiel

Für die Erzieherinnen in einem Wohnheim für Menschen mit Behinderungen gelten folgende Arbeitszeiten: Montags bis freitags im Frühdienst von 6.00 bis 8.00 Uhr, im Spätdienst von 15.45 bis 22.30 Uhr. An Samstagen, Sonntagen und Feiertagen wird durchgehend von 8.00 Uhr bis 22.30 Uhr gearbeitet. Ein täglicher Bereitschaftsdienst dauert von 22.30 Uhr bis 6.00 Uhr. Montags bis freitags werden die Heimbewohner in einer Werkstatt für Menschen mit Behinderungen beschäftigt, so dass an diesen Tagen in der Zeit zwischen 8.00 Uhr und 15.45 Uhr für die Mitarbeiterinnen keine Arbeit anfällt. Arbeitet eine Erzieherin im Laufe eines Monats zu ständig wechselnden Zeiten in den genannten Schichten, dann steht dieser Mitarbeiterin eine Schichtzulage in Höhe von 35,79 Euro zu, da die Zeitspanne zwischen Beginn der frühesten Schicht und dem Ende der spätesten Schicht mehr als 13 Stunden beträgt.

Ein dienstplanmäßiger Einsatz erfüllt auch dann die Voraussetzungen der Schichtarbeit im Sinne der Anlage 5 § 2 Abs. 2 Unterabs. 2, wenn der Dienstplan überhaupt regelmäßig einen Wechsel der täglichen Arbeitszeit in Zeitabständen von längstens einem Monat vorsieht. Daraus folgt nach der ständigen Rechtsprechung des Bundesarbeitsgerichts,[99] dass auch ein Dienstplan, der nur einen einmaligen Wechsel der täglichen Arbeitszeit in Zeitabständen von längstens einem Monat vorsieht, die Voraussetzungen der Schichtarbeit erfüllt. Ein annähernd gleichmäßiger Einsatz in den verschiedenen Schichten wird auch bei der Schichtzulage nach Abschnitt VII Abs. c nicht vorausgesetzt.

4. Geteilter Dienst – Arbeit mit Arbeitsunterbrechung, Anlage 1 Abschnitt VII Abs. c

Neben der Schichtarbeit wird in Abschnitt VII Abs. c auch den mit dem sogenannten geteilten Dienst verbundenen erhöhten Belastungen Rechnung getragen. Im Unterschied zur Schichtarbeit bleibt bei der Arbeit im geteilten Dienst die tägliche Arbeitszeit unverändert, die tägliche Arbeitszeit wird jedoch durch längere Pausen unterbrochen.

99 U.a. BAG, Urteil vom 22.3.1995–10 AZR 167/94, ZTR 1995, 407f.

Beispiel

In einem Kinder- und Jugendheim arbeiten die pädagogischen Mitarbeiterinnen montags bis freitags in der Zeit von 6.00 Uhr bis 8.30 Uhr und von 15.30 bis 22.00 Uhr. In der Zwischenzeit befinden sich die Kinder und Jugendlichen in der Schule, Ausbildung oder anderweitiger Betreuung.

Auch im Falle des geteilten Dienstes muss die betroffene Mitarbeiterin „ständig" diesen Dienst leisten. Es genügt für eine ständige Beschäftigung im geteilten Dienst nicht, wenn die Mitarbeiterin nur vereinzelt und aus besonderen Umständen geteilten Dienst leistet.
Darüber hinaus muss der geteilte Dienst mit dem Arbeitsbeginn im frühen Teil und dem Arbeitsende im späteren Teil eine der in Abschnitt VII Abs. c Ziffer 1 oder Ziffer 2 genannten Zeitspannen umfassen.

5. Zeitspannen der Anlage 1 Abschnitt VII Abs. c Ziffer 1 und Ziffer 2

Neben der Leistung von Schichtarbeit oder geteiltem Dienst müssen die Schichten, in denen die Mitarbeiterin arbeitet, einen bestimmten zeitlichen Rahmen umfassen. Während das Vorliegen einer Zeitspanne von mindestens 13 Stunden zur Gewährung einer Schichtzulage in Höhe von 35,79 Euro (33,11 Euro[100]) führt, wird der Mitarbeiterin eine Schichtzulage in Höhe von monatlich 46,02 Euro (42,57 Euro[101]) gezahlt, wenn die Zeitspanne mindestens 18 Stunden beträgt.
Der Begriff „Zeitspanne" wird in der Anmerkung zu Abschnitt VII Abs. c definiert. Demnach ist Zeitspanne die Zeit zwischen dem Beginn der frühesten und dem Ende der spätesten Schicht innerhalb von 24 Stunden. Der 24-Stunden-Zeitraum, innerhalb dessen die Zeitspanne gemessen wird, beginnt mit der frühesten Schicht im Arbeitsbereich der Mitarbeiterin. Abzustellen ist dabei auf die Schichten, in denen die Mitarbeiterin tatsächlich eingesetzt ist. Schichten, die für die Mitarbeiterin nicht in Betracht kommen, bleiben unberücksichtigt.

---

100 § 2a Abs. 3 AT.
101 § 2a Abs. 3 AT.

Entscheidend für die Festlegung der Zeitspanne im Einzelfall ist somit der Beginn der frühesten Schicht im Arbeitsbereich der Mitarbeiterin, an der diese teilnimmt, und das Ende der spätesten Schicht, an der diese teilnimmt.

Beispiel

Die Mitarbeiterinnen eines Alten- und Pflegeheims arbeiten im wöchentlichen Wechsel im Frühdienst von 7.00 bis 15.00 Uhr und im Spätdienst von 12.00 bis 20.00 Uhr. Zwischen dem Beginn des Frühdienstes um 7.00 Uhr und dem Ende des Spätdienstes um 20.00 Uhr liegt eine Zeitspanne von 13 Stunden. Somit ist bei Vorliegen der sonstigen Voraussetzungen, u.a. ständige Schichtarbeit, die Schichtzulage gemäß Abschnitt VII Abs. c Ziffer 2 von 35,79 Euro (33,11 Euro) zu zahlen.

Beispiel

Die Mitarbeiterinnen einer Einrichtung arbeiten im wöchentlichen Wechsel im Frühdienst von 7.00 bis 15.00 Uhr, im Zwischendienst von 11.00 bis 19.00 Uhr und im Spätdienst von 17.00 Uhr bis 1.00 Uhr. Zwischen dem Beginn der Frühschicht um 7.00 Uhr und dem Ende der Spätschicht um 1.00 Uhr liegt eine Zeitspanne von 18 Stunden, somit ist die Schichtzulage in Höhe von 46,02 Euro (42,57 Euro) nach Abschnitt VII Abs. c Ziffer 1 zu zahlen.

Abwandlung: Eine Mitarbeiterin arbeitet aufgrund einer vertraglichen Vereinbarung nur im Früh- und Zwischendienst, aber nie im Spätdienst. Zwischen dem Beginn der frühesten Schicht, an der die Mitarbeiterin teilnimmt, um 7.00 Uhr, und dem Ende der spätesten Schicht, an der sie teilnimmt, um 19.00 Uhr, liegt eine Zeitspanne von zwölf Stunden. Damit steht der Mitarbeiterin keine Schichtzulage zu.

Bei einem geteilten Dienst ist für die Berechnung der Zeitspanne der Beginn des frühesten Teils und das Ende des spätesten Teils der Arbeit der Mitarbeiterin innerhalb von 24 Stunden zugrunde zu legen.

Beispiel

Die Mitarbeiterinnen einer Sozialstation arbeiten ständig im geteilten Dienst und zwar in der Zeit von 6.00 Uhr bis 8.30 Uhr und 16.30 bis 20.30 Uhr. Die Zeitspanne, innerhalb der die Mitarbeiterinnen ihre Arbeit zu erbringen haben, beträgt mehr als 13 Stunden. Damit steht den Mitarbeiterinnen die Schichtzulage nach Abschnitt VII Abs. c Ziffer 2 in Höhe von 35,79 Euro (33,11 Euro) zu.

Es ist nicht erforderlich, dass die Zeitspanne in jedem 24-Stunden-Zeitraum gleich lang ist. Die geforderte Stundenzahl muss lediglich im Durchschnitt an den im Schichtplan vorgesehenen Arbeitstagen erreicht werden.

Beispiel

Die Mitarbeiterin arbeitet in der Fünf-Tage-Woche in einem Caritaskrankenhaus. Nach dem Schichtplan in ihrem Arbeitsbereich beträgt die Zeitspanne im

- ersten 24-Stunden-Zeitraum 17,5 Stunden
- zweiten 24-Stunden-Zeitraum 18,0 Stunden
- dritten 24-Stunden-Zeitraum 18,5 Stunden
- vierten 24-Stunden-Zeitraum 17,0 Stunden
- fünften 24-Stunden-Zeitraum 19,0 Stunden.

Damit ist eine Zeitspanne von durchschnittlich mindestens 18 Stunden erreicht.

Geht der Schichtplan aber von mehr als fünf Arbeitstagen in der Woche aus und wird, weil zum Beispiel am Wochenende verkürzte Schichten vorgesehen sind, die durchschnittliche Zeitspanne von mindestens 13 oder 18 Stunden nicht in jedem 24-Stunden-Zeitraum erreicht, kann[102] gemäß Satz 3 der Anmerkung zu Abs. c die Berechnung des Durchschnitts auf fünf Arbeitstage wöchentlich beschränkt

102 Laut Rechtsprechung ist dieses „kann" immer dann ein „muss", wenn diese Berechnungsweise für die Mitarbeiterin günstiger ist: BAG, Urteil vom 1.9.1993–10 AZR 259/92, ZTR 1994, 162f.

werden. Dabei ist es unerheblich, welche 24-Stunden-Zeiträume der Berechnung des Durchschnitts zugrunde gelegt werden.

Beispiel

Der Schichtplan der Mitarbeiterin sieht für eine Woche Arbeit an allen Tagen der Woche vor. Die Zeitspanne beträgt im

- ersten 24-Stunden-Zeitraum 13,5 Stunden
- zweiten 24-Stunden-Zeitraum 13,5 Stunden
- dritten 24-Stunden-Zeitraum 13,5 Stunden
- vierten 24-Stunden-Zeitraum 13,5 Stunden
- fünften 24-Stunden-Zeitraum 12,0 Stunden
- sechsten 24-Stunden-Zeitraum 11,0 Stunden
- siebten 24-Stunden-Zeitraum 9,0 Stunden

Die geforderte Stundenzahl von durchschnittlich mindestens 13 Stunden ist erreicht, wenn der sechste und siebte 24-Stunden-Zeitraum unberücksichtigt bleibt.

6. Teilzeitbeschäftigte Mitarbeiterinnen

Für Teilzeitbeschäftigte gelten die Anspruchsvoraussetzungen in gleicher Weise wie für vollzeitbeschäftigte Mitarbeiterinnen. Es erfolgt insbesondere keine Reduzierung der in den einzelnen Regelungen geforderten Zahl an Nachtarbeitsstunden.
Erfüllen teilzeitbeschäftigte Mitarbeiterinnen die Voraussetzungen des Anspruchs auf Schicht- oder Wechselschichtzulage, dann steht ihnen der Anspruch in **voller Höhe** zu. Das Bundesarbeitsgericht[103] hat insoweit entschieden, dass Teilzeitbeschäftigung allein kein Grund sein darf, den betroffenen Mitarbeiterinnen die Wechselschicht- beziehungsweise Schichtzulage nur entsprechend dem Anteil ihrer vertraglichen Arbeitszeit zu zahlen, wenn die übrigen Voraussetzungen zur Gewährung der Zulage gegeben sind.

103 BAG, Urteil vom 23.6.1993–10 AZR 127/92, NZA 1994, 41f.

7. Gesundheits- und Krankenpflege- und Altenpflegeschülerinnen, Kranken- und Altenpflegehelferinnen

Gesundheits- und Krankenpflege- sowie Altenpflegeschülerinnen erhalten bei Vorliegen der Voraussetzungen gemäß Anlage 7 Abschnitt B II § 3 Abs. b (bb) die Wechselschicht- und Schichtzulage zu drei Vierteln. Die Voraussetzungen für die Wechselschichtzulage dürften die Schülerinnen in der Praxis nur in Ausnahmefällen erfüllen, während die Voraussetzungen für die Schichtzulage nach Anlage 1 Abschnitt VII Abs. c bei Schichtarbeit in einer Zeitspanne von mindestens 13 oder mindestens 18 Stunden eher vorliegen werden.
Werden Schülerinnen, die die Schichtzulage erhalten, vorübergehend in einem Tätigkeitsbereich ausgebildet, in dem keine Wechselschicht- beziehungsweise Schichtarbeit geleistet wird, dann steht die Schichtzulage für diese Zeiten nicht zu. Dies gilt ebenfalls nach einer Entscheidung des Bundesarbeitsgerichts[104] während der Teilnahme von Schülerinnen am Blockunterricht.
Nach Anlage 7 Abschnitt B II § 11 ist somit in entsprechender Anwendung der Anlage 1 Abschnitt X Abs. b Satz 1 die Schichtzulage für jeden dieser Tage des Blockunterrichts zu kürzen.
Nach Anlage 7 Abschnitt C II erhalten Schülerinnen in der Ausbildung zum Krankenpflegehelfer sowie Altenpflegehelfer bei Vorliegen der Voraussetzungen ebenfalls die Wechselschicht- beziehungsweise Schichtzulage nach Anlage 1 Abschnitt VII zu drei Vierteln. Im übrigen gelten die obigen Ausführungen entsprechend.

XIV. Urlaub

Die Dauer des Erholungsurlaubs ist nach dem Lebensalter gestaffelt. Darüber hinaus wird die Verteilung der durchschnittlichen regelmäßigen wöchentlichen Arbeitszeit von 5 Arbeitstagen zugrunde gelegt (Anlage 14 § 3).

---

104 BAG, Urteil vom 28.8.1996–10 AZR 179/96, ZTR 1997, 36f.

1. Sonderregelungen für Jugendliche und schwerbehinderte Mitarbeiterinnen

Jugendliche haben einen nach Werktagen geregelten Urlaubsanspruch nach § 19 JArbSchG: mindestens 30 Werktage, wenn sie unter 16 Jahren sind; mindestens 27 Werktage, wenn sie noch nicht 17 Jahre alt sind und mindestens 25 Werktage, wenn sie noch nicht 18 Jahre zu Beginn des Kalenderjahres sind.
Schwerbehinderte Menschen haben einen Anspruch von fünf zusätzlichen Arbeitstagen im Urlaubsjahr (§ 125 SGB IX).[105]

2. Bestimmungen des BUrlG vorrangig

Bei allen Mitarbeiterinnen müssen die den AVR- Regelungen vorrangigen Bestimmungen der §§ 4, 5 BUrlG beachtet werden.

3. Abweichungen von der Fünf-Tage-Woche

Da sich auch Abweichungen von der Fünf-Tage-Woche ergeben können, ist in Anlage 14 § 3 Abs. 5 bestimmt, dass der Urlaub – wie nachstehend aufgezeigt – zu erhöhen beziehungsweise zu vermindern ist.
Auch § 125 SGB IX sieht für schwerbehinderte Menschen eine Erhöhung beziehungsweise Verringerung des Urlaubs beim Abweichen von der Fünf-Tage-Woche vor.

> **Hinweis**
>
> Für dienstplanmäßig freie Tage müssen die Mitarbeiterinnen selbstverständlich keine Urlaubstage ansetzen.

Die Zahl der Arbeitstage, um die der Urlaub zu erhöhen beziehungsweise zu vermindern ist, ist wie folgt zu berechnen:

---

105 Dies gilt nur für eine Fünf Tage Woche.

a) Erhöhung bei mehr als der Fünf-Tage-Woche

Erholungsurlaub	X	Zahl der zusätzlichen dienstplanmäßigen Arbeitstage im Urlaubsjahr, die über die Fünf-Tage-Woche hinausgehen
		260

b) Kürzung bei weniger als der Fünf-Tage-Woche

Erholungsurlaub	x	Zahl der zusätzlichen freien Tage im Urlaubsjahr, die sich bei einer Verteilung auf weniger als fünf Tage wöchentlich durchschnittlich ergeben
		260

4. Beispiele zur Berechnung

Beispiel 1

Eine Mitarbeiterin, die das 40. Lebensjahr vollendet hat, arbeitet in der Vier-Tage-Woche. Die Anzahl der Urlaubstage errechnet sich wie folgt:

$$\frac{30 \text{ Tage} \times 52 \text{ Tage}}{260} = 6 \text{ Tage,}$$

um die der Erholungsurlaub zu reduzieren ist

30 Tage Erholungsurlaub ./. 6 Tage = 24 Tage Erholungsurlaub.

Beispiel 2

Wie oben, aber 3,46-Tage-Woche. Die Anzahl der Urlaubstage errechnet sich wie folgt:

$$\frac{30 \text{ Tage} \times 80{,}08 \text{ Tage}}{260} = 9{,}24 \text{ Tage,}$$

um die der Erholungsurlaub zu reduzieren ist

30 Tage Erholungsurlaub ./. 9,24 Tage = 20,76
aufgerundet (gem. § 3 Abs. 5 Unterabs. 4 Anlage 14)
= 21 Tage Erholungsurlaub

Beispiel 3

Wie oben, aber 6TageWoche. Die Anzahl der Urlaubstage errechnet sich wie folgt:

$$\frac{30 \text{ Tage} \times 52 \text{ Tage}}{260} = 6 \text{ Tage,}$$

um die der Erholungsurlaub zu erhöhen ist

30 Tage Erholungsurlaub + 6 Tage = 36 Tage Erholungsurlaub

Beispiel 4

Wie oben, aber unregelmäßige Arbeitszeiten. Die Anzahl der Urlaubstage errechnet sich wie folgt:

Hier ist aufgrund der vertraglichen Vereinbarung (z.B. 20 Tage in 13 Wochen) zu ermitteln, wie viel freie Tage mehr oder weniger im Jahr die Mitarbeiterinnen) gegenüber einer Mitarbeiterin, die in der Fünf-Tage-Woche arbeitet, hat. Um diese Zahl geteilt durch 260 ist der Urlaub zu verlängern oder zu verkürzen.

$$\frac{30 \text{ Tage} \times 180 \text{ Tage}^{106}}{260} = 20{,}77 \text{ Tage,}$$

um die der Erholungsurlaub zu reduzieren ist

30 Tage Erholungsurlaub – 20,77 Tage = 9,23 Tage[107] Erholungsurlaub (eine Abrundung ist in Anlage 14 nicht vorgesehen).

Beispiel 5

Berechnung des Urlaubsanspruches für ausschließlich im Nachtdienst beschäftigte Mitarbeiterinnen und Mitarbeiter

Bei Mitarbeiterinnen, die ausschließlich in Nachtdiensten beschäftigt sind, tritt öfters die Frage nach der Berechnung des Urlaubsanspruches auf. Das folgende Beispiel soll verdeutlichen, wie sich der Urlaub bei den betroffenen Mitarbeiterinnen errechnet:

Eine 45-jährige Mitarbeiterin leistet 16 Nachtdienste pro Monat. Gemäß § 3 Abs. 4 der Anlage 14 sind ***Arbeitstage*** alle Kalendertage, an denen die Mitarbeiterinnen dienstplanmäßig oder in ihrer Einrichtung üblicher-

106 Die Mitarbeiterin arbeitet im Jahr (= 52 Wochen) 80 Tage (= 4 x 20 Tage), das sind 180 weniger als derjenige in der Fünf-Tage-Woche.

107 Dabei muss jedoch darauf geachtet werden, dass die Mitarbeiterin mindestens zwei Wochen zusammenhängenden Urlaub gewährt erhält, Anlage 14 § 1 Abs. 4 S. 2.

weise zu arbeiten haben oder zu arbeiten hätten. Endet eine Dienstleistung nicht an dem Kalendertag, an dem sie begonnen hat, gilt als Arbeitstag der Kalendertag, an dem die Dienstleistung begonnen hat.

Die oben genannte Mitarbeiterin arbeitet somit 16 Arbeitstage im Monat. Ist die Anzahl der Nachtdienste pro Monat gleich, so erbringt die Mitarbeiterin im Kalenderjahr (Urlaubsjahr ist das Kalenderjahr, § 1 Abs. 1 der Anlage 14) damit an 192 Arbeitstagen ihre geschuldete Leistung (16 x 12=192). Die Urlaubsregelung der Anlage 14 zu den AVR geht, wie bereits ausgeführt, von 260 Arbeitstagen pro Urlaubsjahr aus, wobei sich der Urlaub für jeden zusätzlichen arbeitsfreien Tag im Urlaubsjahr um 1/260 des der Mitarbeiterin zustehenden Urlaubs vermindert, bzw. für jeden zusätzlichen Arbeitstag im Jahr um 1/260 verlängert. Da der Wortlaut der Regelung des § 3 Abs. 5 (Verlängerung bzw. Verkürzung des Urlaubsanspruches) in dem vorliegenden Beispiele nicht unmittelbar angewandt werden kann, ergibt sich aus unserer Sicht in Anlehnung an § 3 Abs. 5 folgende Formel:

260 - 192 (16 x 12) = 68 arbeitsfreie Tage im Urlaubsjahr
Jeder zusätzliche arbeitsfreie Tag im Urlaubsjahr vermindert den Urlaub um 1/260, hier hätte die Mitarbeiterin auf Grund ihres Alters bei Leistung von 260 Arbeitstagen/ Kalenderjahr grundsätzlich einen Anspruch von 30 Arbeitstagen Urlaub.

30 x 68 : 260 = 7,84 (an dieser Stelle wird nicht aufgerundet)
30 (Urlaubsanspruch bei 260/Urlaubsjahr) – **7,84 = 22,16 (tatsächlicher Urlaubsanspruch**)

Der Urlaubsanspruch ist, wie oben errechnet, tatsächlich zu gewähren, d.h. die Mitarbeiterin hat einen Anspruch auf Erholungsurlaub in Höhe von 22,16 Arbeitstagen. Die Bruchteile eines Arbeitstages, die weniger als 0,5 betragen, werden mit berücksichtigt, da die Urlaubsregelung der Anlage 14 zu den AVR keine Abrundungsvorschrift enthält.

5. Berechnung des Urlaubs bei dauerhafter oder jahreszeitlich bedingter vorübergehender Änderung der Verteilung der durchschnittlichen wöchentlichen Arbeitszeit

Bei dauerhafter oder jahreszeitlich bedingter vorübergehender Änderung der Verteilung der durchschnittlichen wochentlichen Arbeitszeit, ist die Zahl der Arbeitstage zugrunde zu legen, die sich ergeben würde, wenn die für die Urlaubszeit maßgebende Verteilung der Arbeitszeit für das ganze Jahr gelten würde.

Beispiel: Eine 50jähriger Mitarbeiterin arbeitet von Januar bis August in der 2-Tage-Woche. Ab September ändert sie die Verteilung der Arbeitszeit auf die 4-Tage-Woche. Die Mitarbeiterin hat im Juni bereits vier Tage Urlaub genommen. Im Oktober fragt die Mitarbeiterin nach, wie viel Urlaub ihr für das Kalenderjahr noch zusteht?

Lösung: Die Mitarbeiterin hat in der 2-Tage-Woche einen Jahresurlaubsanspruch von 12 Arbeitstagen (6 x 2 Arbeitstage= 6 Kalenderwochen Urlaub, entspricht 30 Urlaubstagen in der 5-Tage-Woche). Hiervon hat sie bereits vier Tage genommen. In der 4-Tage-Woche ab September stünde ihr ein Jahresurlaub von 24 Arbeitstagen zu (6 x 4 Arbeitstage = 6 Wochen Urlaub). Von diesen 24 Tagen Jahresurlaub hat die Mitarbeiterin bereits 4/12 in Anspruch genommen, so dass ihr von den 24 Urlaubstagen noch 8/12 verbleiben. D.h.: 24 x 8/12 = 16 Arbeitstage Erholungsurlaubsanspruch hat die Mitarbeiterin noch.

XV. Mehrtägige Freizeiten

Anlage 5 § 10 verweist auf die Nichtanwendung des Arbeitszeitgesetzes nach § 18 Abs. 1 Nr. 3 ArbZG in den Fällen, in denen Mitarbeiterinnen in häuslicher Gemeinschaft mit den Ihnen anvertrauten Personen zusammenleben und sie eigenverantwortlich erziehen, pflegen oder betreuen. Die Arbeitszeitregelungen der Anlage 5 passen nicht auf die genannte Mitarbeitergruppe. Denn die besonderen Lebens- und Arbeitsbedingungen der Mitarbeiterinnen, die mit Behinderten, Kindern (z.B. in Kinderdörfern) oder Drogenabhängigen in häuslicher Gemeinschaft leben, lassen eine exakte Trennung zwischen Arbeitszeit, Ruhepausen, Ruhezeiten und Freizeit nicht zu.
In der Praxis wurde es deshalb bisher als notwendig erachtet, Sondervereinbarungen zwischen dem Dienstgeber und der Mitarbeiterin, die in häuslicher Gemeinschaft arbeitet und lebt, abzuschließen.[108]

---

108 Beate Bockstahler, Erläuterungen der AK-Beschlüsse vom 15.3.2001, neue caritas Heft Nr. 9/2001, S. 28.

Ein Zusammenleben in häuslicher Gemeinschaft liegt vor, wenn die Mitarbeiterin mit dem zu Betreuenden auf Dauer in einer Wohnung lebt, ein gemeinsamer Haushalt oder ein gemeinsames Wirtschaften ist nicht erforderlich.[109]
Für **Ferienfreizeiten oder ähnliche Maßnahmen** gilt § 10 ebenfalls entsprechend. Die Ausnahmeregelung des § 18 Abs. 1 Nr. 3 ArbZG, auf die sich die Regelung der Anlage 5 § 10 bezieht, ist auf die Mitarbeiterin anzuwenden, die in häuslicher Gemeinschaft mit den ihnen anvertrauten Personen zusammen leben und sie eigenverantwortlich erziehen, pflegen oder betreuen. **Eine Zeitdauer des Zusammenlebens ist nicht festgelegt. Dies kann wöchentlich oder 24-stündig sein.**[110]
Die Nichtanwendung des Arbeitszeitgesetzes hat u. a. zur Folge, dass die tägliche Arbeitszeitgrenze von zehn Stunden nicht zu beachten ist. Unabhängig davon trifft den Dienstgeber allerdings die Verpflichtung, festzulegen, wie die jeweiligen Tage (Tag der Anreise, Tag der Abreise, Tage des auswärtigen Aufenthaltes) zeitlich zu bemessen und eventuelle Mehrarbeit in Freizeit auszugleichen ist.
So kann zum Beispiel ein voller Tag der Abwesenheit pauschal mit zwölf Stunden Arbeit und der An- und Abreisetag, an denen auch die Reisezeiten zu berücksichtigen wären, pauschal mit acht Stunden Arbeitszeit angesetzt werden, dabei werden die möglichen Pausen und in der Nacht geleisteter Bereitschaftsdienst berücksichtigt.

XVI. Abrufarbeit

1. Abrufarbeit - § 12 TzBfG

a) Allgemeines

Die Abrufarbeit ist eine Form der Teilzeitarbeit. Abrufarbeit, oder in der Literatur auch synonym kapazitätsorientierte variable Arbeitszeit genannt (Kapovaz), stellt nach der gesetzlichen Definition des § 12 Abs. 1 Teilzeit- und Befristungsgesetz (TzBfG) ein Dienstverhältnis

109 Beate Bockstahler, a.a.O.
110 Schreiben des Staatl. Amtes für Arbeitsschutz Aachen vom 25.10.2001.

dar, in dem Dienstgeber und Mitarbeiterinnen vereinbaren können, dass die Mitarbeiterin ihre Arbeitsleistung entsprechend dem Arbeitsanfall zu erbringen hat (Arbeit auf Abruf).
Die Bezeichnung **„bedarfsabhängige variable Arbeitszeit"** ist allerdings zutreffender, da die Arbeitsleistung nicht von der Kapazität des Dienstgebers, sondern von seinem Bedarf abhängt[111].
Zu beachten ist, dass § 12 TzBfG nicht auf die Dienstverhältnisse anzuwenden ist, in denen lediglich die Lage der Arbeitszeit ungleichmäßig ist, wie z.B. in Wechselschichtarbeit, die Arbeitszeit an sich aber fest bestimmt ist.
Die Vereinbarung einer bedarfsabhängigen variablen Arbeitszeit kann aber gerade im **Bereich der ambulanten Pflege** relevant sein, wo nicht nur eine Flexibilität der Arbeitszeit bezüglich der Verteilung und Lage notwendig ist, sondern darüber hinaus auch der Umfang der Arbeitszeit arbeitstäglich variieren kann.

b) Rechtsnatur des Abrufs

Der Abruf der Arbeitsleistung ist rechtlich gesehen eine einseitige empfangsbedürftige Gestaltungserklärung des Dienstgebers, mit der er die Arbeitspflicht der Mitarbeiterin verbindlich festlegt. Dabei kann die Bekanntmachung des Abrufs unmittelbar an die Mitarbeiterin erfolgen, z.B. durch ein Gespräch zwischen Dienstgeber und Mitarbeiterin, oder mittelbar im Wege eines Aushangs bspw. am Schwarzen Brett. Im letzteren Fall muss die Mitarbeiterin jedoch die Möglichkeit haben, überhaupt vom Aushang am Schwarzen Brett Kenntnis zu nehmen, d.h. der Dienstgeber muss mit der regelmäßigen Anwesenheit der Mitarbeiterin in der Einrichtung rechnen dürfen.
Die Rechtsverbindlichkeit für die Mitarbeiterin tritt allerdings nur dann ein (§ 315 Abs. 3 BGB), wenn die Grenzen der Billigkeit beachtet worden sind. Mit anderen Worten: Der Dienstgeber hat vor dem Abruf der Arbeit die wesentlichen Umstände des konkreten Einzelfalles zu berücksichtigen und gegenseitig abzuwägen.
Im Zusammenhang mit der Billigkeit des Abrufs der Mitarbeiterin ist auch zu berücksichtigen, dass die Mitarbeiterin gegebenenfalls nur begrenzt verfügbar ist, beispielsweise durch ein mit Wissen und Billigung des Dienstgebers zusätzlich eingegangenes zweites Arbeitsver-

111 Schaub in Schaub, Arbeitsrechts-Handbuch, 2005, § 44 Rz. 101.

hältnis. In dem Beispielsfall sind beim Abruf auch die Verpflichtungen im Rahmen des zweiten Arbeitsverhältnisses zu berücksichtigen. Wird das zweite Arbeitsverhältnis allerdings zu einem späteren Zeitpunkt eingegangen, wird hier der Aspekt stärker ins Gewicht fallen, dass sich die Mitarbeiterin ohne Einschränkung zur Erbringung der Abrufarbeit verpflichtet hatte. In derartigen Fällen wird die Abwägung dabei in der Regel zu dem Ergebnis führen, dass die Mitarbeiterin auch weiterhin in dem Rahmen zur Verfügung zu stehen hat, wie es bereits bei Abschluss des Arbeitsvertrages absehbar war.
Die spätere **Änderung oder der Widerruf** einer bereits erfolgten Abrufmitteilung des Dienstgebers an die Mitarbeiterin ist möglich. Dabei ist allerdings die 4-Tage-Frist des § 12 Abs. 2 TzBfG zwingend zu beachten[112].

c) Vereinbarung der Arbeitszeit innerhalb von Abrufarbeit

Die Vereinbarung zwischen Dienstgeber und Mitarbeiterin muss eine bestimmte Dauer der wöchentlichen und täglichen Arbeitszeit festlegen. Insoweit ist diese Regelung des § 12 TzBfG strenger als die Vorgängerregelung des § 4 BeschFG. Beide Vorschriften stellen jedoch klar, dass der Dienstgeber mit der Mitarbeiterin eine Flexibilisierung der Arbeitszeit bezüglich der Verteilung und Lage vereinbaren kann, aber nicht im Hinblick auf den Umfang der Arbeitszeit.
So hält § 12 Abs. 1 Sätze 3 und 4 TzBfG fest: *„Wenn die Dauer der wöchentlichen Arbeitszeit nicht festgelegt ist, gilt eine Arbeitszeit von zehn Stunden als vereinbart. Wenn die Dauer der täglichen Arbeitszeit nicht festgelegt ist, hat der Dienstgeber die Arbeitsleistung des Mitarbeiters jeweils für mindestens drei aufeinander folgende Stunden in Anspruch zu nehmen."*
Die Festlegung einer bestimmten täglichen Arbeitsdauer im Dienstvertrag hat nicht zur Folge, dass die Mitarbeiterin jeden Tag zu arbeiten hat. Der Sinn und Zweck der Regelung des § 12 TzBfG ist vielmehr darin zu sehen, dass durch die Festlegung der Arbeitszeit eine verlässliche Berechnungsgrundlage für ein regelmäßiges Einkommen der Mitarbeiterin geschaffen werden soll. Der Aufbau von Arbeitszeitguthaben und -defiziten, die sich innerhalb eines bestimmten Ausgleichszeitraums zu egalisieren haben, ist damit grundsätzlich mög-

112 Erfurter Kommentar-Preis, §12 TzBfG, Rn. 34.

lich, so dass die vertraglich vereinbarte Wochenarbeitszeit durchschnittlich gewährleistet ist.
Die gesetzliche Fiktion einer wöchentlichen Arbeitszeit von 10 Stunden beziehungsweise von drei Stunden arbeitstäglich stellt keine Mindestarbeitszeit dar, sondern greift vielmehr dann, wenn es an einer Vereinbarung über die wöchentliche und arbeitstägliche Arbeitszeit im Dienstvertrag fehlt. Dienstgeber und Mitarbeiterin können auch eine wöchentliche beziehungsweise arbeitstägliche Arbeitszeit vereinbaren, die unter den genannten Stundenzahlen bleibt.

d) Vereinbarung von Mehrarbeit

Die Vereinbarung von Abrufarbeit schließt die Anordnung von Mehrarbeit nicht aus. Voraussetzung ist jedoch, dass im Vertrag die Ableistung von Mehrarbeit vereinbart wird. Der Dienstgeber kann in dringenden Fällen ausnahmsweise über die ordnungsgemäß abgerufene Arbeit hinaus kurzfristig weitere Arbeitsstunden anordnen, er ist hieran durch § 12 TzBfG nicht gehindert. Die Ankündigungsfrist des § 12 Abs. 2 TzBfG ist hier insoweit nicht zu beachten.

e) Ankündigungsfrist

Der Dienstgeber legt den Arbeitsanfall fest, den er der Mitarbeiterin gemäß § 12 Abs. 2 TzBfG grundsätzlich jeweils **mindestens vier Tage im Voraus** mitteilen muss.
Der Sinn und Zweck dieser Frist ist darin zu sehen, der Mitarbeiterin zumindest in einem gewissen Umfang die Planung ihres Arbeitseinsatzes zu ermöglichen und ihr damit eine ausreichende Dispositionsmöglichkeit über ihre Freizeit zu ermöglichen.
Die Fristenberechnung richtet sich nach §§ 187, 193 BGB. Sowohl der Tag des Zugangs (§ 187 Abs. 1 BGB) als auch der Tag der Arbeitsleistung („im Voraus“) werden nicht mitgezählt. Handelt es sich bei dem letzten Tag vor der 4-Tages-Frist um einen Samstag, Sonntag oder Feiertag, so hat die Ankündigung – abweichend von § 193 BGB – am vorangehenden Werktag zu erfolgen.

Soll z.B. die Arbeit an einem ....aufgenommen werden	muss sie spätestens am .... zuvor angekündigt werden.
Montag	Mittwoch
Dienstag	Donnerstag
Mittwoch	Freitag
Donnerstag	Freitag
Freitag	Freitag (Vorwoche)
Samstag	Montag
Sonntag	Dienstag

§ 12 Abs. 2 TzBfG räumt der Mitarbeiterin ein Leistungsverweigerungsrecht ein, wenn die Ankündigungsfrist nicht eingehalten wird. Tritt die Mitarbeiterin die Arbeit aufgrund einer zu kurzen Ankündigungsfrist nicht an, wird die Arbeitszeit nicht auf das Arbeitsdeputat angerechnet und auch nicht vergütet.
Es steht der Mitarbeiterin aber durchaus frei, das Angebot trotz der kurzen Frist anzunehmen. Für diesen Fall ist die Arbeitszeit auf das Deputat anzurechnen und zu vergüten. Erklärt sich die Mitarbeiterin trotz des relativ kurzfristigen Abrufs bereit, die Arbeit zu erledigen, so handelt es sich um ihre eigenverantwortliche und freie Entscheidung, die keines weiteren Schutzes mehr bedarf.

f) Anwendbarkeit von § 12 TzBfG auf Vollzeitarbeitsverhältnisse?

Zu beachten ist, dass § 12 TzBfG nur auf **Teilzeitarbeitsverhältnisse** Anwendung findet. Eine analoge Anwendung dieser Regelung auf Vollzeitkräfte kommt nicht in Betracht. § 12 TzBfG stellt insoweit eine spezialgesetzliche Regelung eines auf Teilzeitbeschäftigungsverhältnisse beschränkten Fall der Angemessenheitskontrolle dar. Bei Vollzeitkräften wird die Angemessenheit einer solchen Vereinbarung u. a. nach § 315 BGB (Bestimmung der Leistung durch eine Partei nach billigem Ermessen) überprüft werden müssen.

2. Abrufarbeit – Regelungen in den AVR

Nach § 12 Abs. 3 TzBfG kann durch Tarifvertrag von den Absätzen 1 und 2 des § 12 TzBfG auch zu Ungunsten der Mitarbeiterin abgewichen werden, wenn der Tarifvertrag Regelungen über die tägliche und wöchentliche Arbeitszeit und die Vorankündigungsfrist vorsieht. Auch wenn die „Richtlinien für Arbeitsverträge in Einrichtungen des Deutschen Caritasverbandes" (AVR) nach der arbeitsrechtlichen Rechtsprechung[113] keinen Tarifvertrag darstellen, wird davon ausgegangen, dass auch die Kirchen in ihren arbeitsrechtlichen Regelungen, wie den AVR, von den Vorgaben des § 12 Absätze 1 und 2 TzBfG abweichen können.

Die AVR haben in zwei Anlagen zu den AVR abweichende Regelungen zu den Vorgaben nach § 12 Absätze 1 und 2 TzBfG festgelegt.

Nach der für geringfügige Beschäftigte geltenden **Anlage 18** § 11 können Dienstgeber und Mitarbeiterin vereinbaren, dass die Mitarbeiterin ihre Arbeitszeit entsprechend dem Arbeitsanfall zu erbringen hat. In diesem Fall ist für einen bestimmten Zeitraum (Woche, Monat oder drei Monate) eine bestimmte Mindestzahl von Arbeitsstunden vertraglich festzulegen. Nach Abs. 3 dieser Vorschrift hat der Dienstgeber der Mitarbeiterin die zeitliche Lage der Arbeitszeit (Anfang und Ende) so früh wie möglich mitzuteilen.

Da die Rechtmäßigkeit der Anlage 18 aufgrund des in § 4 TzBfG festgelegten Diskriminierungsverbotes von Teilzeitbeschäftigten bezüglich der Vergütungsregelungen höchst umstritten ist, wird durch die Arbeitsrechtliche Kommission zu klären sein, inwieweit die Vorschrift der Anlage 18 § 11 in rechtswirksamer Weise fortbestehen kann.

In einem weiteren Fall wurde in der Mobilzeitregelung der Anlage 5b § 3 Abs. 3 Nr. 7 festgelegt, dass der Dienstgeber die mit der Mitarbeitervertretung vereinbarten Arbeitszeitkonten auch für eine kurzfristige Anordnung von zusätzlichen Plusstunden bei unvorhergesehenem Arbeitsanfall, so genannten Arbeitsspitzen, oder einer kurzfristigen Anordnung von Minusstunden wegen unvorhergesehenem Wegfall von Arbeit, so genannten Arbeitstälern, nutzen kann[114]. Nach dem Wortlaut der Regelung der Anlage 5b § 3 Abs. 3 Nr. 7 letzter Halbsatz („...diese Frist soll mindestens 24 Stunden betragen.") weicht die Arbeitsrechtliche Kommission in rechtlich zulässiger Weise von der Ankündigungsfrist des § 12 Abs. 2 TzBfG ab.

113 BAG, Urteil vom 06.11.96 - 5 AZR 334/95.

114 Beyer in Beyer/Papenheim, AVR-Praxiskommentar, Anlage 5b § 3 Rz. 26.

3. Vereinbarung von Abrufarbeit im AVR-Geltungsbereich

Dienstgeber können mit vollzeit- wie teilzeitbeschäftigten Mitarbeiterinnen auch im Geltungsbereich der AVR Abrufarbeit vereinbaren, wobei bei Teilzeitbeschäftigten die Angemessenheit der Vereinbarung gemäß § 12 TzBfG zu überprüfen ist.

Im Anhang (Kapitel 5 V.) findet sich ein Muster-Abrufarbeitsvertrag.

4. Einseitiger Mehrarbeitsabruf

Hat ein Dienstgeber ein Interesse daran, dass eine Teilzeitkraft – über die vertraglich fixierte Wochenarbeitszeit hinaus - auf Anforderung auch zusätzliche Arbeit leisten soll bestehen folgende Möglichkeiten:

- Die Anordnung von Mehrarbeitsstunden (siehe Kapitel 4, Abschnitt X).

  Diese hängt jedoch von bestimmten Voraussetzungen ab und die Vergütung der Mehrarbeitsstunde ist in der Regel zuschlagspflichtig.
- Oder die Anordnung einseitiger Mehrarbeit, auf Basis sog. „Plus-Verträge“.

Durch die vom BAG[115] für zulässig erklärte Gestaltung können Dienstgeber und Mitarbeiterin individualrechtlich vereinbaren, dass die Mitarbeiterin über die vertragliche Mindestarbeitszeit hinaus auf Aufforderung des Dienstgebers Arbeit auf Abruf zu leisten hat.
Da grundsätzlich der Dienstgeber das Risiko trägt, die Mitarbeiterin beschäftigen zu können, entfällt die Vergütungspflicht nicht, wenn sie vom Dienstgeber momentan nicht eingesetzt werden kann. Wenn der Dienstgeber aber einseitig die Arbeitszeit verlängern kann, wird dieses Risiko teilweise auf die Mitarbeiterin verlagert. Das BAG hat daher entschieden, dass der Anteil weiterer abrufbarer Arbeit nicht über 25 % der vereinbarten wöchentlichen Mindestarbeitszeit hinausgehen darf.
Die übliche dienstvertragliche Vereinbarung des Beschäftigungsumfanges

115 BAG, Urteil vom 7.12.2005 - 5 AZR 535/04.

> *„Die Mitarbeiterin ist teilzeitbeschäftigt mit 80 % (zur Zeit 30,8 Stunden in der Woche) der regelmäßigen durchschnittlichen wöchentlichen Arbeitszeit nach Anlage 5, § 1 Abs. 1 zu den AVR.“*

könnte in solchen Fällen z.B. durch folgende Vereinbarung erweitert werden:

> *„Die Mitarbeiterin kann über den vereinbarten Beschäftigungsumfang hinaus ferner zur zusätzlichen Leistung einer flexiblen Abrufarbeit von 25 % (zur Zeit 7,7 Stunden in der Woche) verpflichtet werden. Diese Arbeit wird jeweils eine Woche vorher mitgeteilt.*
> *Die Mitarbeiterin erkennt an, über die in Satz 1 genannte Arbeitszeit hinaus, keinen Anspruch auf Mehrarbeit zu haben.“*

Dadurch hat die Mitarbeiterin im Beispielsfall die Gewähr, monatlich mindestens eine Vergütung entsprechend ihrer 80%-igen Sockelarbeitszeit zu erhalten. Im Bedarfsfalle muss sie aber damit rechnen, seitens des Dienstgebers auch bis zu 38,5 Wochenstunden herangezogen zu werden. Diese Mehrarbeit ist selbstverständlich zu vergüten.
Durch diese 25%-Grenze werden Mitarbeiterinnen nach Ansicht des Gerichts ausreichend vor Vereinbarungen geschützt, die nur eine ganz geringe Mindestarbeitszeit vorsehen und die Planungssicherheit der Mitarbeiterin unangemessen beeinträchtigen würden. Je geringer nämlich die vertraglich vereinbarte Wochenarbeitszeit ist, um so geringer ist die einseitig vom Dienstgeber bei der Mitarbeiterin zusätzlich abrufbare Leistung.
Das BVerfG hat diesen vom BAG als zulässig angesehenen Mehrarbeitsabruf ausdrücklich bestätigt[116].

XVII. Diensttausch

Ein Austausch von Schichten in einem bereits verbindlichen Dienstplan ist tunlichst zu vermeiden. Ein Tausch kann nur mit Genehmi-

---

116 BVerfG, Beschluss vom 23.11.2006 – BvR 1909/06.

gung der Vorgesetzten und in Absprache mit den Dienstplanverantwortlichen erfolgen!
Ein Diensttausch wird durch Änderung im Soll dargestellt, denn es handelt sich um eine Korrektur des „Soll"- Plans. Eine Änderung des Dienstplans **innerhalb einer Woche** in der Weise, dass nur die planmäßigen freien Tage verschoben beziehungsweise getauscht werden, ohne dass sich dabei die wöchentliche Dienstleistung nach ihrer Höhe ändert, führt zu keinen weiteren Änderungen. Sie sind erst erforderlich, wenn freie Tage und zu leistende Dienste über zwei oder mehr Wochen getauscht werden und somit das wöchentliche dienstplanmäßige „Soll" verändert wird.

XVIII. Aushangpflichten des Dienstgebers

Der Dienstgeber ist durch § 16 Abs. 1 ArbZG verpflichtet, einen Abdruck des Arbeitszeitgesetzes und der aufgrund dieses Gesetzes für den Betrieb, die Einrichtung geltenden Rechtsverordnungen auszulegen oder auszuhängen. Es empfiehlt sich dringend der Aushang der arbeitszeitrechtlichen Bestimmungen der AVR und der sie ergänzenden Dienstvereinbarungen (z.B. Anlage 5 § 1 Abs. 1), um den Mitarbeiterinnen die vollständige Kenntnisnahme aller für sie gültigen Arbeitszeitbestimmungen zu ermöglichen.

IXX. Aufzeichnungs- und Aufbewahrungspflicht

Durch § 16 Abs. 2 ArbZG wird der Dienstgeber verpflichtet, die über die werktägliche Arbeitszeit von acht Stunden hinausgehende Arbeitszeit der Mitarbeiterinnen insbesondere auch die Zeiten des Bereitschaftsdienstes sowie jede Arbeitszeit an Sonn- und Feiertagen aufzuzeichnen.
Eine Aufzeichnung der Gesamtarbeitszeit dürfte ausreichend sein. Die Aufzeichnung der Ist-Arbeitszeit in den Dienstplänen genügt der Vorschrift, wenn sich die einzelnen Schichtlängen aus dem Dienstplan für jede Mitarbeiterin ergeben. Ob die tatsächliche Arbeitsleistung innerhalb der Rufbereitschaftsdienste ebenfalls unter diese Aufzeichnungspflicht fällt, dürfte davon abhängen, ob diese Zeit zu den höchstzulässigen Arbeitszeiten zählt oder nicht. Eine bestimmte Form der Auf-

zeichnung ist nicht vorgeschrieben, so dass handschriftliche als auch elektronisch erstellte Arbeitsnachweise geeignet sind.
Die Aufzeichnungen sind mindestens zwei Jahre aufzubewahren, § 16 Abs. 2 ArbZG. Die Berechnung der Zweijahresfrist beginnt gemäß §§ 187 Abs. 1, 188 Abs. 2 BGB mit dem Folgetag.
Beispiel: Aufzeichnungen vom 30.9.2005 sind ab 1.10.2005 bis zum 30.9.2007 vorzuhalten.
Daneben können je nach Einrichtungsart besondere Aufbewahrungsfristen für Dienstpläne gelten. Verantwortlich für die richtige Aufzeichnung und Aufbewahrung ist der Dienstgeber. Er sollte durch Stichproben sicherstellen, dass die nötigen Aufzeichnungen, zum Beispiel auf Station, ordnungsgemäß geführt werden.

Hinweis

Da der Dienstplan auch häufig Beweismittel in Haftungsprozessen sein kann, empfiehlt es sich die Dienstpläne mindestens 30 Jahre aufzubewahren.

XX. Straf- und Bußgeldvorschriften

Fahrlässige oder vorsätzliche Verstöße des Dienstgebers gegen im Arbeitszeitgesetz enthaltene oder durch Rechtsverordnung geschaffene Verpflichtungen werden grundsätzlich als Ordnungswidrigkeit geahndet, § 22 Abs. 1 ArbZG. Die Höhe der Geldbuße kann gemäß § 22 Abs. 2 ArbZG bis zu 15.000 Euro betragen; ein Verstoß gegen die in § 16 Abs. 1 ArbZG geregelte Auslage- und Aushangpflicht kann mit einer Geldbuße bis zu 2.500 Euro geahndet werden.
Bestimmte ordnungswidrige Handlungen werden durch § 23 Abs. 1 ArbZG als Straftaten qualifiziert, wenn sie entweder vorsätzlich die Gesundheit oder die Arbeitskraft von Mitarbeiterinnen gefährden oder wenn sie beharrlich wiederholt werden.
Die Regelung in § 22 ArbZG betrifft den Rechtsträger der Einrichtung. Er muss die Geldbuße zahlen.
Sofern die Strafvorschrift des § 23 ArbZG zum Tragen kommt, wird derjenige als Straftäter zu einer Freiheitsstrafe bis sechs Monaten oder zu einer Geldstrafe bis zu 180 Tagessätzen verurteilt, der die in dieser

Vorschrift genannten Tatbestände vorsätzlich oder unter beharrlicher Wiederholung begeht. Das kann die Pflegedienstleitung, u. U. auch die Stationsleitung oder der Stationsarzt sein.

XXI. Arbeitsvertragliche Ahndung

Falsch erstellte Dienstpläne oder ihre Nichtbeachtung stellen Verletzungen der vertraglichen Arbeitspflicht dar.
Der Dienstgeber kann diese Pflichtverletzungen je nach dem Grad ihrer Schwere zum Anlass für eine Abmahnung oder fristgerechte/fristlose Kündigung von Mitarbeiterinnen nehmen. Unter Umständen kann der Dienstgeber die Schäden, die ihm durch eine vorsätzliche oder grobfahrlässige Pflichtverletzung (§ 5 Abs. 5 AT) entstehen, ersetzt verlangen. Dabei ist jedoch auch ein eventuelles Mitverschulden des Dienstgebers (z.B. Organisationsverschulden) zu berücksichtigen.

Kapitel 5: Anhang

I. Dienstplanformular

Zu beachten ist: Es sind **immer** Wochendienstpläne (1, 2, 3 Wochen) zu erstellen. Die Zeilen 1, 2, 3 bei jeder Mitarbeiterin sind die Zeilen Soll, Ist, Kommentar. In der Legende sind mit Ausnahme der Dienste (F = Frühdienst, S = Spätdienst, Z = Zwischendienst, N = Nachtdienst) keine Symbole eingetragen.
In der Spalte nach dem Sonntag sind vor allem die in der Woche angefallenen Überstunden einzutragen.
Beachten Sie, welche Tatbestände in das „Soll" und welche in das „Ist" gehören. Der Soll-Dienstplan ist mit seiner Bekanntmachung verbindlich und daher grundsätzlich unveränderbar. Alle tatsächlichen Abweichungen sind im „Ist" einzutragen.

Legende zum Formular auf der nächsten Seite

X	=	dienstfrei
ZAM	=	frei für Mehrarbeit
ZAÜ	=	frei für Überstunden
U	=	Urlaub
SU	=	Sonderurlaub
Fobi	=	Fortbildung
AZV	=	Arbeitszeitverkürzungstag
K	=	krank
KK	=	Kind krank
EZ	=	Elternzeit
B	=	Bereitschaftsdienst
RB	=	Rufbereitschaft
FA	=	Feiertagsarbeit
ZAFA	=	Zeitausgleich für Feiertagsarbeit
E	=	Ersatzruhetag

Dienstplan für den Zeitraum (Wochen): **Name der Einrichtung**
Arbeitsbereich:
Datum der Erstellung: **Unterschrift:**
Datum des verbindlichen Aushangs: **Unterschrift:**

	Mo	Di	Mi	Do	Fr	Sa	So	Wochenbilanz	Mo	Di	Mi	Do	Fr	Sa	So	Wochenbilanz	Mo	Di	Mi	Do	Fr	Sa	So	Wochenbilanz	Mo	Di	Mi	Do	Fr	Sa	So	Wochenbilanz
....																																
Nachname, Vorname																																
.... Qualifikation																																
....																																
Nachname, Vorname																																
.... Qualifikation																																
....																																
Nachname, Vorname																																
.... Qualifikation																																
....																																
Nachname, Vorname																																
.... Qualifikation																																

Frühdienst				**Zwischendienst**				**Spätdienst**				**Nachtdienst:**				**Pausen:**		
von	**bis**	**Uhr**	**Std.zahl**	**von**	**bis**	**Uhr**	**Std.zahl**	**von**	**bis**	**Uhr**	**Std.zahl**	**von**	**bis**	**Uhr**	**Std.zahl**	**Von**	**bis**	**Uhr**
F1: ______	- ______		______	Z1: ______	- ______		______	S1: ______	- ______		______	N1: ______	- ______		______	______	- ______	
F2: ______	- ______		______	Z2: ______	- ______		______	S2: ______	- ______		______	N2: ______	- ______		______	______	- ______	
F3: ______	- ______		______	Z3: ______	- ______		______	S3: ______	- ______		______	N3: ______	- ______		______	______	- ______	
F4: ______	- ______		______	Z4: ______	- ______		______	S4: ______	- ______		______	N4: ______	- ______		______	______	- ______	

II. Beispiele zur Dienstplangestaltung

Beispiel 1:

Eine vollbeschäftigte (38,50/40 Std.) Mitarbeiterin ist in der Sechs-Tage-Woche tätig, für die geleistete Sonntagsarbeit erhält sie innerhalb eines Zeitraums von 14 Tagen einen Ersatzruhetag, der auch auf einen ohnehin dienstplanmäßig freien Tag fallen kann.

		Mo	Di	Mi	Do	Fr	Sa	So	Überstd.
Mitarbeiter/in Vor-, Nachname Funktion	**Soll**	F	F	S	S	S	F	**S**	
	Ist	F	F	S	S	S	F	**S**	
	Komm.								
		Mo	**Di**	**Mi**	**Do**	**Fr**	**Sa**	**So**	
	Soll	S	S	S	F	F	X	X	
	Ist	S	S	S	F	F	**ER**	X	
	Komm.								

Legende

F = Frühdienst =6,42 bzw. 6,67 Std.
S = Spätdienst =6,42 bzw. 6,67 Std.
X = dienstplanmäßig frei

Beispiel 2

Eine vollbeschäftigte (38,50/40 Std.) Mitarbeiterin ist in der Sechs-Tage-Woche tätig. Sie muss am Christi- Himmelfahrtstag arbeiten. Hierfür erhält sie, da es sich aufgrund der guten Personalbesetzung anbietet, in der darauffolgenden Woche am Mittwoch frei.

		Mo	Di	Mi	Do	Fr	Sa	So	Über-std.
Mitarbeiter/in Vor-, Nachname Funktion	**Soll**	F	F	S	S	S	F	**S**	
	Ist	F	F	S	WF	S	F	**S**	
	Komm.				plus 6.42 Std.bzw. 6,67 Std.				
		Mo	**Di**	**Mi**	**Do**	**Fr**	**Sa**	**So**	
	Soll	S	S	S	F	F	X	X	
	Ist	S	S	XW F	F	F	**ER**	X	
	Komm.			minus 6,42 Std. bzw. 6,67 Std. für					

Legende

F = Frühdienst =6,42 bzw. 6,67 Std.
S = Spätdienst =6,42 bzw. 6,67 Std.
X = dienstplanmäßig frei
ER = Ersatzruhetag für Sonntagsarbeit

XWF = Freizeitausgleich für Wochenfeiertagsarbeit und Ersatzruhetag

*** Zusätzlich erhält die Mitarbeiterin einen Zeitzuschlag von 35% für 6,42 Std. bzw. 6,67 Std. geleistete Wochenfeiertagsarbeit.

Beispiel 3:

Eine vollbeschäftigte (38,50/40 Std.) Mitarbeiterin ist in der Sechs-Tage-Woche tätig. Sie muss am Christi- Himmelfahrtstag arbeiten. Die Mitarbeiterin ist an diesem Wochenfeiertag arbeitsunfähig erkrankt. Der Zeitausgleich für den Wochenfeiertag war bereits bei der Erstellung des Dienstplans für den folgenden Mittwoch fest mit eingeplant. In diesem Fall wird der Zeitausgleich am folgenden Mittwoch nicht gewährt.

		Mo	**Di**	**Mi**	**Do**	**Fr**	**Sa**	**So**	**Über-std.**
Mitarbeiter/in Vor-, Nachname Funktion	**Soll**	F	F	S	S	S	F	**S**	
	Ist	F	F	S	K	S	F	**S**	
	Komm.				plus 6.42 Std. bzw. 6,67 Std.				
		Mo	**Di**	**Mi**	**Do**	**Fr**	**Sa**	**So**	
	Soll	S	S	S	F	F	X	X	
	Ist	S	S	S	F	F	**ER**	X	
	Komm.								

Legende

F = Frühdienst =6,42 bzw. 6,67 Std.
S = Spätdienst =6,42 bzw. 6,67 Std.
X = dienstplanmäßig frei
ER = Ersatzruhetag für Sonntagsarbeit
XWF = Freizeitausgleich für Wochenfeiertagsarbeit und Ersatzruhetag
K = arbeitsunfähig erkrankt

Die Mitarbeiterin wird an diesem Wochenfeiertag so gestellt, als hätte sie gearbeitet, die in Soll-Zeile vorgegebene Arbeitszeit von 6,42 beziehungsweise 6,67 Stunden gilt als geleistet. Sie erhält gemäß Anlage 14 § 2 Abs. 3 bei Vorliegen der Voraussetzungen einen Aufschlag für diesen Krankheitstag. Es wird jedoch weder der Feiertagszuschlag gezahlt noch Freizeitausgleich beziehungsweise der Ersatzruhetag gewährt.

III. Musterdienstvereinbarung und Einwilligungserklärung zur neuen Bereitschaftsdienstregelung [117]

Zwischen der Leitung der Einrichtung

………….………………………………………………..........,

vertreten durch

…………………………………………………………………

und

der Mitarbeitervertretung der Einrichtung

……………………………………………………..................,

vertreten durch……………………………………………,

wird gemäß § 38 (Rahmen-)MAVO folgende Dienstvereinbarung zur Regelung der Arbeitszeit, insbesondere des Bereitschaftsdienstes, geschlossen:

Präambel

Diese Dienstvereinbarung dient der Umsetzung der §§ 8 und 9 der Anlage 5 zu den AVR in Verbindung mit § 7 bzw. § 12 ArbZG zur Regelung der Arbeitszeit in Bezug auf den Bereitschaftsdienst in der Einrichtung ……...

Ihr Zweck ist die Sicherung und Gewährleistung des Arbeits- und Gesundheitsschutzes für die Beschäftigten. Die Flexibilisierung der Arbeitszeiten ist auf das unbedingt notwendige Maß zu beschränken. Die Dienstvereinbarung soll auf Grundlage der gesetzlichen und der AVR-Regelungen eine an die konkreten Bedingungen der Einrichtung angepasste Arbeitszeitgestaltung ermöglichen.

117 Veröffentlicht vom Ausschuss Arbeitszeit der Arbeitsrechtlichen Kommission vom 8.12.2006.

§ 1 Geltungsbereich

Diese Dienstvereinbarung gilt für die Mitarbeiter[118] der ....[119]. Sie gilt nicht für die Chefärzte sowie sonstige leitende Mitarbeiter im Sinne des § 3 Abs.2 (Rahmen-) MAVO.

§ 2 Verlängerung des Höchstmaßes der tägliche Arbeitszeit durch Bereitschaftsdienst

Mit Ausgleich innerhalb der Höchstgrenze des Arbeitszeitgesetzes von durchschnittlich 48 Wochenstunden kann die tägliche Höchstarbeitszeit gemäß § 8 Abs.3 der Anlage 5 zu den AVR wie folgt über 8 Stunden täglich hinaus verlängert werden, wenn mindestens die 8 Stunden täglich überschreitende Zeit im Rahmen von Bereitschaftsdienst geleistet wird:

a) bei Bereitschaftsdiensten der Stufen A und B bis zu maximal 16 Stunden täglich,
b) bei Bereitschaftsdiensten der Stufen C und D bis zu maximal 13 Stunden täglich.

Diese Regelung gilt für folgende Einrichtungsbereiche: ....[120].

ergänzend
oder als Alternative

§ 2a Verlängerung des Höchstmaßes der täglichen Arbeitszeit durch Bereitschaftsdienst (24-Stunden-Regelung unter Berücksichtigung des § 5 Arbeitsschutzgesetz)

(1) Mit Ausgleich innerhalb der Höchstgrenze des Arbeitszeitgesetzes von durchschnittlich 48 Wochenstunden kann die tägliche Arbeitszeit gemäß § 8 Abs.4 der Anlage 5 zu den AVR über 8 Stunden täglich hinaus bis zu maximal 24 Stunden verlängert werden, wenn in die

---

118 Die Dienstvereinbarung enthält aus Gründen der besseren Lesbarkeit bei der Bezeichnung von Personen durchgängig die männliche Form. In dem Wort Mitarbeiter sind die Mitarbeiterinnen eingeschlossen.

119 In der Dienstvereinbarung sind die Einrichtung und der Mitarbeiterkreis genau anzugeben.

120 Hier die jeweiligen Einrichtungsbereiche konkret bezeichnen.

Arbeitszeit regelmäßig und in erheblichem Umfang Bereitschaftsdienst fällt.

(2) Die Parteien der Dienstvereinbarung haben bzgl. den Regelungen nach Abs.1 alternative Arbeitszeitmodelle gemäß § 8 Abs.4 der Anlage 5 zu den AVR geprüft, insbesondere unter Berücksichtigung der Vorschläge der mit dem Arbeitsschutz beauftragten Behörden. Die Parteien der Dienstvereinbarung sind übereinstimmend zu der Auffassung gelangt, dass die Verlängerung der täglichen Arbeitszeit erforderlich und ohne die Verlängerung nach Abs. 1 eine sinnvolle Arbeitszeitgestaltung nicht möglich ist.

Diese Regelung gilt für folgende Einrichtungsbereiche: ....[121].

§ 3 Erhöhung des Höchstmaßes der wöchentlichen Arbeitszeit durch Bereitschaftsdienst (sogenanntes „opt-out")

(1) Ohne Ausgleich innerhalb der durchschnittlichen Höchstgrenze der wöchentlichen Arbeitszeit von 48 Wochenstunden, allein über finanzielle Abgeltung, kann die wöchentliche Arbeitszeit gemäß § 8 Abs. 5 der Anlage 5 zu den AVR in Verbindung mit Bereitschaftsdiensten entsprechend § 2 / § 2a wie folgt verlängert werden:

a) bei Bereitschaftsdiensten der Stufen A und B bis zu maximal durchschnittlich 58 Stunden,

b) bei Bereitschaftsdiensten der Stufen C und D bis zu maximal durchschnittlich 54 Stunden.

Bei der Berechnung der durchschnittlichen wöchentlichen Höchstarbeitzeit bleiben mindestens die Zeit des gesetzlichen Urlaubs, die Krankheitszeiten sowie der Arbeitsfreistellungstag nach § 1 b der Anlage 5 und Freistellungszeiten nach §§ 10 und 10a) des Allgemeinen Teils der AVR unberücksichtigt.

(2) Diese Regelung gilt für folgende Einrichtungsbereiche: ....[122].

121 Hier die jeweiligen Einrichtungsbereiche konkret bezeichnen.
122 Hier die jeweiligen Einrichtungsbereiche konkret bezeichnen.

(3) Die Parteien der Dienstvereinbarung haben bzgl. den Regelungen nach Abs.1 alternative Arbeitszeitmodelle gemäß § 8 Abs.4 der Anlage 5 zu den AVR geprüft, insbesondere unter Berücksichtigung der Vorschläge der mit dem Arbeitsschutz beauftragten Behörden. Die Parteien der Dienstvereinbarung sind übereinstimmend zu der Auffassung gelangt, dass die Verlängerung der täglichen Arbeitszeit erforderlich und ohne die Verlängerung nach Abs. 1 eine sinnvolle Arbeitszeitgestaltung nicht möglich ist.

(4) Es wurde eine Belastungsanalyse (§ 5 ArbSchG) für die betroffenen Arbeitsplätze durchgeführt (**Anlage 1**).
Es sind folgende Maßnahmen zur Gewährung des Gesundheitsschutzes vorzunehmen[123]:
- ……………………………………………………
- ……………………………………………………

(5) Die Einwilligung des Mitarbeiters, gemäß Abs. 1 Arbeitszeiten über durchschnittliche 48 Stunden wöchentlich hinaus zu leisten, ist rechtzeitig vor einer entsprechenden Dienstplaneinteilung auf einem Formblatt gemäß **Anlage 2**[124] einzuholen. Der Dienstgeber führt ein Verzeichnis über die schriftlichen Einwilligungen nach Satz 1.

§ 4 Beginn und Ende der täglichen Arbeitszeit einschließlich der Bereitschaftsdienstzuweisung

Die Festlegung von Beginn und Ende der täglichen Arbeitszeit, die Lage und Dauer der Bereitschaftsdienste sowie die Zuweisung der Bereitschaftsdienste zu den Stufen sind für die jeweiligen Arbeitsbe-

---

123 Nur ausfüllen, soweit die Belastungsanalyse einen entsprechenden Maßnahmenbedarf ergeben hat. Beispiele für Maßnahmen zur Gewährung des Gesundheitsschutzes sind etwa eine Verlängerung der Ruhezeiten über 11 Stunden hinaus oder arbeitsmedizinische Untersuchungen in geringeren Zeitabständen.

124 Ist für die einzelnen Organisationseinheiten, Einrichtungen, Dienststellen etc. zu erstellen. Vgl. hierzu auch die Mustereinwilligungserklärung des Ausschusses Arbeitszeit der Arbeitsrechtlichen Kommission.

reiche in der **Anlage 3**[125] dieser Dienstvereinbarung beigefügt. Die Anlage ist Bestandteil dieser Dienstvereinbarung.

§ 5 Ruhepausen

Die Lage der Ruhepausen ist gemäß § 1 Abs. 7 der Anlage 5 zu den AVR für die jeweiligen Arbeitsbereiche in der **Anlage 4**[126] festgelegt.

§ 6 Notfallklausel

Von den Vorschriften dieser Dienstvereinbarung kann unter den Voraussetzungen des § 14 ArbZG aus dringenden dienstlichen Gründen gemäß § 8 Abs. 8 der Anlage 5 zu den AVR abgewichen werden.

§ 7 In-Kraft-Treten und Laufzeit

(1) Diese Dienstvereinbarung tritt zum .... in Kraft. Sie kann von jeder Partei mit einer Frist von ....Monaten zum Monatsende schriftlich gekündigt werden, frühestens jedoch zum ....

(2) Die Dienstvereinbarung kann ohne Einhaltung einer Frist gekündigt werden, wenn sich infolge einer Änderung des Arbeitszeitgesetzes oder der §§ 7 – 9 der Anlage 5 zu den AVR materiellrechtliche Auswirkungen ergeben oder weitere Regelungsmöglichkeiten für die Parteien der Dienstvereinbarung eröffnet werden. Rein formelle Änderungen berechtigen nicht zu einer Ausübung des Sonderkündigungsrechts.

(3) Ungeachtet der Kündigungsmöglichkeit wird die Dienstvereinbarung zunächst befristet bis .... abgeschlossen.

(4) Im Falle einer Kündigung oder rechtzeitig vor Ablauf der Befristung werden die Parteien der Dienstvereinbarung über den Abschluss

---

125 Ist für die einzelnen Organisationseinheiten, Einrichtungen, Dienststellen etc. zu erstellen.

126 Ist für die einzelnen Organisationseinheiten, Einrichtungen, Dienststellen etc. zu erstellen.

einer neuen Dienstvereinbarung oder über die Verlängerung der Laufzeit der Dienstvereinbarung in Verhandlungen treten.

§ 8 Salvatorische Klausel

Sollten eine oder mehrere Bestimmungen dieser Dienstvereinbarung ganz oder teilweise rechtsunwirksam sein, so wird dadurch die Gültigkeit der übrigen Bestimmungen nicht berührt. An die Stelle der unwirksamen Bestimmungen tritt rückwirkend eine inhaltlich möglichst gleiche Regelung, die dem Zweck der gewollten Regelung am nächsten kommt.

…………………………………………, den…………………..

Für den Dienstgeber: Für die MAV:

……………………… ………………

Einwilligung gemäß § 8 Abs. 5 Unterabs. 2 der Anlage 5 zu den AVR i.V.m. § 7 Abs. 7 ArbZG zur Verlängerung der durchschnittlichen wöchentlichen Arbeitszeit

1. Persönliche Daten

Name ……………………………………………...
Geburtsdatum ……………………………………………...
Personalnummer ……………………………………………...

2. Erklärung

Ich willige in eine Dienstplangestaltung ein, die zu einer durchschnittlichen wöchentlichen Höchstarbeitszeit wie folgt führt:

a) bei Bereitschaftsdiensten der Stufen A und B bis zu maximal durchschnittlich 58 Stunden,
b) bei Bereitschaftsdiensten der Stufen C und D bis zu maximal durchschnittlich 54 Stunden.

Ich bin darauf hingewiesen worden, dass

- mir aus der Abgabe oder Verweigerung oder dem Widerruf dieser Erklärung keine Vorteile oder Nachteile im Arbeitsverhältnis entstehen werden,
- ich diese Erklärung jederzeit mit einer Frist von sechs Monaten schriftlich gegenüber meinem Dienstgeber widerrufen kann.

………………………………………………………………………
Datum und Unterschrift

IV. Erläuterungen zur Muster-Dienstvereinbarung Bereitschaftsdienstregelung[127]

Die Arbeitsrechtliche Kommission des Deutschen Caritasverbandes hat am 27.10.2006 die rechtliche Grundlage für die Anpassung ihrer Arbeitszeitregelungen an die Richtlinie 93/104 der Europäischen Union geschaffen. Ausgangspunkt dafür ist die gesetzliche Öffnung in § 7 Abs. 1 in Verbindung mit Abs. 4 des Arbeitszeitgesetzes.
Die Neuregelung in den §§ 7-9 der Anlage 5 zu den AVR betrifft

- Krankenhäuser, Heil-, Pflege- und Entbindungseinrichtungen,
- medizinische Institute von Kranken-, Heil- und Pflegeeinrichtungen,
- sonstige Einrichtungen und Heime, in denen die betreuten Personen in ärztlicher Behandlung stehen, sowie
- Altenpflegeheime und Pflegebereiche in Altenheimen oder Einrichtungen und Heime, die der Förderung der Gesundheit, der Erziehung, Fürsorge oder Betreuung von Kindern und Jugendlichen, der Fürsorge oder Betreuung von obdachlosen, alten, gebrechlichen, erwerbsbeschränkten oder sonstigen hilfsbedürftigen Personen dienen, auch wenn diese Einrichtungen nicht der ärztlichen Behandlung der betreuten Personen dienen einschließlich des Rettungsdienstes.

Hervorzuheben ist dabei, dass im Unterschied zu vergleichbaren Regelungen des Tarifrechts im Öffentlichen Dienst (TVöD) nach AVR-Caritas bereits jede dienstplanmäßige Überschreitung der täglichen Arbeitszeit über 8 Stunden hinaus, soweit sie in Verbindung mit der Anordnung eines Bereitschaftsdienstes steht, einer Dienstvereinbarung bedarf.
Regelungen, die davon nicht betroffen sind, bleiben:

- Die Vollarbeit bis zu 10 Stunden täglich nach § 1 Abs. 1 Unterabs. 2 der Anlage 5, soweit sie innerhalb des Bemessungszeitraums von regelmäßig 13 Wochen ausgeglichen wird und

127 Veröffentlicht vom Ausschuss Arbeitszeit der Arbeitsrechtlichen Kommission vom 12.12.2006.

- die 8 Stunden überschreitende Arbeitszeit in Kombination mit mindestens 30 % Arbeitsbereitschaft (betriebsbedingtes Bereithalten am Arbeitsplatz) nach § 1 Abs.2.

Die Musterdienstvereinbarung stellt einen Vorschlag zur rechtskonformen Regelung einer Überschreitung der 8-Stunden-Grenze in Kombination mit Bereitschaftsdienst dar. Sie erfasst grundsätzlich nur die regelungsbedürftigen Gesichtspunkte, lässt also Raum für weitere Inhalte wie Grundsätze zur Gestaltung von Dienstplänen etc. (vgl. § 36 Abs. 3 Rahmen- MAVO), die zwischen den Betriebspartnern im Detail geregelt werden können.

Zur Präambel:
Das wesentliche Anliegen der europäischen Richtlinie zum Arbeitszeitrecht ist der Abbau und die Einschränkung gesundheitsgefährdend langer Arbeitszeiten. Daher sollte eine Ausdehnung der täglichen und wöchentlichen Arbeitszeit stets nach dem Grundsatz der Verhältnismäßigkeit vereinbart werden, also nur dort, wo betriebsbedingt erforderlich und jeweils nur im unverzichtbaren Umfang.

Zu § 1:
Die Dienstvereinbarung sollte in größeren Einrichtungen mit unterschiedlichen Dienst- und Arbeitsbereichen (z.B. Krankenhaus mit unterschiedlichen medizinischen Abteilungen, Pflegestationen, Verwaltung und Technik) die jeweiligen Erfordernisse berücksichtigen und differenziert regeln.

Zu § 2:
Für Einrichtungsbereiche, deren Bereitschaftsdienst besonderen Belastungsstufen zugeordnet ist, empfiehlt sich eine dem TVöD folgende Regelung, wonach die Gesamtdauer der (neuen) Arbeitszeit, also der Vollarbeit inklusive Bereitschaftsdienst an bestimmten Obergrenzen festgemacht wird. Durch diese Regelung kann auf die Überprüfung nach § 5 des Arbeitschutzgesetzes verzichtet werden.

Zu § 2a:
In Bereichen einer Einrichtung oder in kompletten Einrichtungen, in denen die Arbeitsbelastung vergleichsweise gering ist oder in denen nur gelegentlich Bereitschaftsdienste geleistet werden, in der Regel

also außerhalb von Krankenhäusern, Heil-, Pflege- und Entbindungseinrichtungen, kann statt dessen unter Einbeziehung einer Belastungsanalyse, der Prüfung alternativer Arbeitszeitmodelle und ggf. besonderer Maßnahmen zum Gesundheitsschutz ein erweiterter Rahmen geschaffen werden. Dieser muss aber nicht zwangsläufig auf 24 Stunden ausgedehnt werden, sondern sollte sich nach den tatsächlichen betrieblichen oder abteilungsspezifischen Erfordernissen richten. Damit kann § 2 a alternativ zu § 2 oder bei Differenzierung innerhalb verschiedener Dienstbereiche einer Einrichtung auch zusätzlich zu § 2 in die Dienstvereinbarung aufgenommen werden.

Zu § 3:
Hier geht es um das sogenannte „opt-out", also die nach Europäischem Recht zunächst befristet mögliche Überschreitung der durchschnittlichen wöchentlichen Arbeitszeit über 48 Stunden hinaus. Auch hier folgt die Musterdienstvereinbarung inhaltlich der Regelung im Öffentlichen Dienst, indem sie

- für Mitarbeiter, die im Zusammenhang mit Vollarbeit ausschließlich Bereitschaftsdienst der Stufen A und B leisten, durchschnittlich 58 Stunden zulässt und
- bei Mitarbeitern, die Vollarbeit im Zusammenhang mit Bereitschaftsdiensten der Stufen C und D leisten, die Obergrenze auf 54 Stunden festlegt. Diese Regelung steht unter dem Vorbehalt, dass Abs. 3 und Abs. 4 zuvor geprüft wurden und alternative Möglichkeiten nicht bestehen. Ferner setzt sie die mit einer Frist von 6 Monaten widerrufliche Zustimmung des jeweiligen Mitarbeiters voraus.

Offen ist, ob die durchschnittliche Arbeitszeit auf 52 Wochen verteilt und so der Durchschnitt ermittelt werden kann oder ob Zeiten der Krankheit, des Urlaubs etc. in Abzug gebracht werden können. Der Ausschuss Arbeitszeit schlägt als Kompromiss vor, die 4 Wochen gesetzlichen Mindesturlaub und andere Abwesenheitszeiten in Anrechnung zu bringen. Alternativ kann zur Verfahrenserleichterung auch ein Pauschalwert von zum Beispiel 46 Wochen im Jahr vereinbart werden.

Zu § 4:
Um Dienstgeber und Mitarbeitervertretung eine sachliche Grundlage für die Notwendigkeit und den Umfang der Arbeitszeitausdehnung zu geben, erscheint es sinnvoll, wenn vor Abschluss der Dienstvereinbarung konkrete Dienstpläne für die jeweiligen Einrichtungen bzw. Abteilungen einer Einrichtung vorgelegt werden.

Zu § 5:
Gleiches gilt für die Festlegung von Ruhepausen.

Zu § 6
Das Arbeitszeitgesetz lässt es zu, dass in außergewöhnlichen Fällen nicht vorhersehbarer Arbeitsbelastung auch eine Überschreitung der täglichen Arbeitszeit möglich ist. Diese Ausnahme bleibt durch die Dienstvereinbarung unberührt.

Zu § 7
Um den Einrichtungen die Sammlung von Erfahrungen mit der neuen Arbeitszeitregelung zu ermöglichen und eine meistens recht schwierige Differenzierung nach Dienst- und Einrichtungsbereichen erproben zu können, wird zunächst der befristete Abschluss der Dienstvereinbarung empfohlen. Ansonsten tritt die nach MAVO nicht auszuschließende Nachwirkung der Dienstvereinbarung ein, die möglichst im Sinne einer vernünftigen Weiterentwicklung vermieden werden sollte.

Zu § 8
Diese Regelung enthält die übliche Klausel für den Fall einer teilweisen Unwirksamkeit und sollte zur Rechtssicherheit angefügt werden.

V. Muster-Abrufarbeitsvertrag

(Muster)
Abrufarbeitsvertrag

zwischen dem
.... (Dienstgeber)
(Name, Anschrift)

und Herrn/Frau*
....
(Name, Anschrift)

geboren am
.... (Mitarbeiter/in)

Caritas ist eine Lebens- und Wesensäußerung der katholischen Kirche. Der oben genannte Rechtsträger ist dem Deutschen Caritasverband angeschlossen. Seine Einrichtung dient der Verwirklichung des gemeinsamen Werkes christlicher Nächstenliebe. Dienstgeber und Mitarbeiter bilden eine Dienstgemeinschaft und tragen gemeinsam zur Erfüllung der Aufgaben der Einrichtung bei. Die Mitarbeiter haben den ihnen anvertrauten Dienst in Treue und in Erfüllung der allgemeinen und besonderen Dienstpflichten zu leisten. Der Treue des Mitarbeiters muss von Seiten des Dienstgebers die Treue und Fürsorge gegenüber dem Mitarbeiter entsprechen. Auf dieser Grundlage wird der Abrufarbeitsvertrag geschlossen:

§ 1

Die Mitarbeiterin/der Mitarbeiter wird ab ....
als Abrufmitarbeiter/in für die Tätigkeit
eines .... eingestellt.
(Tätigkeitsbezeichnung oder -beschreibung)

Die Mitarbeiterin/der Mitarbeiter hat ihre/seine Arbeitsleistung entsprechend dem Arbeitsanfall in .... / an verschiedenen Orten*
(Arbeitsort)
zu erbringen.

Der Dienstgeber entscheidet darüber, wann und in welchem Umfang der Arbeitsanfall den Einsatz der Mitarbeiterin/des Mitarbeiters erforderlich macht. Die Mitarbeiterin/der Mitarbeiter kann ihre/seine Arbeitsleistung nur nach Abruf durch den Dienstgeber erbringen.
Die Mitarbeiterin/der Mitarbeiter gehört zur Dienstgemeinschaft der oben genannten Einrichtung. Sie/er verspricht, die ihr/ihm übertragenen Aufgaben in Beachtung der allgemeinen und besonderen Dienstpflichten, der Dienst- und Geschäftsordnung der Einrichtung, der Haus- beziehungsweise Heimordnung und der Anordnungen des Dienstgebers treu und gewissenhaft zu erfüllen und das Gebot der Verschwiegenheit in allen dienstlichen Angelegenheiten auch nach Beendigung des Dienstverhältnisses zu beachten.

§ 2

Für das Dienstverhältnis gelten die „Richtlinien für Arbeitsverträge in den Einrichtungen des Deutschen Caritasverbandes“ (AVR) in ihrer jeweils geltenden Fassung und die sie ergänzenden und ändernden Bestimmungen. Der Mitarbeiterin/dem Mitarbeiter ist Gelegenheit zur Einsichtnahme in die AVR gegeben.

§ 3

Der Abrufarbeitsvertrag wird auf unbestimmte Zeit abgeschlossen.* Das Dienstverhältnis wird bis zum .... befristet und endet zu diesem Zeitpunkt, ohne das es einer Kündigung bedarf.* Unabhängig davon ist das Dienstverhältnis für beide Parteien vor Ablauf der vereinbarten Dauer gemäß § 14 Abs. 1 AT AVR ordentlich kündbar. Grund für die Befristung:

....

....

Die Zeit bis zum .... gilt als Probezeit. / Eine Probezeit entfällt.*

Während der Probezeit können die Vertragsparteien das Dienstverhältnis mit einer Frist von einem Monat zum Monatsende schriftlich ohne Angabe von Gründen kündigen.*

§ 4

Die durchschnittliche wöchentliche Arbeitszeit beträgt ...... Stunden.[128] Die tägliche Arbeitszeit beträgt für den Mitarbeiter/die Mitarbeiterin zum Beispiel mindestens eine Stunde.[129]

Der Dienstgeber bestimmt an welchen Tagen/Wochen die Mitarbeiterin/der Mitarbeiter ihre/seine Arbeitsleistung zu erbringen hat. Er bestimmt Beginn und Ende der täglichen Arbeitszeit.

Der Dienstgeber wird den Arbeitseinsatz mindestens vier Tage im Voraus mitteilen.

---

128 Unter Umständen empfiehlt es sich auch hier, eine Jahresarbeitszeit zu vereinbaren.

129 Nach § 12 TzBfG muss eine bestimmte (Mindest-)Dauer der täglichen Arbeitszeit vereinbart werden. Dies gilt jedoch nicht für Teilzeitbeschäftigte, die unter die Geltung der Anlage 18 fallen.

§ 5

Die Mitarbeiterin/der Mitarbeiter ist in Anwendung des Abschnitts I der Anlage 1 zu den AVR in Vergütungsgruppe .... eingruppiert. Die auszuübende Tätigkeit entspricht derzeit dem Tätigkeitsmerkmal der Ziffer .... der obigen Vergütungsgruppe in Anlage .... zu den AVR. Die Zusammensetzung der Vergütung und deren Fälligkeit ergeben sich aus den AVR (vgl. beiliegenden Berechnungsbogen).*

§ 6

Die Mitarbeiterin/der Mitarbeiter ist auf Verlangen verpflichtet Über- oder Mehrarbeit zu leisten.

§ 7

Die Zusatzversorgung der Mitarbeiterin/des Mitarbeiters regelt sich nach Anlage 8 zu den AVR.

§ 8

Die Dauer des jährlichen Erholungsurlaubs regelt sich nach § 3 der Anlage 14 zu den AVR

§ 9

Die Kündigungsfristen regeln sich nach den §§ 14 bis 16 AT AVR

§ 10

Die Parteien stimmen darin überein, dass ein Verstoß gegen Grundsätze der katholischen Glaubens- und Sittenlehre Grund für eine Kündigung sein kann.

§ 11

Folgende zusätzliche Vereinbarungen (§ 7 Abs. 2 AT AVR) werden getroffen (z.B. Anrechnung von Zeiten gemäß Abschnitt Ia der Anlage 1 zu den AVR):

....

§ 12

Weitere Vereinbarungen bestehen nicht. Spätere Vereinbarungen bedürfen zu ihrer Gültigkeit der Schriftform unter Bezugnahme auf diesen Vertrag.

....
Ort/Datum.

....	....
Unterschrift der Mitarbeiterin/des Mitarbeiters oder gegebenenfalls der/des gesetzlichen Vertreter/s	Unterschrift des Dienstgebers und seines Bevollmächtigten

Ich nehme zur Kenntnis, dass im Rahmen des mit mir abgeschlossenen Abrufarbeitsvertrages personenbezogene Daten gespeichert werden; diese Daten unterliegen den Vorschriften des Datenschutzgesetzes.

Sofern gegenüber meinen Angaben bei der Einstellung Änderungen eintreten, werde ich diese umgehend schriftlich mitteilen.

....
Unterschrift der Mitarbeiterin/des

Mitarbeiters und gegebenenfalls
der/des gesetzlichen Vertreter/s

* Nichtzutreffendes ist zu streichen

VI. Anlage 5 AVR

§ 1 Arbeitszeit, Ruhepausen, Ruhezeiten

(1) Die regelmäßige Arbeitszeit der Mitarbeiter beträgt durchschnittlich 38,5 Stunden in der Woche. Der Berechnung des Durchschnitts der wöchentlichen Arbeitszeit ist in der Regel ein Zeitraum von 13 Wochen zugrunde zu legen. Durch Dienstvereinbarung[130] kann ein Zeitraum von bis zu 52 Wochen zugrunde gelegt werden.

Die werktägliche Arbeitszeit der Mitarbeiter darf acht Stunden nicht überschreiten. Sie kann auf bis zu zehn Stunden nur verlängert werden, wenn innerhalb der genannten Zeiträume im Durchschnitt acht Stunden werktäglich nicht überschritten werden.

(2) Die regelmäßige Arbeitszeit kann auf durchschnittlich 50 Stunden in der Woche und über zehn Stunden werktäglich verlängert werden, wenn in die Arbeitszeit regelmäßig und in erheblichem Umfang Arbeitsbereitschaft fällt.

(3) (entfällt)

(4) In Einrichtungen, die in bestimmten Zeiten des Jahres regelmäßig zu saisonbedingt erheblich verstärkter Tätigkeit genötigt sind, kann für diese Zeit die regelmäßige Arbeitszeit bis zu zehn Stunden täglich und 60 Stunden wöchentlich verlängert werden, sofern die regelmäßige Arbeitszeit in den übrigen Zeiten des Jahres entsprechend verkürzt wird (Jahreszeitenausgleich).

(5) (entfällt)

(6) Zur regelmäßigen Arbeitszeit gehören nicht Zeiten, in denen der Mitarbeiter Arbeiten im Sinne des Abschnitts XI der Anlage 1 zu den AVR ausübt, sofern er für diese eine zusätzliche Vergütung zu seinen Dienstbezügen erhält. Das gilt auch für Zeiten, in denen Mitarbeiter eine Nebenbeschäftigung (§ 5 AT) wahrnehmen.

---

130 Vgl. § 38 (Rahmen-)MAVO.

(7) Die Arbeitszeit ist mindestens durch die gesetzlich vorgeschriebenen Ruhepausen zu unterbrechen. Die Ruhepausen werden nicht in die Arbeitszeit eingerechnet. Durch Dienstvereinbarung kann[131]

(a) in Schichtbetrieben die Gesamtdauer der Ruhepausen nach § 4 Satz 2 ArbZG auf Kurzpausen von angemessener Dauer aufgeteilt werden.

(b) bei der Behandlung , Pflege und Betreuung von Personen die Lage und Dauer der Ruhepausen der Eigenart dieser Tätigkeit entsprechend unter Berücksichtigung des Wohls dieser Personen angepasst werden.

(8) Die wöchentliche Arbeitszeit ist unter Beachtung der gesetzlichen Bestimmungen auf die Tage in der Woche zu verteilen, an denen in der Einrichtung regelmäßig gearbeitet wird. Eine Woche ist der Zeitraum von Montag 0.00 Uhr bis Sonntag 24.00 Uhr. Dienstplanmäßige Arbeit ist die Arbeit, die innerhalb der regelmäßigen Arbeitszeit an den nach dem Dienstplan festgelegten Kalendertagen regelmäßig zu leisten ist. Die Arbeitszeit kann innerhalb einer Einrichtung für die Mitarbeiter verschiedener Dienstbereiche unterschiedlich verteilt werden, wenn das aus dienstlichen Gründen geboten ist.

(9) Die Arbeitszeit beginnt und endet an der Arbeitsstelle (Verwaltungs-/Betriebsbereich in dem Gebäude/Gebäudeteil, in dem der Mitarbeiter arbeitet), bei wechselnder Arbeitsstelle an der jeweils vorgeschriebenen Arbeitsstelle.

(10) Die Mitarbeiter müssen nach Beendigung der täglichen Arbeitszeit eine ununterbrochene Ruhezeit von mindestens elf Stunden haben. Die Ruhezeit kann auf mindestens neun Stunden verkürzt werden, wenn die Art der Arbeit dies erfordert und die Kürzung der Ruhezeit innerhalb von dreizehn Wochen ausgeglichen wird.

Abweichend von Unterabs. 1 Satz 1 sind in Krankenhäusern und anderen Einrichtungen zur Behandlung, Pflege und Betreuung von Personen Kürzungen der Ruhezeit durch Inanspruchnahmen während des Bereitschaftsdienstes oder der Rufbereitschaft, die mindestens die Hälfte der Ruhezeit betragen, unmittelbar anschließend auszugleichen.

131 Vgl. § 38 (Rahmen-)MAVO.

Beträgt die Inanspruchnahme während des Bereitschaftsdienstes oder der Rufbereitschaft weniger als die Hälfte der Ruhezeit, ist ein Ausgleich zu anderer Zeit möglich.

(11) Die vorstehenden Regelungen gelten auch für Nachtarbeitnehmer im Sinne des Arbeitszeitgesetzes.

Anmerkung zu Abs. 11:

Nachtarbeitnehmer im Sinne des § 2 Abs. 5 ArbZG sind Mitarbeiter, die aufgrund ihrer Arbeitszeitgestaltung normalerweise Nachtarbeit in Wechselschicht zu leisten haben oder Nachtarbeit an mindestens 48 Tagen im Kalenderjahr leisten.
Nachtarbeit im Sinne des § 2 Abs. 4 ArbZG ist jede Arbeit, die mehr als zwei Stunden der Nachtzeit umfasst. Nachtzeit im Sinne des § 2 Abs. 3 ArbZG ist die Zeit von 23.00 bis 6.00 Uhr.

§ 1a Teilzeitbeschäftigung

(1) Mit vollbeschäftigten Mitarbeitern soll auf Antrag eine geringere als die regelmäßige Arbeitszeit vereinbart werden, wenn sie

(a) mindestens ein Kind unter 18 Jahren oder

(b) einen nach ärztlichem Gutachten pflegebedürftigen sonstigen Angehörigen

tatsächlich betreuen oder pflegen und dringende dienstliche und betriebliche Belange nicht entgegenstehen.

Die Teilzeitbeschäftigung nach Unterabs. 1 ist auf bis zu fünf Jahre zu befristen, soweit der Mitarbeiter dies in dem Antrag auf Reduzierung der Arbeitszeit verlangt. Sie kann verlängert werden; der Antrag ist bis spätestens sechs Monate vor Ablauf der vereinbarten Teilzeitbeschäftigung zu stellen.

Vollbeschäftigte Mitarbeiter, die in anderen als den in Unterabs. 1 genannten Fällen eine Teilzeitbeschäftigung vereinbaren wollen, können von ihrem Dienstgeber verlangen, dass er mit ihnen die Möglichkeit einer Teilzeitbeschäftigung mit dem Ziel erörtert, zu einer entsprechenden Vereinbarung zu gelangen.

Ist mit einem früher vollbeschäftigten Mitarbeiter auf seinen Wunsch eine nicht befristete Teilzeitbeschäftigung vereinbart worden, soll der Mitarbeiter bei späterer Besetzung eines Vollzeitarbeitsplatzes bei gleicher Eignung im Rahmen der dienstlichen beziehungsweise betrieblichen Möglichkeiten bevorzugt berücksichtigt werden.

Die Unterabsätze 1 bis 4 gelten entsprechend für teilzeitbeschäftigte Mitarbeiter, wenn sie eine Herabsetzung ihrer dienstvertraglich vereinbarten Arbeitszeit beantragen.

(2) Für Einrichtungen mit mehr als 15 Mitarbeitern gilt im Übrigen § 8 des Gesetzes über Teilzeitarbeit und befristete Arbeitsverträge.

§ 1b Arbeitszeitverkürzung durch freie Tage

(1) Der Mitarbeiter wird in jedem Kalenderjahr an einem Arbeitstag (§ 3 Abs. 4 der Anlage 14 zu den AVR) von der Arbeit freigestellt. Für die Zeit der Freistellung erhält der Mitarbeiter die Dienstbezüge (Abschnitt II der Anlage 1 zu den AVR) und die in Monatsbeträgen festgelegten Zulagen fortgezahlt. Die Dauer der Freistellung beträgt höchstens ein Fünftel der für den Mitarbeiter geltenden durchschnittlichen wöchentlichen Arbeitszeit.

(2) Der neu eingestellte Mitarbeiter erwirbt den Anspruch auf die Freistellung erstmals, wenn das Dienstverhältnis fünf Monate ununterbrochen bestanden hat.

(3) Wird der Mitarbeiter an dem für die Freistellung vorgesehenen Tag aus dienstlichen beziehungsweise betrieblichen Gründen zur Arbeit herangezogen, ist die Freistellung innerhalb desselben Kalenderjahres nachzuholen. Ist dies aus dienstlichen beziehungsweise betrieblichen Gründen nicht möglich, ist die Freistellung innerhalb des folgenden Kalenderjahres nachzuholen. Eine Nachholung in anderen Fällen ist nicht zulässig.

(4) Der Anspruch auf Freistellung kann nicht abgegolten werden.

(5) Ist der Mitarbeiter in einem anderen Rechtsverhältnis im Geltungsbereich der AVR oder in einem anderen Tätigkeitsbereich der

katholischen Kirche nach dieser oder einer entsprechenden Vorschrift für dasselbe Kalenderjahr bereits an einem Tag freigestellt worden, gilt der Anspruch nach Abs. 1 als erfüllt.

§ 2 Nacht-, Wechselschicht- und Schichtarbeit, Sonn- und Feiertagsarbeit

(1) In Einrichtungen beziehungsweise Einrichtungsstellen, deren Aufgaben Nacht-, Wechselschicht-, Schicht-, Sonn- oder Feiertagsarbeit erfordern, muss dienstplanmäßig beziehungsweise betriebsüblich entsprechend gearbeitet werden.

(2) Wechselschichtarbeit ist die Arbeit nach einem Schichtplan (Dienstplan), der einen regelmäßigen Wechsel der täglichen Arbeitszeit in Wechselschichten mit Nachtschichtfolge vorsieht. Wechselschichten sind Arbeitsschichten, in denen ununterbrochen – werktags, sonntags und feiertags – bei Tag und Nacht an allen Kalendertagen gearbeitet wird; eine Unterbrechung der Arbeitsleistung von höchstens 48 Stunden in der Zeit von freitags 12.00 Uhr bis zum folgenden Montag 12.00 Uhr bleibt außer Betracht. Eine Nachtschichtfolge liegt vor, wenn der Mitarbeiter längstens nach Ablauf eines Monats erneut zur Nachtschicht herangezogen wird.

Schichtarbeit ist die Arbeit nach einem Schichtplan (Dienstplan), der einen regelmäßigen Wechsel der täglichen Arbeitszeit im Zeitabschnitt von längstens einem Monat von einer Schichtart in eine andere (so z.B. von der Frühschicht in die Spätschicht oder gegebenenfalls in die Nachtschicht) vorsieht.

(3) Sonntagsarbeit ist die Arbeit von 0.00 Uhr bis 24.00 Uhr an Sonntagen. Bei Sonntagsarbeit sollen im Monat zwei Sonntage arbeitsfrei sein. Werden Mitarbeiter an einem Sonntag beschäftigt, müssen sie einen Ersatzruhetag haben, der innerhalb eines den Beschäftigungstag einschließenden Zeitraums von zwei Wochen zu gewähren ist. Der Ersatzruhetag darf nicht auf einen gesetzlichen Feiertag fallen.

Feiertagsarbeit ist die Arbeit von 0.00 bis 24.00 Uhr an gesetzlichen Feiertagen. Werden Mitarbeiter an einem auf einen Werktag fallenden gesetzlichen Feiertag beschäftigt, müssen sie einen Ersatzruhetag haben, der innerhalb eines Zeitraums von 13 Wochen zu gewähren ist. Der Ersatzruhetag darf nicht auf einen anderen gesetzlichen Feiertag fallen. Für die geleistete dienstplanmäßige beziehungsweise betriebsübliche Arbeitszeit sollen die Mitarbeiter eine entsprechende Freizeit an einem Werktag innerhalb eines Zeitraums von 13 Wochen unter Fortzahlung der Dienstbezüge (Abschnitt II der Anlage 1 zu den AVR) und der in Monatsbeträgen festgelegten Zulagen erhalten, wenn die dienstlichen oder betrieblichen Verhältnisse es zulassen. Kann diese Freizeit nicht erteilt werden, erhält der Mitarbeiter für jede nicht ausgeglichene Arbeitsstunde den Zeitzuschlag nach § 1 Abs. 1 Satz 2 Buchst. c DoppelBuchst. aa der Anlage 6a zu den AVR.

Für die Mitarbeiter, die an Sonn- und Feiertagen beschäftigt werden, gelten im Übrigen die Regelungen des § 1.

(4) In Einrichtungen beziehungsweise Einrichtungsstellen mit vollkontinuierlichem Schichtbetrieb kann die Arbeitszeit an Sonn- und Feiertagen auf bis zu zwölf Stunden verlängert werden, wenn dadurch zusätzliche freie Schichten an Sonn- und Feiertagen erreicht werden.

§ 3 Arbeitszeit an Samstagen und Vorfesttagen

(1) Die Mitarbeiter sollen zu Arbeiten an Samstagen nicht herangezogen werden, soweit die dienstlichen oder betrieblichen Verhältnisse es zulassen.

(2) Vorfesttage sind die Tage vor dem ersten Weihnachtsfeiertag, vor dem Neujahrstag, vor dem Ostersonntag und vor dem Pfingstsonntag.

Die Mitarbeiter erhalten an dem Tage vor dem ersten Weihnachtsfeiertag und vor dem Neujahrstag jeweils von 0.00 Uhr bis 24.00 Uhr sowie an dem Tage vor dem Ostersonntag und vor dem Pfingstsonntag jeweils von 12.00 bis 24.00 Uhr Arbeitsbefreiung unter Fortzahlung der Dienstbezüge (Abschnitt II der Anlage 1 zu den AVR) und der in Monatsbeträgen festgelegten Zulagen, soweit die dienstlichen oder betrieblichen Verhältnisse es zulassen.

Dem Mitarbeiter, dem diese Arbeitsbefreiung aus dienstlichen oder betrieblichen Gründen nicht erteilt werden kann, wird an einem anderen Tage entsprechende Freizeit unter Fortzahlung der Dienstbezüge (Abschnitt II der Anlage 1 zu den AVR) und der in Monatsbeträgen festgelegten Zulagen erteilt.

Für Arbeit an den Tagen vor dem ersten Weihnachtsfeiertag und vor dem Neujahrstag erhält der Mitarbeiter zusätzliche Freizeit unter Fortzahlung der Dienstbezüge (Abschnitt II der Anlage 1 zu den AVR) und der in Monatsbeträgen festgelegten Zulagen im Umfang von 35 v. H. der tatsächlich geleisteten Arbeitszeit.

Kann die Freizeit aus dienstlichen oder betrieblichen Gründen nicht erteilt werden, wird der Zeitzuschlag nach §1 Abs. 1 Satz 2 Buchst. d der Anlage 6a zu den AVR gezahlt.

§ 4 Nichtdienstplanmäßige Arbeit

(1) Mitarbeiter, die in unmittelbarem Anschluss an die dienstplanmäßige beziehungsweise betriebsübliche tägliche Arbeitszeit mindestens zwei Stunden zur Arbeitsleistung herangezogen werden, erhalten eine viertelstündige Pause gewährt, die als Arbeitszeit anzurechnen ist. Beträgt die Arbeitsleistung mehr als drei Stunden, ist eine insgesamt halbstündige Pause zu gewähren, die als Arbeitszeit anzurechnen ist.

(2) Wird Nacht-, Sonntags- oder Feiertagsarbeit geleistet, die sich nicht unmittelbar an die dienstplanmäßige beziehungsweise betriebsübliche tägliche Arbeitszeit anschließt, werden für die Vergütungsberechnung mindestens drei Arbeitsstunden angesetzt. Bei mehreren Inanspruchnahmen bis zum nächsten dienstplanmäßigen beziehungsweise betriebsüblichen Arbeitsbeginn wird die Stundengarantie nach Satz 1 nur einmal, und zwar für die kürzeste Inanspruchnahme angesetzt.

Voraussetzung für die Anwendung des Unterabs. 1 ist bei Mitarbeitern, die innerhalb der Einrichtung wohnen, dass die Arbeitsleistung außerhalb der Einrichtung erbracht wird.

Unterabs. 1 gilt nicht für gelegentliche unwesentliche Arbeitsleistungen, die die Freizeit des Mitarbeiters nur unerheblich (etwa 15 Minuten) in Anspruch nehmen, oder für Arbeitsleistungen während der Rufbereitschaft.

§ 5 Kurzarbeit

(1) Bei einem vorübergehenden unvermeidbaren Arbeitsausfall aufgrund wirtschaftlicher Ursachen einschließlich darauf beruhender Veränderungen der Strukturen in der Einrichtung oder aufgrund eines unabwendbaren Ereignisses kann der Dienstgeber nach Abschluss einer Dienstvereinbarung die dienstvertraglich vereinbarte Arbeitszeit für die gesamte Einrichtung oder für Teile davon kürzen, wenn mindestens ein Drittel der in der Einrichtung beschäftigten Mitarbeiter von einem Vergütungsausfall von jeweils mehr als 10 v.H. ihrer monatlichen Bruttovergütung betroffen ist. In Einrichtungen ohne Mitarbeitervertretung ist die Kurzarbeit mit jedem betroffenen Mitarbeiter gesondert zu vereinbaren. Die Dienstvereinbarung muss unter anderem Folgendes regeln:

(a) Persönlicher Geltungsbereich; Auszubildende nach Anlage 7 zu den AVR sind davon auszunehmen;

(b) Beginn und Dauer der Kurzarbeit; dabei muss zwischen dem Abschluss der Dienstvereinbarung und dem Beginn der Kurzarbeit ein Zeitraum von einer Woche liegen;

(c) Lage und Verteilung der Arbeitszeit.

(2) Die Mitarbeitervertretung ist über die beabsichtigte Einführung von Kurzarbeit unverzüglich und umfassend zu informieren. Sie ist verpflichtet, ihren Beschluss unverzüglich herbeizuführen und dem Dienstgeber mitzuteilen; der Dienstgeber kann bis zur endgültigen Entscheidung vorläufige Maßnahmen treffen. Die betroffenen Mitarbeiter sind mindestens eine Woche vorher über die geplanten Maßnahmen zu unterrichten; dies soll in einer Mitarbeiterversammlung erfolgen.

(3) Vor der Einführung von Kurzarbeit sind Zeitguthaben nach § 3 der Anlage 5b zu den AVR abzubauen.

(4) Für die Berechnung der Dienstbezüge gemäß Abschnitt II der Anlage 1 zu den AVR und der Krankenbezüge gemäß Abschnitt XII

der Anlage 1 zu den AVR gilt Abschnitt II a mit Ausnahme von Abs. b zweiter Halbsatz der Anlage 1 zu den AVR entsprechend. Für die Anwendung sonstiger Bestimmungen der AVR bleibt die Kürzung der dienstvertraglich vereinbarten Arbeitszeit und die sich daraus ergebende Minderung der Bezüge außer Betracht.

(5) Mitarbeiter, deren Arbeitszeit länger als drei zusammenhängende Wochen verkürzt worden ist, können ihr Dienstverhältnis mit einer Frist von einem Monat zum Monatsende kündigen.

(6) Dienstgeber oder Mitarbeitervertretung haben den Arbeitsausfall dem zuständigen Arbeitsamt nach Maßgabe der gesetzlichen Vorschriften anzuzeigen und einen Antrag auf Kurzarbeitergeld zu stellen. Der Dienstgeber hat der Mitarbeitervertretung die für eine Stellungnahme erforderlichen Informationen zu geben.

§ 6 Sonderbestimmungen bei Dienstreisen

(1) Bei Dienstreisen wird als Arbeitszeit nur die Zeit der tatsächlichen dienstlichen Inanspruchnahme am auswärtigen Geschäftsort angerechnet. Die notwendige Reisezeit wird daneben grundsätzlich in vollem Umfang als Arbeitszeit bewertet, wobei für die Zeit der tatsächlichen dienstlichen Inanspruchnahme und für die notwendige Reisezeit insgesamt höchstens zehn Stunden als tägliche Arbeitszeit angerechnet werden. Es wird jedoch für jeden Tag, an dem der Mitarbeiter sich außerhalb des Beschäftigungsortes aufhalten muss, mindestens die dienstplanmäßige beziehungsweise betriebsübliche Arbeitszeit berücksichtigt.

(2) Für die Berechnung der Reisedauer sind die gemäß der Anlage 13a zu den AVR bei dem jeweiligen Dienstgeber geltenden Vorschriften des Reisekostenrechts sinngemäß anzuwenden.

§ 7 Bereitschaftsdienst und Rufbereitschaft

(1) Auf Anordnung des Dienstgebers haben die Mitarbeiter außerhalb der regelmäßigen Arbeitszeit Dienstleistungen in der Form des Bereitschaftsdienstes oder der Rufbereitschaft zu erbringen.

Der Dienstgeber darf Bereitschaftsdienst nur anordnen, wenn zu erwarten ist, dass zwar Arbeit anfällt, erfahrungsgemäß aber die Zeit ohne Arbeitsleistung überwiegt. Eine Rufbereitschaft darf er nur anordnen, wenn innerhalb eines Zeitraumes von sechs Kalendermonaten im Durchschnitt weniger Arbeit als zu einem Achtel der Zeit der Rufbereitschaft anfällt.

(2) Bei Bereitschaftsdiensten ist der Mitarbeiter verpflichtet, sich außerhalb der regelmäßigen Arbeitszeit an einer vom Dienstgeber bestimmten Stelle aufzuhalten, um im Bedarfsfalle die Arbeit aufzunehmen. Als Bereitschaftsdienst gilt nicht das Wohnen im Bereich der Einrichtung.

(3) Während der Rufbereitschaft hält sich der Mitarbeiter außerhalb der regelmäßigen Arbeitszeit an einem von ihm selbst gewählten Ort auf, an dem seine Erreichbarkeit sichergestellt ist, um bei Abruf kurzfristig die Arbeit aufzunehmen. Als Rufbereitschaft gilt nicht das Wohnen im Bereich der Einrichtung.

(4) Auf die Nachtarbeitsstunden in § 4 Abs. 2 der Anlage 14 zu den AVR werden Bereitschaftsdienste und Rufbereitschaften einschließlich der in der Rufbereitschaft erbrachten Arbeitsleistung nicht angerechnet.

(5) Zum Zwecke der Vergütungsberechnung wird die Zeit des Bereitschaftsdienstes einschließlich der geleisteten Arbeit mit 25 v.H. als Arbeitszeit gewertet und mit der Überstundenvergütung (§ 1 Abs. 3 Unterabs. 2 der Anlage 6a zu den AVR) vergütet.
Die danach errechnete Arbeitszeit kann stattdessen bis zum Ende des dritten Kalendermonats durch entsprechende Freizeit abgegolten werden (Freizeitausgleich). Für den Freizeitausgleich ist eine angefangene halbe Stunde, die sich bei der Berechnung ergeben hat, auf eine halbe Stunde aufzurunden. Für die Zeit des Freizeitausgleichs werden die Dienstbezüge (Abschnitt II der Anlage 1 zu den AVR) und die in Monatsbeträgen festgelegten Zulagen fortgezahlt.

(6) Zum Zwecke der Vergütungsberechnung wird die Zeit der Rufbereitschaft mit 12,5 v. H. als Arbeitszeit gewertet und mit der Über-

stundenvergütung (§ 1 Abs. 3 Unterabs. 2 der Anlage 6a zu den AVR) vergütet.
Für angefallene Arbeit einschließlich einer etwaigen Wegezeit wird daneben die Überstundenvergütung gezahlt. Für eine Heranziehung zur Arbeit außerhalb des Aufenthaltsortes werden mindestens drei Stunden angesetzt. Wird der Mitarbeiter während der Rufbereitschaft mehrmals zur Arbeit herangezogen, wird die Stundengarantie nur einmal, und zwar für die kürzeste Inanspruchnahme, angesetzt.
Überstundenvergütung für die sich nach Unterabs. 2 ergebenden Stunden entfällt, soweit entsprechende Arbeitsbefreiung erteilt wird (Freizeitausgleich). Für den Freizeitausgleich gilt Abs. 5 Sätze 3 und 4 entsprechend.

(7) Bei Mitarbeitern, die ständig zu Bereitschaftsdiensten bzw. Rufbereitschaften herangezogen werden, kann ein Ausgleich durch eine pauschale Abgeltung erfolgen. Die pauschale Abgeltung kann sowohl als zusätzliche Freizeit wie auch als zusätzliche Vergütung gewährt werden. Die Höhe der pauschalen Abgeltung soll grundsätzlich der Einzelberechnung der durchschnittlich in den Kalendermonaten für den Mitarbeiter anfallenden Bereitschaftsdienste bzw. Rufbereitschaften entsprechen.

§ 8 Bereitschaftsdienst und Rufbereitschaft in Krankenhäusern und Heimen

(1) Abweichend von § 7 gilt diese Bestimmung für Mitarbeiter in

(a) Krankenhäusern, Heil-, Pflege- und Entbindungseinrichtungen,

(b) medizinischen Instituten von Kranken-, Heil- und Pflegeeinrichtungen,

(c) sonstigen Einrichtungen und Heimen, in denen die betreuten Personen in ärztlicher Behandlung stehen, und in Altenpflegeheimen und Pflegebereichen in Altenheimen oder

(d) Einrichtungen und Heimen, die der Förderung der Gesundheit, der Erziehung, Fürsorge oder Betreuung von Kindern und Jugendlichen, der Fürsorge oder Betreuung von obdachlosen, alten, gebrechlichen, erwerbsbeschränkten oder sonstigen hilfsbedürftigen Personen dienen, auch wenn diese Einrichtungen nicht der ärztlichen Behandlung der betreuten Personen dienen.

(2) Bereitschaftsdienst leisten Mitarbeiter, die sich auf Anordnung des Dienstgebers außerhalb der regelmäßigen Arbeitszeit an einer vom Dienstgeber bestimmten Stelle aufhalten, um im Bedarfsfall die Arbeit aufzunehmen. Der Dienstgeber darf Bereitschaftsdienst nur anordnen, wenn zu erwarten ist, dass zwar Arbeit anfällt, erfahrungsgemäß aber die Zeit ohne Arbeitsleistung überwiegt.

(3) Abweichend von den §§ 3, 5 und 6 Abs. 2 ArbZG kann im Rahmen des § 7 ArbZG aufgrund einer Dienstvereinbarung die tägliche Arbeitszeit im Sinne des Arbeitszeitgesetzes über acht Stunden hinaus verlängert werden, wenn mindestens die acht Stunden überschreitende Zeit im Rahmen von Bereitschaftsdienst geleistet wird, und zwar wie folgt:

(a) bei Bereitschaftsdiensten der Stufe A und B bis zu insgesamt maximal 16 Stunden täglich, die gesetzlich vorgesehene Pause verlängert diesen Zeitraum nicht,

(b) bei Bereitschaftsdiensten der Stufen C und D bis zu insgesamt maximal 13 Stunden täglich; die gesetzlich vorgeschriebene Pause verlängert diesen Zeitraum nicht.

(4) Im Rahmen des § 7 ArbZG kann unter den Voraussetzungen

(a) einer Prüfung alternativer Arbeitszeitmodelle,

(b) einer Belastungsanalyse gemäß § 5 ArbSchG und

(c) ggf. daraus resultierender Maßnahmen zur Gewährleistung des Gesundheitsschutzes

aufgrund einer Dienstvereinbarung von den Regelungen des Arbeitszeitgesetzes abgewichen werden. Abweichend von den §§ 3, 5 und 6 Abs. 2 ArbZG kann die tägliche Arbeitszeit im Sinne des Arbeitszeitgesetzes über acht Stunden hinaus verlängert werden, wenn in die Arbeitszeit regelmäßig und in erheblichem Umfang Bereitschaftsdienst fällt. Hierbei darf die tägliche Arbeitszeit ausschließlich der Pausen maximal 24 Stunden betragen.

(5) Unter den Voraussetzungen des Abs. 4 Satz 1 kann die tägliche Arbeitszeit gemäß § 7 Abs. 2a ArbZG ohne Ausgleich verlängert werden, wobei

(a) bei Bereitschaftsdiensten der Stufen A und B eine wöchentliche Arbeitszeit von bis zu maximal durchschnittlich 58 Stunden,

(b) bei Bereitschaftsdiensten der Stufen C und D eine wöchentliche Arbeitszeit von bis zu maximal durchschnittlich 54 Stunden zulässig ist.

Die Arbeitszeit darf nur verlängert werden, wenn der Mitarbeiter schriftlich eingewilligt hat. Er kann die Einwilligung mit einer Frist von sechs Monaten schriftlich widerrufen. Der Dienstgeber darf einen Mitarbeiter nicht benachteiligen, weil dieser die Einwilligung zur Verlängerung der Arbeitszeit nicht erklärt oder die Einwilligung widerrufen hat.

(6) Für den Ausgleichszeitraum nach den Absätzen 3 bis 5 gilt ein Zeitraum von bis zu einem Jahr.

(7) Rufbereitschaft leisten Mitarbeiter, die sich außerhalb der regelmäßigen Arbeitszeit an einem von ihnen selbst gewählten Ort aufhalten, an dem ihre Erreichbarkeit sichergestellt ist, um bei Abruf kurzfristig die Arbeit aufzunehmen. Der Dienstgeber darf Rufbereitschaft nur anordnen, wenn erfahrungsgemäß lediglich in Ausnahmefällen Arbeit anfällt. Durch tatsächliche Arbeitsleistung innerhalb der Rufbereitschaft kann die tägliche Höchstarbeitszeit von zehn Stunden (§ 3 ArbZG) überschritten werden (§ 7 ArbZG).

(8) Aus dringenden dienstlichen Gründen kann auf der Grundlage einer Dienstvereinbarung im Rahmen des § 7 Abs. 1, 2 und des § 12 ArbZG von den Vorschriften des Arbeitszeitgesetzes abgewichen werden. In vollkontinuierlichen Schichtbetrieben kann an Sonn- und Feiertagen die tägliche Arbeitszeit auf bis zu zwölf Stunden verlängert werden, wenn dadurch zusätzliche freie Schichten an Sonn- und Feiertagen erreicht werden.

(9) Für Mitarbeiter gemäß Abs. 1 Buchst. (d) gelten die Absätze 2 bis 8 mit der Maßgabe, dass die Grenzen für die Stufen A und B einzuhalten sind. Dazu gehören auch die Beschäftigten in Einrichtungen, in

denen die betreuten Personen nicht regelmäßig ärztlich behandelt und beaufsichtigt werden (Erholungsheime). Für die Ärzte in diesen Einrichtungen gelten die Absätze 2 bis 8 ohne Einschränkungen.

§ 9 Bereitschaftsdienst- und Rufbereitschaftsentgelt in Krankenhäusern und Heimen

(1) Zum Zwecke der Vergütungsberechnung der unter § 8 Abs. 1 Buchst. (a) bis (c) fallenden Mitarbeiter wird die Zeit des Bereitschaftsdienstes einschließlich der geleisteten Arbeit wie folgt als Arbeitszeit gewertet:

(a) Nach dem Maß während des Bereitschaftsdienstes erfahrungsgemäß durchschnittlich anfallender Arbeitsleistungen wird die Zeit des Bereitschaftsdienstes wie folgt als Arbeitszeit gewertet:

Stufe	Arbeitsleistung innerhalb des Bereitschaftsdienstes	Bewertung als Arbeitszeit
A	0 bis 10 v. H.	15 v. H.
B	mehr als 10 bis 25 v. H.	25 v. H.
C	mehr als 25 bis 40 v. H.	40 v. H.
D	mehr als 40 bis 49 v. H.	55 v. H.

(b) Entsprechend der Zahl der vom Mitarbeiter je Kalendermonat abgeleisteten Bereitschaftsdienste wird die Zeit eines jeden Bereitschaftsdienstes zusätzlich wie folgt als Arbeitszeit gewertet:

Zahl der Bereitschaftsdienste im Kalendermonat	Bewertung als Arbeitszeit
1. bis 8. Bereitschaftsdienst	25 v.H.
9. bis 12. Bereitschaftsdienst	35 v.H.
13. und folgende Bereitschaftsdienste	45 v.H.

(c) Die Zuweisung zu den einzelnen Stufen des Bereitschaftsdienstes erfolgt durch die Einrichtungsleitung und die Mitarbeitervertretung.

(2) Zum Zwecke der Vergütungsberechnung der unter § 8 Abs. 1 Buchst. (d) fallenden Mitarbeiter wird die Zeit des Bereitschaftsdiens-

tes einschließlich der geleisteten Arbeit mit 25 v. H. als Arbeitszeit bewertet. Leistet der Mitarbeiter in einem Kalendermonat mehr als acht Bereitschaftsdienste, wird die Zeit eines jeden über acht Bereitschaftsdienste hinausgehenden Bereitschaftsdienstes zusätzlich mit 15 v. H. als Arbeitszeit gewertet.

(3) Für die nach Abs. 1 und Abs. 2 errechnete Arbeitszeit wird die Überstundenvergütung nach § 1 Abs. 3 Unterabs. 2 der Anlage 6a zu den AVR bezahlt. Für die Zeit des Bereitschaftsdienstes einschließlich der geleisteten Arbeit und für die Zeit der Rufbereitschaft werden Zeitzuschläge nicht gezahlt.

(4) Die nach Abs. 1 und Abs. 2 errechnete Arbeitszeit kann auch durch entsprechende Freizeit abgegolten werden. Für den Freizeitausgleich ist eine angefangene halbe Stunde, die sich bei der Berechnung ergeben hat, auf eine halbe Stunde aufzurunden. Für die Zeit des Freizeitausgleichs werden die Dienstbezüge (Abschnitt II der Anlage 1 zu den AVR) und die in Monatsbeträgen festgelegten Zulagen fortgezahlt.

(5) Zum Zwecke der Vergütungsberechnung wird die Zeit der Rufbereitschaft mit 12,5 v. H. als Arbeitszeit gewertet und mit der Überstundenvergütung nach § 1 Abs. 3 Unterabs. 2 der Anlage 6a zu den AVR vergütet.
Für anfallende Arbeit einschließlich einer etwaigen Wegezeit wird daneben die Überstundenvergütung (§ 1 Abs. 3 Unterabs. 2 der Anlage 6a zu den AVR) gezahlt. Für eine Heranziehung zur Arbeit außerhalb des Aufenthaltsortes werden mindestens drei Stunden angesetzt. Wird der Mitarbeiter während der Rufbereitschaft mehrmals zur Arbeit herangezogen, wird die Stundengarantie nur einmal, und zwar für die kürzeste Inanspruchnahme, angesetzt.
Die Überstundenvergütung für die sich nach Unterabs. 2 ergebenden Stunden entfällt, soweit entsprechende Arbeitsbefreiung erteilt wird (Freizeitausgleich). Für Freizeitausgleich gilt Abs. 4 entsprechend.

(6) Ein Ausgleich für Bereitschaftsdienste und Rufbereitschaften kann entsprechend der Regelung des § 7 Abs. 7 durch pauschale Abgeltung vorgenommen werden.

§ 10 Sonderregelung für Mitarbeiter in häuslichen Gemeinschaften

Bei Mitarbeitern, die in häuslicher Gemeinschaft mit den ihnen anvertrauten Personen zusammenleben und sie eigenverantwortlich erziehen, pflegen oder betreuen (§ 18 Abs. 1 Nr. 3 ArbZG), kann, sofern die Eigenart des Dienstes es erfordert, einzelvertraglich von den Arbeitszeitregelungen der Anlage 5 zu den AVR abgewichen werden.

VII. Arbeitszeitgesetz (ArbZG)

vom 6. Juni 1994
(zuletzt geändert durch Art. 5 G v. 22.12.2005 BGBl I, 3676)

Erster Abschnitt: Allgemeine Vorschriften

§ 1 Zweck des Gesetzes

Zweck des Gesetzes ist es,

1. die Sicherheit und den Gesundheitsschutz der Arbeitnehmer bei der Arbeitszeitgestaltung zu gewährleisten und die Rahmenbedingungen für flexible Arbeitszeiten zu verbessern sowie

2. den Sonntag und die staatlich anerkannten Feiertage als Tage der Arbeitsruhe und der seelischen Erhebung der Arbeitnehmer zu schützen.

§ 2 Begriffsbestimmungen

(1) Arbeitszeit im Sinne dieses Gesetzes ist die Zeit vom Beginn bis zum Ende der Arbeit ohne die Ruhepausen; Arbeitszeiten bei mehreren Arbeitgebern sind zusammenzurechnen. Im Bergbau unter Tage zählen die Ruhepausen zur Arbeitszeit.

(2) Arbeitnehmer im Sinne dieses Gesetzes sind Arbeiter und Angestellte sowie die zu ihrer Berufsbildung Beschäftigten.

(3) Nachtzeit im Sinne dieses Gesetzes ist die Zeit von 23 bis 6 Uhr, in Bäckereien und Konditoreien die Zeit von 22 bis 5 Uhr.

(4) Nachtarbeit im Sinne dieses Gesetzes ist jede Arbeit, die mehr als zwei Stunden der Nachtzeit umfasst.

(5) Nachtarbeitnehmer im Sinne dieses Gesetzes sind Arbeitnehmer, die

1. auf Grund ihrer Arbeitszeitgestaltung normalerweise Nachtarbeit in Wechselschicht zu leisten haben oder

2. Nachtarbeit an mindestens 48 Tagen im Kalenderjahr leisten.

Zweiter Abschnitt: Werktägliche Arbeitszeit und arbeitsfreie Zeiten

§ 3 Arbeitszeit der Arbeitnehmer

Die werktägliche Arbeitszeit der Arbeitnehmer darf acht Stunden nicht überschreiten.
Sie kann auf bis zu zehn Stunden nur verlängert werden, wenn innerhalb von sechs Kalendermonaten oder innerhalb von 24 Wochen im Durchschnitt acht Stunden werktäglich nicht überschritten werden.

§ 4 Ruhepausen

Die Arbeit ist durch im voraus feststehende Ruhepausen von mindestens 30 Minuten bei einer Arbeitszeit von mehr als sechs bis zu neun Stunden und 45 Minuten bei einer Arbeitszeit von mehr als neun Stunden insgesamt zu unterbrechen. Die Ruhepausen nach Satz 1 können in Zeitabschnitte von jeweils mindestens 15 Minuten aufgeteilt werden.
Länger als sechs Stunden hintereinander dürfen Arbeitnehmer nicht ohne Ruhepause beschäftigt werden.

§ 5 Ruhezeit

(1) Die Arbeitnehmer müssen nach Beendigung der täglichen Arbeitszeit eine ununterbrochene Ruhezeit von mindestens elf Stunden haben.

(2) Die Dauer der Ruhezeit des Abs. 1 kann in Krankenhäusern und anderen Einrichtungen zur Behandlung, Pflege und Betreuung von Personen, in Gaststätten und anderen Einrichtungen zur Bewirtung und Beherbergung, in Verkehrsbetrieben, beim Rundfunk sowie in der Landwirtschaft und in der Tierhaltung um bis zu eine Stunde verkürzt werden, wenn jede Verkürzung der Ruhezeit innerhalb eines Kalendermonats oder innerhalb von vier Wochen durch Verlängerung einer anderen Ruhezeit auf mindestens zwölf Stunden ausgeglichen wird.

(3) Abweichend von Abs. 1 können in Krankenhäusern und anderen Einrichtungen zur Behandlung, Pflege und Betreuung von Personen Kürzungen der Ruhezeit durch Inanspruchnahmen während der Ruf-

bereitschaft, die nicht mehr als die Hälfte der Ruhezeit betragen, zu anderen Zeiten ausgeglichen werden.

(4) Soweit Vorschriften der Europäischen Gemeinschaften für Kraftfahrer und Beifahrer geringere Mindestruhezeiten zulassen, gelten abweichend von Abs. 1 diese Vorschriften.

§ 6 Nacht- und Schichtarbeit

(1) Die Arbeitszeit der Nacht- und Schichtarbeitnehmer ist nach den gesicherten arbeitswissenschaftlichen Erkenntnissen über die menschengerechte Gestaltung der Arbeit festzulegen.

(2) Die werktägliche Arbeitszeit der Nachtarbeitnehmer darf acht Stunden nicht überschreiten. Sie kann auf bis zu zehn Stunden nur verlängert werden, wenn abweichend von § 3 innerhalb von einem Kalendermonat oder innerhalb von vier Wochen im Durchschnitt acht Stunden werktäglich nicht überschritten werden. Für Zeiträume, in denen Nachtarbeitnehmer im Sinne des § 2 Abs. 5 Nr. 2 nicht zur Nachtarbeit herangezogen werden, findet § 3 Satz 2 Anwendung.

(3) Nachtarbeitnehmer sind berechtigt, sich vor Beginn der Beschäftigung und danach in regelmäßigen Zeitabständen von nicht weniger als drei Jahren arbeitsmedizinisch untersuchen zu lassen. Nach Vollendung des 50. Lebensjahres steht Nachtarbeitnehmern dieses Recht in Zeitabständen von einem Jahr zu. Die Kosten der Untersuchungen hat der Arbeitgeber zu tragen, sofern er die Untersuchungen den Nachtarbeitnehmern nicht kostenlos durch einen Betriebsarzt oder einen überbetrieblichen Dienst von Betriebsärzten anbietet.

(4) Der Arbeitgeber hat den Nachtarbeitnehmer auf dessen Verlangen auf einen für ihn geeigneten Tagesarbeitsplatz umzusetzen, wenn

(a) nach arbeitsmedizinischer Feststellung die weitere Verrichtung von Nachtarbeit den Arbeitnehmer in seiner Gesundheit gefährdet oder

(b) im Haushalt des Arbeitnehmers ein Kind unter zwölf Jahren lebt, das nicht von einer anderen im Haushalt lebenden Person betreut werden kann, oder

(c) der Arbeitnehmer einen schwerpflegebedürftigen Angehörigen zu versorgen hat, der nicht von einem anderen im Haushalt lebenden Angehörigen versorgt werden kann, sofern dem nicht dringende betriebliche Erfordernisse entgegenstehen. Stehen der Umsetzung des Nachtarbeitnehmers auf einen für ihn geeigneten Tagesarbeitsplatz nach Auffassung des Arbeitgebers dringende betriebliche Erfordernisse entgegen, so ist der Betriebs- oder Personalrat zu hören. Der Betriebs- oder Personalrat kann dem Arbeitgeber Vorschläge für eine Umsetzung unterbreiten.

(5) Soweit keine tarifvertraglichen Ausgleichsregelungen bestehen, hat der Arbeitgeber dem Nachtarbeitnehmer für die während der Nachtzeit geleisteten Arbeitsstunden eine angemessene Zahl bezahlter freier Tage oder einen angemessenen Zuschlag auf das ihm hierfür zustehende Bruttoarbeitsentgelt zu gewähren.

(6) Es ist sicherzustellen, dass Nachtarbeitnehmer den gleichen Zugang zur betrieblichen Weiterbildung und zu aufstiegsfördernden Maßnahmen haben wie die übrigen Arbeitnehmer.

§ 7 Abweichende Regelungen

(1) In einem Tarifvertrag oder auf Grund eines Tarifvertrags in einer Betriebs- oder Dienstvereinbarung kann zugelassen werden,

1. abweichend von § 3

(a) die Arbeitszeit über zehn Stunden werktäglich zu verlängern, wenn in die Arbeitszeit regelmäßig und in erheblichem Umfang Arbeitsbereitschaft oder Bereitschaftsdienst fällt,

(b) einen anderen Ausgleichszeitraum festzulegen,

(c) (weggefallen)

2. abweichend von § 4 Satz 2 die Gesamtdauer der Ruhepausen in Schichtbetrieben und Verkehrsbetrieben auf Kurzpausen von angemessener Dauer aufzuteilen,

3. abweichend von § 5 Abs. 1 die Ruhezeit um bis zu zwei Stunden zu kürzen, wenn die Art der Arbeit dies erfordert und die Kürzung der Ruhezeit innerhalb eines festzulegenden Ausgleichszeitraums ausgeglichen wird,

4. abweichend von § 6 Abs. 2

(a) die Arbeitszeit über zehn Stunden werktäglich hinaus zu verlängern, wenn in die Arbeitszeit regelmäßig und in erheblichem Umfang Arbeitsbereitschaft oder Bereitschaftsdienst fällt,

(b) einen anderen Ausgleichszeitraum festzulegen,

5. den Beginn des siebenstündigen Nachtzeitraums des § 2 Abs. 3 auf die Zeit zwischen 22 und 24 Uhr festzulegen.

(2) Sofern der Gesundheitsschutz der Arbeitnehmer durch einen entsprechenden Zeitausgleich gewährleistet wird, kann in einem Tarifvertrag oder auf Grund eines Tarifvertrags in einer Betriebs- oder Dienstvereinbarung ferner zugelassen werden,

1. abweichend von § 5 Abs. 1 die Ruhezeiten bei Rufbereitschaft den Besonderheiten dieses Dienstes anzupassen, insbesondere Kürzungen der Ruhezeit infolge von Inanspruchnahmen während dieses Dienstes zu anderen Zeiten auszugleichen,

2. die Regelungen der §§ 3, 5 Abs. 1 und § 6 Abs. 2 in der Landwirtschaft der Bestellungs- und Erntezeit sowie den Witterungseinflüssen anzupassen,

3. die Regelungen der §§ 3, 4, 5 Abs. 1 und § 6 Abs. 2 bei der Behandlung, Pflege und Betreuung von Personen der Eigenart dieser Tätigkeit und dem Wohl dieser Personen entsprechend anzupassen,

4. die Regelungen der §§ 3, 4, 5 Abs. 1 und § 6 Abs. 2 bei Verwaltungen und Betrieben des Bundes, der Länder, der Gemeinden und sonstigen Körperschaften, Anstalten und Stiftungen des öffentlichen Rechts sowie bei anderen Arbeitgebern, die der Tarifbindung eines für den öffentlichen Dienst geltenden oder eines im wesentlichen inhaltsgleichen Tarifvertrags unterliegen, der Eigenart der Tätigkeit bei diesen Stellen anzupassen.

(2a) In einem Tarifvertrag oder auf Grund eines Tarifvertrags in einer Betriebs- oder Dienstvereinbarung kann abweichend von den §§ 3, 5 Abs. 1 und § 6 Abs. 2 zugelassen werden, die werktägliche Arbeitszeit auch ohne Ausgleich über acht Stunden zu verlängern, wenn in die Arbeitszeit regelmäßig und in erheblichem Umfang Arbeitsbereitschaft oder Bereitschaftsdienst fällt und durch besondere Regelungen sichergestellt wird, dass die Gesundheit der Arbeitnehmer nicht gefährdet wird.

(3) Im Geltungsbereich eines Tarifvertrags nach Abs. 1, 2 oder 2a können abweichende tarifvertragliche Regelungen im Betrieb eines nicht tarifgebundenen Arbeitgebers durch Betriebs- oder Dienstvereinbarung oder, wenn ein Betriebs- oder Personalrat nicht besteht, durch schriftliche Vereinbarung zwischen dem Arbeitgeber und dem Arbeitnehmer übernommen werden. Können auf Grund eines solchen Tarifvertrags abweichende Regelungen in einer Betriebs- oder Dienstvereinbarung getroffen werden, kann auch in Betrieben eines nicht tarifgebundenen Arbeitgebers davon Gebrauch gemacht werden. Eine nach Abs. 2 Nr. 4 getroffene abweichende tarifvertragliche Regelung hat zwischen nicht tarifgebundenen Arbeitgebern und Arbeitnehmern Geltung, wenn zwischen ihnen die Anwendung der für den öffentlichen Dienst geltenden tarifvertraglichen Bestimmungen vereinbart ist und die Arbeitgeber die Kosten des Betriebs überwiegend mit Zuwendungen im Sinne des Haushaltsrechts decken.

(4) Die Kirchen und die öffentlich-rechtlichen Religionsgesellschaften können die in Abs. 1, 2 oder 2a genannten Abweichungen in ihren Regelungen vorsehen.

(5) In einem Bereich, in dem Regelungen durch Tarifvertrag üblicherweise nicht getroffen werden, können Ausnahmen im Rahmen des Abs. 1, 2 oder 2a durch die Aufsichtsbehörde bewilligt werden, wenn dies aus betrieblichen Gründen erforderlich ist und die Gesundheit der Arbeitnehmer nicht gefährdet wird.

(6) Die Bundesregierung kann durch Rechtsverordnung mit Zustimmung des Bundesrates Ausnahmen im Rahmen des Abs. 1 oder 2 zulassen, sofern dies aus betrieblichen Gründen erforderlich ist und die Gesundheit der Arbeitnehmer nicht gefährdet wird.

(7) Auf Grund einer Regelung nach Abs. 2a oder den Absätzen 3 bis 5 jeweils in Verbindung mit Abs. 2a darf die Arbeitszeit nur verlängert werden, wenn der Arbeitnehmer schriftlich eingewilligt hat. Der Arbeitnehmer kann die Einwilligung mit einer Frist von sechs Monaten

schriftlich widerrufen. Der Arbeitgeber darf einen Arbeitnehmer nicht benachteiligen, weil dieser die Einwilligung zur Verlängerung der Arbeitszeit nicht erklärt oder die Einwilligung widerrufen hat.

(8) Werden Regelungen nach Abs. 1 Nr. 1 und 4, Abs. 2 Nr. 2 bis 4 oder solche Regelungen auf Grund der Absätze 3 und 4 zugelassen, darf die Arbeitszeit 48 Stunden wöchentlich im Durchschnitt von zwölf Kalendermonaten nicht überschreiten. Erfolgt die Zulassung auf Grund des Abs. 5, darf die Arbeitszeit 48 Stunden wöchentlich im Durchschnitt von sechs Kalendermonaten oder 24 Wochen nicht überschreiten.

(9) Wird die werktägliche Arbeitszeit über zwölf Stunden hinaus verlängert, muss im unmittelbaren Anschluss an die Beendigung der Arbeitszeit eine Ruhezeit von mindestens elf Stunden gewährt werden.

§ 8 Gefährliche Arbeiten

Die Bundesregierung kann durch Rechtsverordnung mit Zustimmung des Bundesrates für einzelne Beschäftigungsbereiche, für bestimmte Arbeiten oder für bestimmte Arbeitnehmergruppen, bei denen besondere Gefahren für die Gesundheit der Arbeitnehmer zu erwarten sind, die Arbeitszeit über § 3 hinaus beschränken, die Ruhepausen und Ruhezeiten über die §§ 4 und 5 hinaus ausdehnen, die Regelungen zum Schutz der Nacht- und Schichtarbeitnehmer in § 6 erweitern und die Abweichungsmöglichkeiten nach § 7 beschränken, soweit dies zum Schutz der Gesundheit der Arbeitnehmer erforderlich ist.
Satz 1 gilt nicht für Beschäftigungsbereiche und Arbeiten in Betrieben, die der Bergaufsicht unterliegen.

Dritter Abschnitt Sonn- und Feiertagsruhe

§ 9 Sonn- und Feiertagsruhe

(1) Arbeitnehmer dürfen an Sonn- und gesetzlichen Feiertagen von 0 bis 24 Uhr nicht beschäftigt werden.

(2) In mehrschichtigen Betrieben mit regelmäßiger Tag- und Nachtschicht kann Beginn oder Ende der Sonn- und Feiertagsruhe um bis zu

sechs Stunden vor- oder zurückverlegt werden, wenn für die auf den Beginn der Ruhezeit folgenden 24 Stunden der Betrieb ruht.

(3) Für Kraftfahrer und Beifahrer kann der Beginn der 24stündigen Sonn- und Feiertagsruhe um bis zu zwei Stunden vorverlegt werden.

§ 10 Sonn- und Feiertagsbeschäftigung

(1) Sofern die Arbeiten nicht an Werktagen vorgenommen werden können, dürfen Arbeitnehmer an Sonn- und Feiertagen abweichend von § 9 beschäftigt werden

1. in Not- und Rettungsdiensten sowie bei der Feuerwehr,

2. zur Aufrechterhaltung der öffentlichen Sicherheit und Ordnung sowie der Funktionsfähigkeit von Gerichten und Behörden und für Zwecke der Verteidigung,

3. in Krankenhäusern und anderen Einrichtungen zur Behandlung, Pflege und Betreuung von Personen,

4. in Gaststätten und anderen Einrichtungen zur Bewirtung und Beherbergung sowie im Haushalt,

5. bei Musikaufführungen, Theatervorstellungen, Filmvorführungen, Schaustellungen, Darbietungen und anderen ähnlichen Veranstaltungen,

6. bei nichtgewerblichen Aktionen und Veranstaltungen der Kirchen, Religionsgesellschaften, Verbände, Vereine, Parteien und anderer ähnlicher Vereinigungen,

7. beim Sport und in Freizeit-, Erholungs- und Vergnügungseinrichtungen, beim Fremdenverkehr sowie in Museen und wissenschaftlichen Präsenzbibliotheken,

8. beim Rundfunk, bei der Tages- und Sportpresse, bei Nachrichtenagenturen sowie bei den der Tagesaktualität dienenden Tätigkeiten für andere Presseerzeugnisse einschließlich des Austragens, bei der Herstellung von Satz, Filmen und Druckformen für tagesaktuelle Nachrichten und Bilder, bei tagesaktuellen Aufnahmen auf Ton- und Bildträger sowie beim Transport und Kommissionieren von Presseerzeugnissen, deren Ersterscheinungstag am Montag oder am Tag nach einem Feiertag liegt,

9. bei Messen, Ausstellungen und Märkten im Sinne des Titels IV der Gewerbeordnung sowie bei Volksfesten,

10. in Verkehrsbetrieben sowie beim Transport und Kommissionieren von leichtverderblichen Waren im Sinne des § 30 Abs. 3 Nr. 2 der Straßenverkehrsordnung,

11. in den Energie- und Wasserversorgungsbetrieben sowie in Abfall- und Abwasserentsorgungsbetrieben,

12. in der Landwirtschaft und in der Tierhaltung sowie in Einrichtungen zur Behandlung und Pflege von Tieren,

13. im Bewachungsgewerbe und bei der Bewachung von Betriebsanlagen,

14. bei der Reinigung und Instandhaltung von Betriebseinrichtungen, soweit hierdurch der regelmäßige Fortgang des eigenen oder eines fremden Betriebs bedingt ist, bei der Vorbereitung der Wiederaufnahme des vollen werktäglichen Betriebs sowie bei der Aufrechterhaltung der Funktionsfähigkeit von Datennetzen und Rechnersystemen,

15. zur Verhütung des Verderbens von Naturerzeugnissen oder Rohstoffen oder des Misslingens von Arbeitsergebnissen sowie bei kontinuierlich durchzuführenden Forschungsarbeiten,

16. zur Vermeidung einer Zerstörung oder erheblichen Beschädigung der Produktionseinrichtungen.

(2) Abweichend von § 9 dürfen Arbeitnehmer an Sonn- und Feiertagen mit den Produktionsarbeiten beschäftigt werden, wenn die infolge der Unterbrechung der Produktion nach Abs. 1 Nr. 14 zulässigen Arbeiten den Einsatz von mehr Arbeitnehmern als bei durchgehender Produktion erfordern.

(3) Abweichend von § 9 dürfen Arbeitnehmer an Sonn- und Feiertagen in Bäckereien und Konditoreien für bis zu drei Stunden mit der Herstellung und dem Austragen oder Ausfahren von Konditorwaren und an diesem Tag zum Verkauf kommenden Bäckerwaren beschäftigt werden.

(4) Sofern die Arbeiten nicht an Werktagen vorgenommen werden können, dürfen Arbeitnehmer zur Durchführung des Eil- und Großbetragszahlungsverkehrs und des Geld-, Devisen-, Wertpapier- und

Derivatehandels abweichend von § 9 Abs. 1 an den auf einen Werktag fallenden Feiertagen beschäftigt werden, die nicht in allen Mitgliedstaaten der Europäischen Union Feiertage sind.

§ 11 Ausgleich für Sonn- und Feiertagsbeschäftigung

(1) Mindestens 15 Sonntage im Jahr müssen beschäftigungsfrei bleiben.

(2) Für die Beschäftigung an Sonn- und Feiertagen gelten die §§ 3 bis 8 entsprechend, jedoch dürfen durch die Arbeitszeit an Sonn- und Feiertagen die in den §§ 3, 6 Abs. 2 und § 7 bestimmten Höchstarbeitszeiten und Ausgleichszeiträume nicht überschritten werden.

(3) Werden Arbeitnehmer an einem Sonntag beschäftigt, müssen sie einen Ersatzruhetag haben, der innerhalb eines den Beschäftigungstag einschließenden Zeitraums von zwei Wochen zu gewähren ist. Werden Arbeitnehmer an einem auf einen Werktag fallenden Feiertag beschäftigt, müssen sie einen Ersatzruhetag haben, der innerhalb eines den Beschäftigungstag einschließenden Zeitraums von acht Wochen zu gewähren ist.

(4) Die Sonn- oder Feiertagsruhe des § 9 oder der Ersatzruhetag des Abs. 3 ist den Arbeitnehmern unmittelbar in Verbindung mit einer Ruhezeit nach § 5 zu gewähren, soweit dem technische oder arbeitsorganisatorische Gründe nicht entgegenstehen.

§ 12 Abweichende Regelungen

In einem Tarifvertrag oder auf Grund eines Tarifvertrags in einer Betriebs- oder Dienstvereinbarung kann zugelassen werden,

1. abweichend von § 11 Abs. 1 die Anzahl der beschäftigungsfreien Sonntage in den Einrichtungen des § 10 Abs. 1 Nr. 2, 3, 4 und 10 auf mindestens zehn Sonntage, im Rundfunk, in Theaterbetrieben, Orchestern sowie bei Schaustellungen auf mindestens acht Sonntage, in Filmtheatern und in der Tierhaltung auf mindestens sechs Sonntage im Jahr zu verringern,

2. abweichend von § 11 Abs. 3 den Wegfall von Ersatzruhetagen für auf Werktage fallende Feiertage zu vereinbaren oder Arbeitnehmer inner-

halb eines festzulegenden Ausgleichszeitraums beschäftigungsfrei zu stellen,

3. abweichend von § 11 Abs. 1 bis 3 in der Seeschifffahrt die den Arbeitnehmern nach diesen Vorschriften zustehenden freien Tage zusammenhängend zu geben,

4. abweichend von § 11 Abs. 2 die Arbeitszeit in vollkontinuierlichen Schichtbetrieben an Sonn- und Feiertagen auf bis zu zwölf Stunden zu verlängern, wenn dadurch zusätzliche freie Schichten an Sonn- und Feiertagen erreicht werden.§ 7 Abs. 3 bis 6 findet Anwendung.

§ 13 Ermächtigung, Anordnung, Bewilligung

(1) Die Bundesregierung kann durch Rechtsverordnung mit Zustimmung des Bundesrates zur Vermeidung erheblicher Schäden unter Berücksichtigung des Schutzes der Arbeitnehmer und der Sonn- und Feiertagsruhe

1. die Bereiche mit Sonn- und Feiertagsbeschäftigung nach § 10 sowie die dort zugelassenen Arbeiten näher bestimmen,

2. über die Ausnahmen nach § 10 hinaus weitere Ausnahmen abweichend von § 9

(a) für Betriebe, in denen die Beschäftigung von Arbeitnehmern an Sonn- oder Feiertagen zur Befriedigung täglicher oder an diesen Tagen besonders hervortretender Bedürfnisse der Bevölkerung erforderlich ist,

(b) für Betriebe, in denen Arbeiten vorkommen, deren Unterbrechung oder Aufschub

(aa) nach dem Stand der Technik ihrer Art nach nicht oder nur mit erheblichen Schwierigkeiten möglich ist,

(bb) besondere Gefahren für Leben oder Gesundheit der Arbeitnehmer zur Folge hätte,

(cc) zu erheblichen Belastungen der Umwelt oder der Energie- oder Wasserversorgung führen würde,

(c) aus Gründen des Gemeinwohls, insbesondere auch zur Sicherung der Beschäftigung, zulassen und die zum Schutz der Arbeitnehmer und der Sonn- und Feiertagsruhe notwendigen Bedingungen bestimmen.

(2) Soweit die Bundesregierung von der Ermächtigung des Abs. 1 Nr. 2 Buchst. a keinen Gebrauch gemacht hat, können die Landesregierungen durch Rechtsverordnung entsprechende Bestimmungen erlassen. Die Landesregierungen können diese Ermächtigung durch Rechtsverordnung auf oberste Landesbehörden übertragen.

(3) Die Aufsichtsbehörde kann

1. feststellen, ob eine Beschäftigung nach § 10 zulässig ist,

2. abweichend von § 9 bewilligen, Arbeitnehmer zu beschäftigen

(a) im Handelsgewerbe an bis zu zehn Sonn- und Feiertagen im Jahr, an denen besondere Verhältnisse einen erweiterten Geschäftsverkehr erforderlich machen,

(b) an bis zu fünf Sonn- und Feiertagen im Jahr, wenn besondere Verhältnisse zur Verhütung eines unverhältnismäßigen Schadens dies erfordern,

(c) an einem Sonntag im Jahr zur Durchführung einer gesetzlich vorgeschriebenen Inventur, und Anordnungen über die Beschäftigungszeit unter Berücksichtigung der für den öffentlichen Gottesdienst bestimmten Zeit treffen.

(4) Die Aufsichtsbehörde soll abweichend von § 9 bewilligen, dass Arbeitnehmer an Sonn- und Feiertagen mit Arbeiten beschäftigt werden, die aus chemischen, biologischen, technischen oder physikalischen Gründen einen ununterbrochenen Fortgang auch an Sonn- und Feiertagen erfordern.

(5) Die Aufsichtsbehörde hat abweichend von § 9 die Beschäftigung von Arbeitnehmern an Sonn- und Feiertagen zu bewilligen, wenn bei einer weitgehenden Ausnutzung der gesetzlich zulässigen wöchentlichen Betriebszeiten und bei längeren Betriebszeiten im Ausland die Konkurrenzfähigkeit unzumutbar beeinträchtigt ist und durch die Genehmigung von Sonn- und Feiertagsarbeit die Beschäftigung gesichert werden kann.

Vierter Abschnitt Ausnahmen in besonderen Fällen

§ 14 Außergewöhnliche Fälle

(1) Von den §§ 3 bis 5, 6 Abs. 2, §§ 7, 9 bis 11 darf abgewichen werden bei vorübergehenden Arbeiten in Notfällen und in außergewöhnlichen Fällen, die unabhängig vom Willen der Betroffenen eintreten und deren Folgen nicht auf andere Weise zu beseitigen sind, besonders wenn Rohstoffe oder Lebensmittel zu verderben oder Arbeitsergebnisse zu misslingen drohen.

(2) Von den §§ 3 bis 5, 6 Abs. 2, §§ 7, 11 Abs. 1 bis 3 und § 12 darf ferner abgewichen werden,

1. wenn eine verhältnismäßig geringe Zahl von Arbeitnehmern vorübergehend mit Arbeiten beschäftigt wird, deren Nichterledigung das Ergebnis der Arbeiten gefährden oder einen unverhältnismäßigen Schaden zur Folge haben würden,

2. bei Forschung und Lehre, bei unaufschiebbaren Vor- und Abschlussarbeiten sowie bei unaufschiebbaren Arbeiten zur Behandlung, Pflege und Betreuung von Personen oder zur Behandlung und Pflege von Tieren an einzelnen Tagen, wenn dem Arbeitgeber andere Vorkehrungen nicht zugemutet werden können.

(3) Wird von den Befugnissen nach Abs. 1 oder 2 Gebrauch gemacht, darf die Arbeitszeit 48 Stunden wöchentlich im Durchschnitt von sechs Kalendermonaten oder 24 Wochen nicht überschreiten.

§ 15 Bewilligung, Ermächtigung

(1) Die Aufsichtsbehörde kann

1. eine von den §§ 3, 6 Abs. 2 und § 11 Abs. 2 abweichende längere tägliche Arbeitszeit bewilligen

(a) für kontinuierliche Schichtbetriebe zur Erreichung zusätzlicher Freischichten,

(b) für Bau- und Montagestellen,

2. eine von den §§ 3, 6 Abs. 2 und § 11 Abs. 2 abweichende längere tägliche Arbeitszeit für Saison- und Kampagnebetriebe für die Zeit der

Saison oder Kampagne bewilligen, wenn die Verlängerung der Arbeitszeit über acht Stunden werktäglich durch eine entsprechende Verkürzung der Arbeitszeit zu anderen Zeiten ausgeglichen wird,

3. eine von den §§ 5 und 11 Abs. 2 abweichende Dauer und Lage der Ruhezeit bei Arbeitsbereitschaft, Bereitschaftsdienst und Rufbereitschaft den Besonderheiten dieser Inanspruchnahmen im öffentlichen Dienst entsprechend bewilligen,

4. eine von den §§ 5 und 11 Abs. 2 abweichende Ruhezeit zur Herbeiführung eines regelmäßigen wöchentlichen Schichtwechsels zweimal innerhalb eines Zeitraums von drei Wochen bewilligen.

(2) Die Aufsichtsbehörde kann über die in diesem Gesetz vorgesehenen Ausnahmen hinaus weitergehende Ausnahmen zulassen, soweit sie im öffentlichen Interesse dringend nötig werden.

(3) Das Bundesministerium der Verteidigung kann in seinem Geschäftsbereich durch Rechtsverordnung mit Zustimmung des Bundesministeriums für Wirtschaft und Arbeit aus zwingenden Gründen der Verteidigung Arbeitnehmer verpflichten, über die in diesem Gesetz und in den auf Grund dieses Gesetzes erlassenen Rechtsverordnungen und Tarifverträgen festgelegten Arbeitszeitgrenzen und -beschränkungen hinaus Arbeit zu leisten.

(4) Werden Ausnahmen nach Abs. 1 oder 2 zugelassen, darf die Arbeitszeit 48 Stunden wöchentlich im Durchschnitt von sechs Kalendermonaten oder 24 Wochen nicht überschreiten.

Fünfter Abschnitt Durchführung des Gesetzes

§ 16 Aushang und Arbeitszeitnachweise

(1) Der Arbeitgeber ist verpflichtet, einen Abdruck dieses Gesetzes, der auf Grund dieses Gesetzes erlassenen, für den Betrieb geltenden Rechtsverordnungen und der für den Betrieb geltenden Tarifverträge und Betriebs- oder Dienstvereinbarungen im Sinne des § 7 Abs. 1 bis 3 und des § 12 an geeigneter Stelle im Betrieb zur Einsichtnahme auszulegen oder auszuhängen.

(2) Der Arbeitgeber ist verpflichtet, die über die werktägliche Arbeitszeit des § 3 Satz 1 hinausgehende Arbeitszeit der Arbeitnehmer aufzuzeichnen und ein Verzeichnis der Arbeitnehmer zu führen, die in eine Verlängerung der Arbeitszeit gemäß § 7 Abs. 7 eingewilligt haben. Die Nachweise sind mindestens zwei Jahre aufzubewahren.

§ 17 Aufsichtsbehörde

(1) Die Einhaltung dieses Gesetzes und der auf Grund dieses Gesetzes erlassenen Rechtsverordnungen wird von den nach Landesrecht zuständigen Behörden (Aufsichtsbehörden) überwacht.

(2) Die Aufsichtsbehörde kann die erforderlichen Maßnahmen anordnen, die der Arbeitgeber zur Erfüllung der sich aus diesem Gesetz und den auf Grund dieses Gesetzes erlassenen Rechtsverordnungen ergebenden Pflichten zu treffen hat.

(3) Für den öffentlichen Dienst des Bundes sowie für die bundesunmittelbaren Körperschaften, Anstalten und Stiftungen des öffentlichen Rechts werden die Aufgaben und Befugnisse der Aufsichtsbehörde vom zuständigen Bundesministerium oder den von ihm bestimmten Stellen wahrgenommen; das gleiche gilt für die Befugnisse nach § 15 Abs. 1 und 2.

(4) Die Aufsichtsbehörde kann vom Arbeitgeber die für die Durchführung dieses Gesetzes und der auf Grund dieses Gesetzes erlassenen Rechtsverordnungen erforderlichen Auskünfte verlangen. Sie kann ferner vom Arbeitgeber verlangen, die Arbeitszeitnachweise und Tarifverträge oder Betriebs- oder Dienstvereinbarungen im Sinne des § 7 Abs. 1 bis 3 und des § 12 vorzulegen oder zur Einsicht einzusenden.

(5) Die Beauftragten der Aufsichtsbehörde sind berechtigt, die Arbeitsstätten während der Betriebs- und Arbeitszeit zu betreten und zu besichtigen; außerhalb dieser Zeit oder wenn sich die Arbeitsstätten in einer Wohnung befinden, dürfen sie ohne Einverständnis des Inhabers nur zur Verhütung von dringenden Gefahren für die öffentliche Sicherheit und Ordnung betreten und besichtigt werden. Der Arbeitgeber hat das Betreten und Besichtigen der Arbeitsstätten zu gestatten.

Das Grundrecht der Unverletzlichkeit der Wohnung (Artikel 13 des Grundgesetzes) wird insoweit eingeschränkt.

(6) Der zur Auskunft Verpflichtete kann die Auskunft auf solche Fragen verweigern, deren Beantwortung ihn selbst oder einen der in § 383 Abs. 1 Nr. 1 bis 3 der Zivilprozessordnung bezeichneten Angehörigen der Gefahr strafgerichtlicher Verfolgung oder eines Verfahrens nach dem Gesetz über Ordnungswidrigkeiten aussetzen würde.

Sechster Abschnitt Sonderregelungen

§ 18 Nichtanwendung des Gesetzes

(1) Dieses Gesetz ist nicht anzuwenden auf

1. leitende Angestellte im Sinne des § 5 Abs. 3 des Betriebsverfassungsgesetzes sowie Chefärzte,

2. Leiter von öffentlichen Dienststellen und deren Vertreter sowie Arbeitnehmer im öffentlichen Dienst, die zu selbständigen Entscheidungen in Personalangelegenheiten befugt sind,

3. Arbeitnehmer, die in häuslicher Gemeinschaft mit den ihnen anvertrauten Personen zusammenleben und sie eigenverantwortlich erziehen, pflegen oder betreuen,

4. den liturgischen Bereich der Kirchen und der Religionsgemeinschaften.

(2) Für die Beschäftigung von Personen unter 18 Jahren gilt anstelle dieses Gesetzes das Jugendarbeitsschutzgesetz.

(3) Für die Beschäftigung von Arbeitnehmern auf Kauffahrtenschiffen als Besatzungsmitglieder im Sinne des § 3 des Seemannsgesetzes gilt anstelle dieses Gesetzes das Seemannsgesetz.

(4) aufgehoben

§ 19 Beschäftigung im öffentlichen Dienst

Bei der Wahrnehmung hoheitlicher Aufgaben im öffentlichen Dienst können, soweit keine tarifvertragliche Regelung besteht, durch die zuständige Dienstbehörde die für Beamte geltenden Bestimmungen über die Arbeitszeit auf die Arbeitnehmer übertragen werden; insoweit finden die §§ 3 bis 13 keine Anwendung.

§ 20 Beschäftigung in der Luftfahrt

Für die Beschäftigung von Arbeitnehmern als Besatzungsmitglieder von Luftfahrzeugen gelten anstelle der Vorschriften dieses Gesetzes über Arbeits- und Ruhezeiten die Vorschriften über Flug-, Flugdienst- und Ruhezeiten der Zweiten Durchführungsverordnung zur Betriebsordnung für Luftfahrtgerät in der jeweils geltenden Fassung.

§ 21 Beschäftigung in der Binnenschifffahrt

Die Vorschriften dieses Gesetzes gelten für die Beschäftigung von Fahrpersonal in der Binnenschifffahrt, soweit die Vorschriften über Ruhezeiten der Rheinschiffs-Untersuchungsordnung und der Binnenschiffs-Untersuchungsordnung in der jeweils geltenden Fassung dem nicht entgegenstehen. Sie können durch Tarifvertrag der Eigenart der Binnenschifffahrt angepasst werden.

Siebter Abschnitt Straf- und Bußgeldvorschriften

§ 22 Bußgeldvorschriften

(1) Ordnungswidrig handelt, wer als Arbeitgeber vorsätzlich oder fahrlässig

1. entgegen § 3 oder § 6 Abs. 2, jeweils auch in Verbindung mit § 11 Abs. 2, einen Arbeitnehmer über die Grenzen der Arbeitszeit hinaus beschäftigt,

2. entgegen § 4 Ruhepausen nicht, nicht mit der vorgeschriebenen Mindestdauer oder nicht rechtzeitig gewährt,

3. entgegen § 5 Abs. 1 die Mindestruhezeit nicht gewährt oder entgegen § 5 Abs. 2 die Verkürzung der Ruhezeit durch Verlängerung einer anderen Ruhezeit nicht oder nicht rechtzeitig ausgleicht,

4. einer Rechtsverordnung nach § 8 Satz 1, § 13 Abs. 1 oder 2 oder § 24 zuwiderhandelt, soweit sie für einen bestimmten Tatbestand auf diese Bußgeldvorschrift verweist,

5. entgegen § 9 Abs. 1 einen Arbeitnehmer an Sonn- oder Feiertagen beschäftigt,

6. entgegen § 11 Abs. 1 einen Arbeitnehmer an allen Sonntagen beschäftigt oder entgegen § 11 Abs. 3 einen Ersatzruhetag nicht oder nicht rechtzeitig gewährt,

7. einer vollziehbaren Anordnung nach § 13 Abs. 3 Nr. 2 zuwiderhandelt,

8. entgegen § 16 Abs. 1 die dort bezeichnete Auslage oder den dort bezeichneten Aushang nicht vornimmt,

9. entgegen § 16 Abs. 2 Aufzeichnungen nicht oder nicht richtig erstellt oder nicht für die vorgeschriebene Dauer aufbewahrt oder

10. entgegen § 17 Abs. 4 eine Auskunft nicht, nicht richtig oder nicht vollständig erteilt, Unterlagen nicht oder nicht vollständig vorlegt oder nicht einsendet oder entgegen § 17 Abs. 5 Satz 2 eine Maßnahme nicht gestattet.

(2) Die Ordnungswidrigkeit kann in den Fällen des Abs. 1 Nr. 1 bis 7, 9 und 10 mit einer Geldbuße bis zu fünfzehntausend Euro, in den Fällen des Abs. 1 Nr. 8 mit einer Geldbuße bis zu zweitausendfünfhundert Euro geahndet werden.

§ 23 Strafvorschriften

(1) Wer eine der in § 22 Abs. 1 Nr. 1 bis 3, 5 bis 7 bezeichneten Handlungen

1. vorsätzlich begeht und dadurch Gesundheit oder Arbeitskraft eines Arbeitnehmers gefährdet oder

2. beharrlich wiederholt,

wird mit Freiheitsstrafe bis zu einem Jahr oder mit Geldstrafe bestraft.

(2) Wer in den Fällen des Abs. 1 Nr. 1 die Gefahr fahrlässig verursacht, wird mit Freiheitsstrafe bis zu sechs Monaten oder mit Geldstrafe bis zu 180 Tagessätzen bestraft.

Achter Abschnitt Schlussvorschriften

§ 24 Umsetzung von zwischenstaatlichen Vereinbarungen und Rechtsakten der EG

Die Bundesregierung kann mit Zustimmung des Bundesrates zur Erfüllung von Verpflichtungen aus zwischenstaatlichen Vereinbarungen oder zur Umsetzung von Rechtsakten des Rates oder der Kommission der Europäischen Gemeinschaften, die Sachbereiche dieses Gesetzes betreffen, Rechtsverordnungen nach diesem Gesetz erlassen.

§ 25 Übergangsregelung für Tarifverträge

Enthält ein am 1. Januar 2004 bestehender oder nachwirkender Tarifvertrag abweichende Regelungen nach § 7 Abs. 1 oder 2 oder § 12 Satz 1, die den in diesen Vorschriften festgelegten Höchstrahmen überschreiten, bleiben diese tarifvertraglichen Bestimmungen bis zum 31. Dezember 2006 unberührt. Tarifverträgen nach Satz 1 stehen durch Tarifvertrag zugelassene Betriebsvereinbarungen sowie Regelungen nach § 7 Abs. 4 gleich.

§ 26

(weggefallen)

Die Autorin und Autoren

Rechtsanwältin Beate Bockstahler ist seit 2000 Referentin des Deutschen Caritasverbandes und bis November 2005 im Referat Arbeitsrecht und Tarifpolitik tätig gewesen. Derzeit ist sie in der Hauptvertretung Berlin des DCV für den Bereich Unternehmerische Belange, Ökonomie des Sozialen zuständig.

Rechtsanwalt Matthias Färber war von 1992 bis Februar 2006 als Bereichsleiter Personal beim Caritasverband für die Diözese Mainz e.V. und Referent für Arbeitsrecht tätig. Seit 1. März 2006 ist er Verwaltungsdirektor und Justitiar im Kath. Klinikverbund Südhessen gGmbH.

Rechtsanwalt Peter Wacker ist seit 1993 Jahren beim Caritasverband der Diözese Rottenburg-Stuttgart e.V. tätig. Als stv. Bereichsleiter Personal ist er insbesondere für Rechtsfragen auf dem Gebiet des Arbeits- und Tarifrechts zuständig. Darüber hinaus ist er Beisitzer des Kirchlichen Arbeitsgerichts und der AVR-Schlichtungsstelle.

Rechtsanwalt Frank Völkel ist seit 1992 beim DiCV Trier, derzeit als Justitiar und Referent Dienst und Arbeitsrecht, tätig. Er ist Mitglied der AK seit 1996 und Dienstgebervertreter in der Einigungsstelle des Bistums Trier.

Stichwortverzeichnis

A

C

D

E

P

Q

R

S